创智课堂

区域推进课堂变革的杨浦实践

陆卫忠 著

华东师范大学出版社·上海

图书在版编目(CIP)数据

创智课堂：区域推进课堂变革的杨浦实践/陆卫忠著.—上海：华东师范大学出版社，2022
（普通高中"双新"课程改革的区域行动）
ISBN 978-7-5760-2977-2

Ⅰ.①创… Ⅱ.①陆… Ⅲ.①高中－课程改革－研究－上海 Ⅳ.①G632.3

中国版本图书馆CIP数据核字(2022)第111281号

普通高中"双新"课程改革的区域行动

创智课堂：区域推进课堂变革的杨浦实践

著　　者　陆卫忠
责任编辑　彭呈军
特约审读　单敏月
责任校对　林小慧　时东明
装帧设计　刘怡霖

出版发行　华东师范大学出版社
社　　址　上海市中山北路3663号　邮编 200062
网　　址　www.ecnupress.com.cn
电　　话　021-60821666　行政传真 021-62572105
客服电话　021-62865537　门市（邮购）电话 021-62869887
地　　址　上海市中山北路3663号华东师范大学校内先锋路口
网　　店　http://hdsdcbs.tmall.com

印刷者　上海昌鑫龙印务有限公司
开　　本　787×1092　16开
印　　张　15
字　　数　312千字
版　　次　2022年6月第1版
印　　次　2022年6月第1次
书　　号　ISBN 978-7-5760-2977-2
定　　价　48.00元

出版人　王焰

（如发现本版图书有印订质量问题，请寄回本社客服中心调换或电话021-62865537联系）

序言

自4月份因新冠疫情在家以来,常常被纷扰,感觉烦心事比以往多,开心事比以往少,但收到上海市杨浦区教育学院陆卫忠副院长《创智课堂:区域推进课堂变革的杨浦实践》一书的样稿,还是增加了一件令人开心的事。创智课堂是杨浦区教育局在2013年发起的一项全区域性质的教育改革项目,到今年已经持续了整十年,这本书是这一项目的代表成果之一,我作为曾经参与这一项目部分工作的人员,既了解许多人为这一项目所付出的艰辛,也知道这一成果的分量,发自内心为他们高兴,并向他们表示衷心祝贺。

第一次听到"创智课堂"这一名词,也是在2013年。陆卫忠老师在具体负责这项工作,来问我和华东师范大学安桂清博士能不能一起探索区域性的课堂变革。当时,我没有立刻答应,原因之一是怕耽误人家的事。自1990年参加工作起,我一直没有离开语文,语文以外的事关注很少,因此要说在语文教学上还算有些心得,但对全学科的教育探索则没有多少发言权,再说自己的教学、研究工作也挺多,恐怕对创智课堂项目帮不了什么忙。当然,还有一个原因当时不便说,实际上担心的是做无效劳动。以前,我也曾或主动或被动地参加过一些研究项目,但不少项目其实没有多大价值,比如有的是为了赶社会热点,等这一阵风吹过了,也就没有了下文;有的是主管领导很有干劲,但基层单位和一线教师则常常动力不足,因而往往也虎头蛇尾。尤其是"创智课堂"这种大型项目,更加不容易做出成效,一来是它覆盖杨浦区全学科,涉及区内与教育有关的教学、管理、组织保障等不同部门的人员,影响因素多,环节复杂,管理难度很大;更重要的是,该项目的定位很高,要真正推动课堂教学方式变革,需要长期的、踏踏实实的努力,没有五年十年甚至更长时间是很难见出效果的,而在这么长的研究和实施周期,无论主管领导还是骨干教师,都难免发生变动。因此,在不短的一段时间里,我对这一项目的前景并不是很乐观,我想杨浦几位领导也能感觉得出来。

但是,陆卫忠老师还真把它做起来了,组织一帮人,而且一干就是十年。这些年,我接触最多的就是陆卫忠老师,他始终以极大的热情投入到项目研究和推进中。俗话说十年磨一剑,这么长时间探索的成果,的确让我眼睛一亮。匆匆翻阅这本书,有几点印象颇为深刻,也很想与大家分享。

一是站位高,切口准。一个项目的站位往往是其研究及推广价值的决定性因素。教育是人类有意识地向下一代传递生活经验、帮助他们更好地适应社会生活的活动,而教育目的、教育内容、教育方式都会随社会生活变化而变化。在人类早期,知识总量有限,信息来源也有限,因而教育主要是在日常生活中顺便完成的,自然状态的教育缺乏教育目标、方法等意识,效率很低。工业革命以后,人类的知识总量大幅度增长,劳动力的知识水平也变得重要,如何提高教育效率成为问题,而现代学制便应运而生。现代教育的典型特征是分学科分学时制定课程,开辟专门场所、由专业教师讲授知识。这种方式能大大提高整个社会的教育效率,却容易忽视学习者发展需求、制约学生的创造性。20世纪中期以后,信息技术迅猛发展,社会生活内容日趋复杂,信息来源日益多样,人才竞争也更加激烈,而新的学习理论也对传统教学教育方式提出挑战,这都促使教育方式由教师传授知识,向学生学会学习、学会发展、学会创造的方向转化。

20世纪末以来,强调探究性学习、培养创造性人才一直是课程改革的主要方向,与此同时,教学实践层面的探究性学习也几次成为热点,不过,这方面虽然有不少成功案例,整体效果却不够理想,其原因固然是多方面的,但我认为,有两个因素影响巨大甚至可能是主要的。其一,国家课程理念对学校课程尤其是一线教学状态的影响是间接发生的,即要通过教材、学习评价影响课堂教学,而这一影响过程不仅会滞后、而且还会产生许多信息损耗,缺少一个既有专业水准又有执行力度的中间环节。其二,探究学习脱离课堂教学这一主阵地,不仅影响正常课程秩序,造成时间和精力的浪费,也为管理评价带来难题,因此难以持久。而"创智课堂"项目,恰恰在这两方面具有独特优势,其一就是发挥区级教研力量在课程开发和实施方面的引导力和影响力,实现总体设计、全区推动。这也是我国教育机制的特性之一。二是确定以课堂为中心,以促进教师课堂教学组织方式的转变为着力点,以智慧型课堂为平台培养智慧人才。而顺应课程趋势、针对现实问题,正是这个项目的价值所在。"学习即创造,教学即研究",揭示了学与教的本质,也成为杨浦教育的一张名片,逐步走向全国。杨浦区成为国家首批"双新"实施示范区,与这个项目的实践成果有着直接关系。

第二是机制完备、措施有效。杨浦区的创智课堂辐射全区、全学段、全学科,涉及要素多、持续时间长,在项目组织方面会遇到许多难题,这也是一些大型研究项目投入虽多、但最后结果却难尽人意的一个重要原因。杨浦创智课堂项目在项目顶层设计和项目推动方面下了很大功夫,他们从理论论证、框架开发、教研团队组织运行到课堂转化,还有这些环节的跨年度推进、过程管理与调试,以及环境建设与保障,既表现出实干精神,又有韧劲,还根据具体情况调整重心,有不少做法富有创意,有推广价值。比如该书稿中所介绍的"教研联合体"的组织和运行机制经验,即"问题解决式的研训一体、课题驱动式的研训一体、项目引领式的研训一体、校本研修式的研训一体、教研联合式的研训一体"等做法,可以直接"拿来"试用。还有他们提供的学科高地建设经验、区域支持平台建设经验,对其他区乃至全国也有参考价值。

第三是着力点具体、成果实在。大型教改项目比较忌讳的是华而不实,用抽象的概念、流行的常识生硬地总结所谓经验,不仅起不到推动本单位教育教学方式改变的作用,对其他同行也没有多少参考价值。而杨浦区的创智课堂,一开始就在重实际、用实力、见实效方面有长期考虑,这本书中几个重点产品,就代表了他们这方面的努力,比如很重视实施指南、评价量表等工具开发,这类工具不仅能直接用于教学,给其他同行以启发,在提升教师学科认知和研究能力方面也大有帮助,比如同济大学第一附属中学周琳、刘育蓓、黄珊老师,在"基于知识图谱的高中语文学科古诗词教学智慧学习环境建设"样例中提供的知识图谱,就可以提供给其他教师参考。

就我个人而言,我更欣赏他们在学科教学表现样例方面的投入和成果。从这本书中所展示的部分样例来看,涉及课题的综合性、实践性、探究性强,与学生身边的生活联系紧密。如平凉路第三小学的"滨江DREAMS"跨学科课程设计,引导学生走进滨江、认识滨江、参与滨江的建设,上海市控江中学王独伊老师开发的"社区摄影师"单元教学,都是将学科能力培养与社会责任培育结合起来。学习过程设计既有挑战性,又提供合理路径和支架。如上海交通大学附属中学沈驰老师开展的以"柱层析法提取分离茶叶有效成分"跨学科实验,上海市杨浦区教育学院刘宇桦老师执教的"洋流"一课教学中"发现洋流规律—归纳洋流模式—探寻洋流成因",要素、过程都比较复杂,教师提供的过程支架、知识支架比较完备,利于学生跨越障碍、完成探究。而我最欣赏不少样例中展示的跨单元、跨学科、跨年级,甚至打破学校壁垒组织的样例设计思路与实践探索表现。比如书中"寻找曹操后裔"这一样例,有上海市民星中学桂俊、上海市中原中学张念恩、上海市复旦实验中学蔡秋实、同济大学第一附属中学高黎菊等多所学校的多位教师参与设计,执教者为上海市民星中学桂俊老师,这种打破常规组织方式、多维度融合资源、多轮次开发完善的设计,对资源研发者和使用者都有多重意义,展现了创智课堂探寻融合、创造的真谛。大概因为我多年在一线从教,对教学设计和教学案例特别感兴趣,看到这一部分,觉得他们的工作成绩远出乎我的意料,因此忍不住要多赞美几句。要说不足的话,我感觉所选样例主题宏大的、需要课外完成的、用时长的偏多,如果增加一些短小精悍风格的,如课堂使用的或供家庭使用的风格小项目群,推广起来可能更便利。

我有幸参与了创智课堂的部分工作,与杨浦许多领导、教师有过愉快的合作,也结下很深的情谊。可惜由于我的原因,尤其后期参加得相对较少,因此一直心有愧疚。因此,虽然从资历到贡献,都不适合称作序言。但几经考虑,还是不揣冒昧谈一点个人感受。也希望这本书介绍的经验,能给大家一些启发。

上海师范大学中文系教授　博士生导师　郑桂华
2022年5月

前言

2013年，在第二轮上海市基础教育创新试验区建设背景下，上海市杨浦区基于学生创新素养培育的时代发展需求，面对杨浦区学生高层次思维能力与学习水平不匹配、课堂高耗低效现象明显的现实问题，启动了"区域推进'创智课堂'的实践研究"项目。其时，我刚刚从上海理工大学附属中学调至杨浦区教育学院，担任中学教研室主任一职，于是，我和中学教研室37位教研员接过了课堂变革这个攻坚难题，"硬碰硬"走出了一条"创智课堂"的新路。提出"学习即创造、教学即研究"的创智课堂理念，建构"学习环境创新、学习创新、教学创新"三大核心要素及具体指标，形成"问题解决式、课题驱动式、项目引领式"等研训一体的路径。五年的研究实践，"创智课堂"硕果累累：5辑表现样例集、13门学科实践指南、500余节"资源包"、58本专著与成果集、30余篇论文……研究成果获2017年上海市基础教育教学成果一等奖、上海市教育科学研究院第六届学校教育科研成果一等奖，入选上海市教育综合改革典型案例，《上海教育》《新闻晨报》进行了专题报道，向贵州、江西、昆明等地同行辐射"创智课堂"的经验和成果。至2017年底，"创智课堂"在全国和上海市有了一定的影响力，已然成为杨浦教育的课堂品牌。

2018年，随着《中国学生发展核心素养》总体框架和《普通高中课程方案和语文等学科课程标准（2017年版）》的相继出台，"创智课堂"迎来了学科核心素养导向下的新升级。上海市杨浦区教育局、上海市教育委员会教学研究室、华东师范大学课程与教学研究所三方合作，共同开展"杨浦区新时期中小学课程与教学创新实践"项目研究，"学科核心素养导向下的创智课堂教学再研究"作为子项目之一，带领6所项目实验校围绕"素养如何在课堂落地"这一核心问题开展先期探索，提炼形成指向素养培育的学习活动和学习任务设计、融评于教的课堂观察与评价工具开发、教研方式转型撬动课堂变革等多条素养培育的具体路径。

2020年，杨浦区获评普通高中新课程新教材实施国家级示范区，如何坚持素养本位，构建适合每一位学生的新教学，实现国家课程目标与学科核心素养的可视化、可操作、可评估，促进学生学科核心素养的形成与发展，成为"创智课堂"在高中"双新"实施背景下的又一挑战,由此,"创智课堂"也进入了3.0阶段。我又带领项目组成员,在专家指导下,从素养培育的视角出发,进一步优化了素养导向的创智课堂理论框架。以素养导向的单元学习设计、基于真实情境的问题解决与跨学科学习、支持学习方式转型的学习环境建设为着力点,研制相匹配的实践模型、设计框架、支持性工具等,为教师提供开展创智课堂实践的"中介"支撑;以"'统编三科'、数学、英语"等5门学科智慧教师工作坊运作为机制,开展课堂视频分析,用实证数据评估创智课堂实践成效;建立健全变革启动、信念感召、实践推广和评估完善等区域推进机制,形成了星火燎原的变革态势,进一步扩大成果推广辐射效应。

十年坚持做一件事,很难;十年坚持做一个项目,更难。回首"创智课堂"项目至今十年三轮的变革历程,项目推进与课题研究能够顺利开展,研究成果能够凝结为本书如期出版,得益于多方的支持与鼓励。"创智课堂"项目作为杨浦区教育综改重点项目,得到了上海市教委教研室、杨浦区教育局、杨浦区教育学院等多位领导的大力支持;华东师范大学课程与教学研究所安桂清教授、上海师范大学郑桂华教授两位专家十年来始终伴随着项目研究,为我们指引方向;项目组核心成员李荔老师、张雅倩老师全程参与研究,在每一个关键环节把关助力;中学教研室37位学科教研员,出于对基础教育课程改革的热情和强烈的使命感,面临着课题研究一次次改变方向,越来越繁重的研究任务,他们毫无怨言、充满斗志,给予我不断前行的力量;还有区域几十所学校的校长和学科教师们,书中呈现的案例大多是他们深入教学场景中的产物和智慧;特别要提及的是在成书过程中,华东师范大学出版社彭呈军老师给予我专业的建议,使得本书有了更好的呈现。以上种种,每每想到,我的心中总是充满着感动和温暖……在此,一并向关心、支持和指导项目研究的领导、同事、老师们致以诚挚的感谢!

"课堂变革与教学转型"是"步入深水区的未来行动",是始终充满生命活力的研究主题,未来我们也将一以贯之地扎根课堂,研究课堂,致力于让学生的深度学习能够真正发生,让核心素养能够真正培育,为每一位杨浦学生的未来发展奠基。在此真诚期望本研究成果能够为区域层面的教育改革工作者、为一线的教育实践工作者带来哪怕只言片语的启示和帮助,囿于笔者的研究水平所限,稚拙、谬误在所难免,恳请读者不吝指正。如蒙指教,不胜感激。

陆卫忠
2022年5月

目 录

第一章 创智课堂的变革历程   1

    第一节 创智课堂作为变革方向的启动及其运行(2013—2017年)   2
    第二节 素养导向下创智课堂的升级(2018—2020年)   8
    第三节 "双新"背景下创智课堂的深化(2021年至今)   25

第二章 创智课堂的理论框架   29

    第一节 创智课堂的内涵、特征与理念   29
    第二节 创智课堂的要素与指标   33

第三章 创智课堂的区域推进工具（一）：单元学习设计指南研制   38

    第一节 单元学习设计指南框架   38
    第二节 学科单元学习设计指南：以高中数学为例   44

第四章 创智课堂的区域推进工具（二）：表现样例开发　　63

　　第一节　学习创新的表现样例　　63
　　第二节　教学创新的表现样例　　83
　　第三节　学习环境创新的表现样例　　110

第五章 创智课堂的区域推进机制　　129

　　第一节　变革启动机制　　129
　　第二节　信念感召机制　　131
　　第三节　实践推广机制　　135
　　第四节　评估完善机制　　148

第六章 创智课堂的区域支持平台　　161

　　第一节　项目关联平台　　161
　　第二节　创新实验室　　172
　　第三节　教学展示平台　　181
　　第四节　网络平台　　185

第七章 区域推进创智课堂建设的成效与展望　　204

　　第一节　区域推进创智课堂建设的实践成效　　204
　　第二节　区域推进创智课堂建设的未来展望　　225

参考文献　　227

第一章　创智课堂的变革历程

"十二五"以来,杨浦区学生学业成就普遍较高,历年中高考成绩有目共睹。但是,调研结果显示:杨浦课堂高耗低效现象较为明显,存在学生高阶思维能力与其学习水平不匹配、学生学习负担较重等问题。为解决上述问题,超越传统的只改变教学模式的变革路径,努力建设上海市基础教育创新试验区,杨浦于2013年开始,将"课堂变革与教学转型"视为"步入深水区的未来行动",以创智课堂建设为核心,课程建设、教师专业发展、评价体系等紧紧围绕创智课堂展开,与其形成紧密性共享、关联性发展的关系。在过去近十年的区域课堂变革的过程中,杨浦始终秉持"学习即创造、教学即研究"两大基本理念,理论框架经历"设计—实

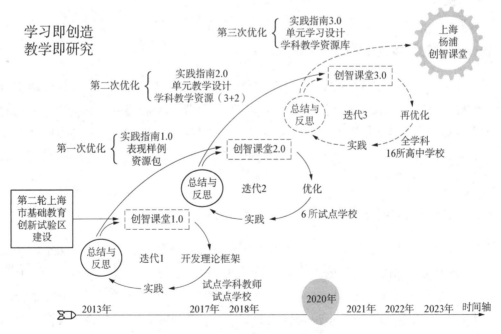

图1-1　创智课堂的变革历程

施—反思—更新"的过程,从初步建构到不断优化直至落地实践;项目推进从部分实验校先试先行到区域整体推进;研究成果从且研且行到初步形成创智课堂变革的新样态……创智课堂项目推进历经变革方向确立与启动运行、素养导向下创智课堂的升级、双新背景下创智课堂的深化等三轮迭代改进过程,已然成为我区课堂变革与教学转型的响亮名片。

第一节 创智课堂作为变革方向的启动及其运行(2013—2017年)

随着基础教育课程改革的不断深化,课堂变革与教学转型成为课程改革的攻坚之役。杨浦作为上海市唯一一个基础教育创新试验区,以敢为天下先的勇气开展了课程、课堂、师资、评价等一系列教育改革,以期回应党和国家建设创新型国家的战略决策。我们认为,课堂是创新试验区建设的核心领域,是学生创新素养培育的主阵地和主渠道。课堂面貌的品质在某种程度上就成为了创新试验区建设是否成功的标志所系。基于此,自2013年第二轮基础教育创新试验区建设起,杨浦的改革重心就转为课堂变革,创智课堂这一变革主题的确立与区域整体推进创智课堂变革实践的系列探索也由此拉开序幕。

一、问题挑战

(一) 教学的整体变革为何追求创智课堂?

区域课堂变革与教学转型的强烈需求需要转换成明确的变革主题,作为行动纲领引领变革,体现前瞻性,又能兼顾变革各层面、要素,体现普适性。杨浦的区域课堂变革主题的确定需要思考如何在延续区域对学生创新素养培育这一核心主线基础上,充分集成学校现有的活力课堂、生态课堂、灵动课堂等要素,探索智慧生成这一核心突破口,进而落点创智课堂这一变革主题。

(二) 如何建构创智课堂的理论框架与指标体系?

"变革将向何处去",这是在明确要进行变革后的必然追问。在确定创智课堂这一变革主题之后,需要思考如何将区域内零星的经验汇聚成既能够立足区情又能够为公众所接受的变革愿景,结合区域课堂变革的已有文献梳理、杨浦学校课堂教学的现状调研、高校学者的理论归纳与演绎等方式,通过理论与实践的双向互动与不断匡正建构创智课堂的理论框架与指标体系,并使一线教师、校长、教研员等不同变革主体理解、认同。

（三）基于创智课堂的理念如何转变教师的教学行为？

一线教师的专业发展水平可能更多囿于单纯教学经验的累积与总结，很难对理论要素的理解达到一定的理论深度和广度，如何保证教师对理论要素的正确理解是确保其落实至课堂教学实践的前提。我们需要思考如何为教师提供引领性的支架帮助他们更好地理解、内化并践行创智课堂的理念，进而实现理论框架落地实践，从而真正转变教师的教学行为。

（四）如何辐射和推广创智课堂，真正促进学生的发展？

如何由部分实验校的先试先行走向区域学校的整体推进，带动区域其他成员在认识到变革的良好进展后自发地开始变革？如何将成果辐射范围扩大，甚至延伸至其他区域？最终助力全体学生的素养培育，这些都是我们需要思考和直面的问题。

二、研究推进

（一）基于实践逻辑的理论框架建构

首先，综合运用理论研究法和调查研究法，开展对杨浦课堂教学的现状调研。一方面，梳理国内外课堂教学的相关研究，明晰已有研究中对课堂教学的关注重点，了解目前课堂研究的进展状况，并基于此反思杨浦的课堂教学现状；另一方面，借助问卷调查、座谈访谈、听课记录等实证数据搜集，包括以学业质量监测为目的的纸笔测验、上海市中小学生学业质量绿色指标评价、走访学校的即时反馈情况、听评课的反馈记录情况、与校长教师座谈访谈记录等，从中发现当前杨浦课堂教学中存在的现实问题。项目组将搜集到的来自于不同信息渠道和不同信息来源的量化或质性数据汇总起来，以"三角互证"的研究方法确保研究资料的真实性，并将数据进行分析和归因尝试，从而厘定项目研究的逻辑起点。

随后，项目组与高校研究人员合作，采用归纳和演绎的方法，开展理论研究。一是基于杨浦课堂的现实基础，总结并提炼基层学校、教师在课堂转型中的优秀经验，将其效应可视化。面向全区一线教师征集创智课堂的核心词汇，面向教研员搜集"创智课堂之我见"的观点，并将所得资料汇总、分类、整理。二是从对"课堂"的理解和"智慧"的要义出发，明确创智课堂的内涵。在实践经验和理论分析的基础上探索创智课堂的关键特征、基本理念和核心要素，初步形成创智课堂的理论框架，在此基础上细化十大指标维度和具体的描述性指标。

需要指出的是，创智课堂的理论框架并不是标准化、技巧化、等级化的，而是希望给教师提供引领性的价值参考和策略性的操作指导，为教师描述创生智慧的课堂中可能的课堂样态和课堂图景是怎样的。本框架在校长、教师和市区专家的反复研讨、实践和反思中不断得以调整和改进，始终处于动态完善过程中。

(二) 创智课堂理论框架的实践转化

基于创智课堂的理论框架,通过专家讲座和工作坊培训等方式实现不同主体的观念碰撞、智慧共享,使创智课堂成为区域课堂转型与教学变革的公共话语。调研结果显示:教师对创智课堂的认识程度呈现从不了解到了解,了解到认同,认同到实践,实践到思考的层次性变化。96%的教师听说过创智课堂这回事,78%的教师对创智课堂的理念表示认同,59%的教师根据创智课堂的基本理念做了一定的实践探索,另有13%的教师根据自己的实践探索对创智课堂有了新的认识,这表明一定程度上教师开始将创智课堂的理念与自身教学实践活动融为一体并能创造性地加以阐释运用。

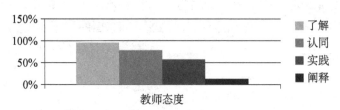

图 1-2 创智课堂的教师态度调研结果梳理

为促进创智课堂从理论框架到基层实践的落地转化,项目组以行动研究为主要研究方法,为教师提供表现样例、学科创智课堂实践指南、资源包等工具作为"中介"支撑。具体来说,项目组从初步构建的创智课堂理论框架出发,通过将各试点校实验校教师的教学设计、课堂实录、说课稿、教学反思、课件、研究报告等文本资料进行搜集和汇总,对各校教师自主开发的表现样例加以分析总结,思考其如何体现创智课堂的理论框架设计,助推创智课堂实施策略的不断形成,以便为教师的具体课堂实践提供操作层面的指导,为基层学校课堂转型提供技术支撑。当然,所谓创智课堂的实施策略并不是标准化的规则,而是一个策略性描述、引领性表达,执教者可以根据本学科特点、本校校情、本班学生学情等做灵活调整,以便其更好地为打造创生智慧的课堂服务。同时,基于在表现样例开发过程中积累的经验,各学科教研员带领一线教师共同研究并撰写各学科创智课堂实践指南,从而为教师行为的转变提供更具体的操作性建议,作为支架帮助和引导其实现理论要素的落地。此外,关注每年百节创智课堂资源包建设,将当年的区级以上公开课、优质课、示范课、展示课、比赛课等视频资源及相应的文本材料刻录成光盘并推送给各个学校,让基层教师对"什么样的课堂是创智课堂"有更直观的感受,而不是仅仅停留在对教案分析的文本层面上,从而助推创智课堂的实践转化。

同时,开展对创智课堂区域推进机制研究,探寻区域推进课堂变革与教学转型的可能路径,引发全区范围内的课堂转型。具体包括:变革启动机制、信念感召机制、实践推广机制,其中实践推广机制又可细分为教研机制和示范机制。正视现实课堂教学中面临的诸多问题并从中寻求突破从而启动变革,揭示我们为什么要改;注重对创智课堂的内涵挖掘和理论框架建构,并且强调大学研究人员、教研员、一线教师等不同群体之间的观念碰撞、智慧共享,进而实现愿景形塑和信念感召,阐述我们应该朝什么方向改并且进一步坚定不同变革主体对变革的认同感与使命感;借助教研联合体、学科高地等载体运行教研机制,深入各学段各学科开发创智课堂表现样例、研制创智课堂实践指南、关注创智课堂资源包建设等,进而运行示范机制,用一系列可操作性的实践表明我们有能力去改,从而实现从试点校实验校到全区学校的整体推广和辐射工作。

为保障创智课堂在全区的整体推进和辐射推广,项目组尝试搭建集研讨、实践、评价、推广等功能于一体的多层级多类型平台,让"创智"成为区域教学改进的共同声音。具体来说,通过教研联合体、学科高地、名师工作室、特级校长特级教师联谊会、党性实践共同体等专业机构或团体推进创智课堂建设,充分发挥其专业引领作用,使教师的变革行动获得专业支撑;通过"小荷杯""百花杯"等教学比赛观察教师的课堂教学实践究竟有何变化,同时将其中符合创智课堂理念要素的做法推广至全区各校;通过各种展示活动展现试点校实验校的研究成果,让区内其他学校校长、教师等真切感受到课堂的点滴变化,并感召其在本校积极开展创智课堂的实践研究;通过网络研训平台、创智季、创智云课堂、网上公益学堂等平台的建设,丰富教师、教研员之间沟通交流的方式,突破时空限制,实现更大范围内的资源共享,扩大区域课堂变革的影响力。

(三) 区域与学校之间的循环调试

项目组借助区域与学校之间循环反馈回路的建立以保证研究的持续和纵深推进,主要通过区教研员、校学科骨干和校学科教师三个层级主体来实现。具体来说,区教研员借助学科创智课堂实践指南的编制为学校教师实践创智课堂提供理论框架的学科细化、策略参考等支架,实现中观层面的框架转化;校学科骨干在此基础上进行校本化的教学决策,确定本校课堂变革的具体方案;校学科教师依据学科实践指南和学校课堂变革具体方案,基于执教年级特征和学生学情尝试开发创智课堂的表现样例,将课堂变革落地实践,反馈实践成效及存在问题,实现循环优化,调控变革效果。

三、成果成效

(一) 厘清区域课堂变革的整体思路,明确变革逻辑

课堂变革不是教师行为的单一改变,亦不是学生学习方式的单纯转变,其系统性与艰巨性需要区域有高远的站位和广阔的视野。回顾杨浦的创智课堂建设历程,不管是最初第二轮基础教育创新试验区建设设计时将课堂变革作为重中之重,称其为变革的深水区,还是过去几年的区域课堂变革推进实践,杨浦的课堂变革始终以教育综合改革的思路予以系统设

计和整体推进,以课堂变革为核心,课程建设、教师专业发展、评价体系等紧紧围绕创智课堂展开,与其形成紧密性共享、关联性发展的关系。

(二) 建构创智课堂的理论框架,形塑变革愿景

创智课堂是在正式学习环境、非正式学习环境以及网络所建构的虚拟学习环境中,以学习者的学习创新为核心,教师的教学创新为依托,突破传统的教学结构及形态,促进师生智慧生成的课堂变革行动。其关键特征可概括为"学生立场、探究取向、创新旨趣"。项目组秉持"学习即创造、教学即研究"两大基本理念,从学习环境创新、教学创新、学习创新三大核心要素出发提炼出创智课堂的十大指标维度和具体的描述性指标,从而建构理论框架和指标体系。

表1-1 创智课堂的指标体系

核心要素	指标	描述
学习环境创新	整合多样化的学习环境	◆ 创建灵活的、富有美感的、激发创新可能的课堂物理环境; ◆ 借助家庭、科技馆、博物馆、实地场景等校外非正式学习环境开展学习活动; ◆ 充分利用现代信息技术支持的网络学习环境。
	提供有效的学习支撑	◆ 为学生提供纸质的、电子的资源和人力资源等多样化学习资源; ◆ 为学生查找、获取、处理、解释和评价资源提供搜索工具、处理工具和交流工具; ◆ 创设基于真实问题的学习情境; ◆ 为学生提供概念支架、元认知支架、过程支架和策略支架; ◆ 建立学习社群,促进学习者互动、协作和交流。
	创建安全的心理环境	◆ 尊重并理解学生的观念和体验; ◆ 发展激励策略,提供心理支持。
教学创新	生成学习目标	◆ 与学生共同制定合理的、可以传递的学习期待; ◆ 重视表现性目标; ◆ 学习目标能较好地适应学生间的差异。
	形成教学对话	◆ 倾听时重视"异向交往"; ◆ 设计较多的参与机会,开展自主的、合作的学习活动; ◆ 根据学习内容组织合宜的学习活动; ◆ 提供清晰、及时、中肯和具体的反馈; ◆ 制定并执行适合学生特定需要的学习时间表。
	践行促进学习的评估	◆ 提供指向学习目标的、多样的、可选择的作业; ◆ 创设在真实情境中的实践、反思和回顾的机会; ◆ 通过观察、轶事记录、等级量表等评估学生的态度、情感等。
	反思与改进教学	◆ 精确完整地记录学生的作业完成、学习进步、非教学性活动等,借助工具观察教学,开展行动研究; ◆ 反思创智课堂的依据及其实施过程,反思自身的教学立场; ◆ 在以后的教学中运用反思的结果; ◆ 建立个人专业档案。

续 表

核心要素	指标	描述
学习创新	生发学习动机	◆ 明确学习目标,激发对学习的强烈期待感; ◆ 根据学习内容等进行预测、假设或提出问题; ◆ 注意不同寻常或新奇的元素,引发学习兴趣。
	运用学习策略	◆ 对学习的过程、状态、行为进行自我观察、审视和调整; ◆ 对学习结果进行自我或相互检查、总结、评价,并加以补救; ◆ 根据学习内容采用不同的学习方式,开展个性化学习,在学习中不断提升思维品质。
	诞生精彩观念	◆ 用一定的方式组织不同时期所学的知识,力求有逻辑、有意义地呈现; ◆ 将已有的知识运用到新情境之中; ◆ 独自或与同伴一起经历问题发现与探究的过程,形成富有创造性的思考。

(三) 确立"区教研员—校学科骨干—校学科教师"的三级变革主体

区教育学院充分发挥教研优势,通过专家讲座和工作坊培训等方式,推动"区教研员—校学科骨干—校学科教师"三级变革主体在理论层面与实践层面与专家对话,在"形成共识—打破共识—再形成共识"的螺旋上升过程中,让创智课堂的理念逐步成为全区课堂转型与教学变革的共同愿景和公共话语。

(四) 提炼"集成有效元素、着力变革内核、系统保障跟进"的变革策略

第一,杨浦的创智课堂不是另起炉灶的新名词,而是基于对区域课堂原生态样本的充分观察和合理整合,从中提炼并集成有效元素。第二,杨浦的创智课堂不是传统意义上通过规范教师教育教学行为以谋求课堂转型,而是着力"学习即创造、教学即研究"的变革内核,聚焦学生创新素养培育,将课堂视为课程与教学活动的综合体,课堂变革视为课程实施、资源开发、教学活动、教学评价及教学环境等诸多教育要素交相作用的全方位变革。第三,杨浦区以区域研训平台的建设为契机,先后借助教研联合体、学科高地、名师工作室、特级校长特级教师联谊会、创新实验室、网络研训平台等区域支持平台,推动一线教师内化并践行创智课堂的理念;借助创智季、创智云课堂、网上公益学堂等平台实现创智课堂研究成果的区域推广,让"创智"成为区域教学改进的共同声音,借助功能平台的搭建和人力物力资源的支持以保障研究的持续推进和纵深变革。

(五) 形成"实践指南—教学示范—表现样例"三位一体、点面结合的变革路径

一方面,项目组以研制学科实践指南、开发表现样例、建设资源包等变革工具为"中介"支撑,使优秀教师的经验提炼转化为其他教师可借鉴的实践规范。另一方面,通过"区教研

员—校学科骨干—校学科教师"三级变革主体的逐级落实,实现创智课堂理念的实践落地。

(六) 形塑创智课堂的区域推进机制,助力创智课堂的校本演绎与区域推广

创智课堂的区域推进机制包括变革启动机制、信念感召机制、实践推广机制。从我们为什么要改、应该朝什么方向改并且进一步坚定不同变革主体对变革的认同感与使命感,以及有能力去改,去揭示变革的合法化历程,从而实现从试点校实验校到全区学校的整体推广和辐射。

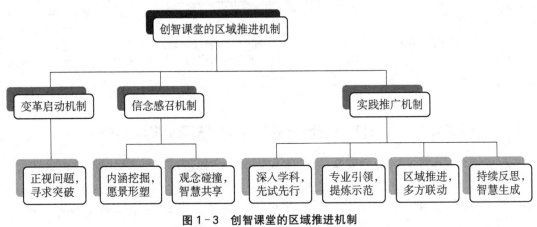

图1-3 创智课堂的区域推进机制

(七) 积累系列物化成果,取得显著实践成效

这一阶段的物化成果是丰硕的,13门学科实践指南、500余节"资源包"、58本专著与成果集、30余篇论文、50多个学科教研课程化培训案例与相关教材……研究成果入选上海市教育综合改革典型案例,荣获2017年上海市基础教育教学成果一等奖和第六届上海市学校教育科研成果一等奖。

这一阶段的变革成效也是显性的。区内教师对创智课堂的认识程度呈现从不了解→了解→认同→实践→思考的层次性变化,也在教学实践中不断内化并践行着创智课堂的相关理念。在上海市绿色指标测试中杨浦"学生高层次思维能力指数"有较大提升,高于全市平均水平。

第二节 素养导向下创智课堂的升级(2018—2020年)

"培养什么人、怎样培养人、为谁培养人"是教育工作的根本问题。2016年9月,《中国学

生发展核心素养》总体框架正式发布。2018年,全国普通高中开始实施新课程标准,其中明确规定了高中阶段不同学科核心素养的具体内涵,也进一步促使我们开展相关研究,思考如何将学科核心素养落地具体课堂教学实践。基于此,2018年12月,上海市杨浦区教育局、上海市教育委员会教学研究室、华东师范大学课程与教学研究所三方合作,共同开展"杨浦区新时期中小学课程与教学创新实践"项目研究,"素养导向下的创智课堂教学再研究"作为三方合作项目的三大子项目之一,确立了控江中学、同济中学、三门中学、惠民中学、上海理工大学附属小学和杨浦小学分校等6所项目实验校,围绕"素养究竟如何在课堂落地"这一核心问题开展了先期探索,这也引领着创智课堂走向了2.0的素养时代。

一、问题挑战

(一)如何在素养培育的视角下重新修订创智课堂的理论框架?

在素养培育的时代背景下,如何依据国际发展趋势研究成果与课堂教学现状分析结果,把握素养导向下课堂教学的内在要求,梳理教学设计、教学实施、教学评价之间的关系,重新修订创智课堂的理论框架?

(二)素养落地课堂的实践路径、具体规格与关键技术有哪些?

在明确素养导向下的创智课堂理论框架之后,我们需要思考什么样的表现样例是符合素养导向下的创智课堂理论框架要求的,进而在一系列表现样例的基础上凝炼出一般特征,寻求素养落地课堂的实践路径、具体规格与关键技术等。

(三)保障素养导向下的创智课堂落地实践的推进机制有哪些?

如何充分发挥机制的价值引领与行为规范功能,从区域和学校等不同层面出发,建构素养导向下的创智课堂推进与保障机制,以确保素养导向下的创智课堂能够真正落地学校教师的课堂教学实践。

二、研究推进

(一)梳理区校项目研究问题概要

在总项目组的引领下,借助问题链的方式,子项目组及6所项目学校分别从研究阶段—研究内容—拟解决的问题或问题链—预期成果四个块面重新梳理本项目的研究重心及主要方向,进一步明确研究方向和具体任务。

表 1-2 问题概要梳理

研究阶段	研究内容	拟解决的问题或问题链	预期成果
	(子项目名:素养导向下的创智课堂教学再研究)研究问题概要		
理论学习与基础研究阶段	1. 体现素养要求的课堂教学国际发展趋势研究 　　查阅国际上有关基础教育阶段课堂教学研究的最新资料,包括教学理论、实践要求、评价指导、实证研究等。对资料进行系统分析,建构课堂教学实施模型,提炼目标追求、教学特征、评价标准及其价值取向。	体现素养要求的课堂教学国内外发展趋势为何?	素养导向下的课堂教学发展趋势述评
	2. 素养导向下创智课堂教学的理论框架和指标体系重构 　　依据国际发展趋势研究成果与课堂教学现状分析结果,把握素养导向下课堂教学的要求,梳理教学设计、教学实施、教学评价之间的关系,调整创智课堂教学的理论框架,完善相应的指标体系。	如何在素养导向的视角下修订原有的创智课堂教学的理论框架和指标体系?	素养导向下创智课堂教学理论框架(含新旧指标对比图及变化依据释义)
实践研究与规格提炼阶段	3. 素养导向下创智课堂教学的实践研究 　　六所项目校分头开展学科教学实践,探索学生素养培育的策略、路径、方法等,从中梳理本聚焦学生责任担当、学会学习、实践创新素养培育的优秀案例(包含教案+视频+学生课后作业等),对其做实证分析,思考案例背后指向学生素养培育的实践路径。	什么样的案例是能体现素养导向下创智课堂教学价值追求的优秀案例?案例究竟是如何体现学生素养培育的实践路径的?适应素养导向下创智课堂教学实施的教学空间、学习资源及种子教师应该是怎样的?	不同学段、不同学科素养导向下创智课堂教学典型案例集(含教学录像、教学空间); 不同学段、不同学科素养导向下创智课堂实施的学习资源案例集; 不同学段、不同学科素养导向下创智课堂实施的教师成长案例集
	4. 素养导向下创智课堂教学的实施规格研究 　　依据国际发展趋势研究成果与课堂教学现状分析结果,把握素养导向下课堂教学的要求,梳理教学设计、教学实施、教学评价之间的关系,调整创智课堂教学的理论框架,完善相应指标体系。同时,基于项目校的优秀案例,提炼创智课堂教学的课堂变革路径和技术方法、评估工具,为区域其他学校开展创智课堂实践提供借鉴参考。	素养导向下创智课堂教学的课堂变革路径为何?技术方法为何?评估工具为何?素养导向下的创智课堂教学设计、教学实施、教学评价的模板分别是怎样的?	不同学段、不同学科素养导向下创智课堂教学实施指南
整理总结阶段	5. 素养导向下创智课堂教学的制度研究 　　组织研究团队,建立团队运作的规程、方式、要求,修订形成素养导向下的创智课堂教学得以落实的学校规章制度、评估制度、研修制度等。在研究过程中不断分析制度实施对于研究实施的影响,并根据需要持续优化机制保障。	如何通过规范类、评估类、研修类三类教学管理与研究制度的设计与实施,保障素养导向下的创智课堂教学在学校能够真正落地实践?	素养导向下的创智课堂教学管理与研究制度
			素养导向下的创智课堂教学研究报告

（二）明确学校素养指向与推进路径

聚焦"责任担当、学会学习、实践创新"三大区域强化素养的区域理解与行动，在学校课堂现状调研基础上，6所项目实验校形成项目研究方案，确定试点学科和学校研究主题，在总项目的案例征集与评选活动为引领，开始案例的撰写、修改与剖析的循环过程。

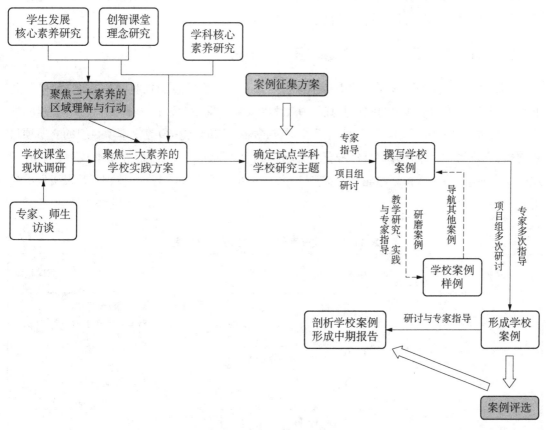

图1-4 项目推进路径图

（三）开展区校项目研究与实践探索

6所项目实验校结合各自研究内容，立足项目研究方案，基于学校校情、生情，找准项目研究切入点，有序推进项目研究与实践探索。

- 控江中学：素养导向下的高中学科深度学习行动研究
- 同济中学：素养导向下的高中物理学科学习活动设计研究
- 三门中学：素养导向下创智课堂教学中学生高阶思维培育的案例研究
- 惠民中学：创智课堂视域下初中英语学科培养学生"乐学"精神的案例研究

- 上理工附小：指向问题解决能力发展的单元教学活动设计与实施
- 杨浦小学分校：素养导向下的小学语文学科学生课堂学习活动实践研究

与此同时，总项目组、子项目组、学校项目组都按照最初设计的项目研究制度，定期开展项目研讨活动，分享交流彼此的研究进展、阶段成果和存在困惑等，总项目组也定期收集各子项目组、学校项目组的研究计划和阶段小结，开展过程性案例征集的方式，帮助学校项目组能够不断地知晓、领会、内化总项目组和子项目组的研究思路与主要精神，进而实现总项目组、子项目组、学校项目组的协同呼应与层级贯通。

（四）凸显素养指向的学校实践案例开发与分析

总项目组通过《杨浦区新时期中小学课程与教学创新实践项目案例评审方案》的研制与下发，帮助项目实验校明确了案例内涵、基本特征（真实性、情境性、典型性、启发性、开放性等）和构成要素（标题、基本信息、案例背景、主要内容、分析讨论等）等。本项目组的6所项目实验校也基于总项目组的研究任务与工作安排，结合本校实际，梳理形成了本校项目研究的过程性实践案例，前后积累两轮案例共计19篇。子项目组在总项目的引领下，开展案例的分析研究。

表1-3 6校9案例（第一轮）分析一览表

序号	案例名称	所在单位	素养指向	实践路径	关键技术	保障机制
1	以深度学习发展艺术学科核心素养的实践——以社区摄影师单元教学为例	上海市控江中学	学会学习、责任担当、实践创新	学校深度学习框架：活动设计—任务驱动—情境教学—探究学习—学生输出—创意激励	全过程评价工具：创意表达评价表、课程文化理解评价表、问题解决能力评估（个人）、团队协作能力评价表（团队自评）	
2	基于核心素养导向的高中数学案例研究与实践——以"借助计算器观察函数递增的快慢"为例	上海市控江中学	学会学习、责任担当、实践创新	明确培养目标→以核心素养为导向的课堂教学设计→实施课堂教学→课堂教学评价→修改教学设计→构建教学策略与评价模型；课堂观察→提出反思总结→改进（多次循环，实践改进）		
3	素养导向下的高中物理学科学生活动设计与实施——高一物理"力的合成"教学案例	上海市同济中学	学会学习（学习活动设计）	创设情境—猜想与假设—实验探究—自主活动	学习活动设计表	

续 表

序号	案例名称	所在单位	素养指向	实践路径	关键技术	保障机制
4	素养导向下高中物理学科学习活动设计——高二物理"磁感应强度 磁通量"教学案例	上海市同济中学	学会学习（学习活动设计）	实验方案设计、动手实践、对观察到的现象进行思考等	学习活动设计表	
5	以关键问题及其追问提升学生思维品质	上海市三门中学	学会学习（思维品质培养）	三研修，两观察	1. 课堂观察工具 2. 关键问题设计 3. 对关键问题进行追问的设计	"三研修、两观察"的教研运作方式
6	基于学生乐学习惯培养的课堂教学评价量表的构建与优化	上海市惠民中学	学会学习（乐学习惯）		课堂观察量表	
7	以驱动性任务促进学生问题解决能力发展的案例研究——以"长方形的面积"为例	上海理工大学附属小学	实践创新（问题解决能力）	设计—观课—反思—再实践	工具开发：驱动性任务设计基本要素量表、驱动性任务实施与评价用表	"研讨—观察—调整"的循环改进模式
8	以驱动性任务促进学生问题解决能力发展的案例研究——以"长方形和正方形周长和面积的练习课"为例	上海理工大学附属小学	实践创新（问题解决能力）	设计—观课—反思—再实践	工具的优化完善：驱动性任务设计基本要素量表、驱动性任务实施与评价用表、驱动性任务课堂评价表	
9	小学语文课堂促进学生深度参与学习活动的策略研究——以低年段语文为例	杨浦小学分校	学会学习（学习活动设计）	搭建支架，有效指导—细化评价，促进学习—延迟判断，助力成长	成长性课堂评价表	

表1-4 6校10案例（第二批）分析一览表

序号	案例名称	所在单位	素养指向	实践路径	关键技术	保障机制
1	多媒体课件在高中篮球专项化教学中的设计与应用	上海市控江中学	学会学习、责任担当、实践创新	课件内容选择—内容设计—画面设计—素材选择	在高中体育专项化教学中运用多媒体课件	

续 表

序号	案例名称	所在单位	素养指向	实践路径	关键技术	保障机制
2	将"真问题"探究引入高中物理教学	上海市控江中学	学会学习、责任担当、实践创新	预实验—理论分析—实验验证—数据分析—学术讨论	将物理学术竞赛对真问题的研究引入高中物理教学	
3	基于深度学习的高中语文教学探索——以《赤壁赋》为例	上海市控江中学	学会学习、责任担当、实践创新	首先,明确此课例的单元学习任务,通过勾连其与语文学科核心素养的内在联系,从而确立教学目标。在此基础上,通过设计问题链,使教学过程环环相扣;并针对核心问题展开讨论,多元评价讨论结果,达到推进学生深度学习的效果。最终,小结学生的学习路径,为学生提供具体学习方法、过程	关注环环相扣的问题链;关注学生学习方法上的指导;立足于单元学习任务来构建问题链以及关注学习方法	
4	核心素养本位下的深度学习型单元教学设计——以"基本经济制度与经济体制"单元为例	上海市控江中学	学会学习、责任担当、实践创新	(流程图)	创新教学环境;创新教学方式;创新学习方式	
5	素养导向下的高中物理学科学生活动设计与实施——高一物理"F 机械能守恒定律"教学案例	上海市同济中学	学会学习(学习活动设计)	(流程图)	学习活动设计表	
6	在"关键问题及其追问"中提升学生思维品质——初中数学"反比例函数图像和性质"课例研究报告	上海市三门中学	学会学习(思维品质培养)	三研修,两观察	单元设计下的单元教学;关注学生学习进程;突破难点、发散思维;技术融合、助力教学;通过关键问题及其追问,还原课堂本质	
7	创智课堂视域下培养学生乐学精神的策略探究与实践——以英语教学月为例	上海市惠民中学	学会学习(乐学精神)		帮助学生提升信心;创设全新的学习情境;提高学生互助与合作能力	课堂观察量表

续　表

序号	案例名称	所在单位	素养指向	实践路径	关键技术	保障机制
8	以驱动性任务促进学生问题解决能力发展——以"机器人动起来"为例	上海理工大学附属小学	实践创新（问题解决能力）	根据课时内容与教学目标，设计贴切可行的驱动性任务——在教学实践过程中，关注学生作品与学生表现，调整驱动性任务具体要求——注重学生课堂表现，以学生项目化学习的成果来判断学生是否掌握了核心知识的构建与迁移，解决了问题——师生共同制定评价表，以不同等级界定任务完成情况。鼓励学生向更高一级目标努力，提升问题解决能力	1. 设计：制定有趣、符合学情又有一定挑战性的驱动性问题 2. 选择：筛选内容，突出重点，减少无关信息。明确学习目标，以此为依据给学生提供经过筛选的工具和资料。避免学生产生偏离目标的学习 3. 追踪：设计合适的学习单或者评价单。记录自己的学习和思维的过程，进行个性化表达	驱动性任务实施与评价表
9	指向学生问题解决能力的单元活动任务设计——以"重建儿童乐园"为例	上海理工大学附属小学	学会学习、责任担当、实践创新	任务发布，制定调查计划—数据分析，制定购买计划—汇报方案，持续改进优化		
10	朗读伊始　以趣为引——素养导向下的小学语文学科学生课堂学习活动实践研究教学案例	杨浦小学分校	学会学习（学习活动设计）	创设情境，巧用想象，触发学生情感；趣味游戏朗读，激起兴趣与热情，提升朗读水平；竞赛朗读，活跃气氛，抓住注意力	创设情境，趣味阅读，竞赛托底	

（五）提炼项目研究成果

立足学校项目阶段总结和典型案例文本，围绕创智课堂理论框架、单元学习设计规格、素养导向下的创智课堂实践路径、素养导向下的创智课堂关键技术、素养导向下的创智课堂推进与保障机制等五大维度系统梳理子项目研究成果，形成研究报告。

三、成果成效

（一）优化创智课堂理论框架，丰富"创智"内涵

素养是指人在教学情境中积淀出来的知识、能力和品质的综合，是基于国家课程标准、

面对外部环境下可以自由调度的最基本的身心资源。随着研究的不断深入，结合政策诉求、国际趋势、区域实践和育人传统，项目组进一步明确了本项目中"素养"的内涵，即重点关注学生"责任担当、学会学习、实践创新"三大区域强化素养的培育。

表1-5 三大区域强化素养的表征与要素构成

素养	主要表现指征	具体要素
责任担当	社会责任	自我道德力
		服务意识与奉献精神
		公民身份与法治意识
		生态意识与可持续发展理念
	国家认同	国家意识
		文化自信
		中国共产党
	国际理解	国际意识
		文化多样性
		人类命运共同体
		社会主义核心价值观
学会学习	乐学善学	学习管理
		学习方法
		学习态度
	勤于反思	自我反思
		合作反思
	信息意识	信息获取
		信息处理
		信息开发
		信息安全与伦理
实践创新	劳动意识	劳动意识
	创新素养	创新性思维
		协作创新
		应用创新

在此基础上，项目组进一步探索"素养导向的创智课堂理论框架"的修订与完善，主要体现在：第一，根据区域课程与教学创新的理论模型图，我们认为，素养导向的创智课堂是指以学科核心素养为指向，聚焦"责任担当、学会学习、实践创新"三大区域强化素养的培育，以单元教学设计与实施、信息技术与教学实践的深度融合、创新性实验教学等为抓手推进区域课

堂转型,促进师生智慧生成的课堂变革行动。第二,在后疫情时代,更加凸显网络学习环境的重要性,强调线上线下的混合式学习,构建学习资源平台。

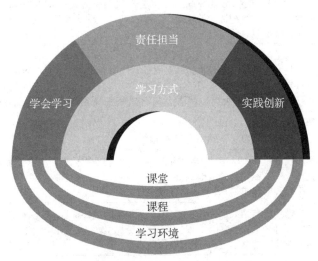

图 1-5　区域课程与教学创新的理论模型

(二) 研制素养导向的单元学习设计指南,形成相应规格

从"学习目标、学习情境、学习任务、学习过程、学习成果、学习评价"六大维度出发,研制素养导向的创智课堂单元学习设计指南,并形成相应规格,以其作为变革"中介",强化创智课堂理念的实践落地,促进学生素养的转化与生成,探索形成创智课堂的新样态。素养贯穿整个课堂学习的始终,学习目标指向学科大概念,借以统整学科结构,融合学科知识、思维、情感和价值观,蕴含着素养目标。学习情境以开放性问题为核心,密切联系学生的日常生活、社会生活以及未来的职业生活,引导学生深度参与课堂学习。情境中的问题成为学习任务的展开依据,融合着学习内容,通过合作、探究等方式,在解决任务中内化学科内容、转化素养。学习成果展现着学生的学习经历,学生对问题的思考与理解,体现出学生的学习收获。学习评价以学习目标为基础,通过多主体、多样化的评价方式反映出学生的学科大概念学习程度、素养培育程度以及学生的进步,通过学生自我反思进一步引领学生对学习内容的审视,促进学科结构和素养结构的巩固,从而使素养贯穿于整个课堂学习,促进素养的转化与生成。

表 1-6　素养导向的单元学习设计规格

维度	描　　述
学习目标	1. 素养导向:分析学习内容蕴含的素养,明确素养要求; 2. 学科大观念:以学科大概念为核心统整学科内容,体现出学科结构; 3. 适应性:以表现性、生成性的形式描述目标,适应不同能力学生的学习水平。

续 表

维度	描 述
学习情境	1. 生活性：学习情境要与学生经验相联系，指向学生社会生活或未来职业生活； 2. 指向性：创设与学习内容相适应的情境，包含生活情境、科学情境、社会情境、职业情境等； 3. 开放性：学习情境中包含着待解决的开放性问题。
学习任务	1. 高阶性：调动学生的高阶思维能力，驱动低阶技能的学习与理解； 2. 真实性：学习任务中学生的心理机制与日常面对问题的思维机制是一致的； 3. 生产性：以真实性的作品作为学习任务的产出； 4. 共享性：学习任务的解决需要生生、师生之间的合作、探究，协调学生、教师、教材之间的对话、共享。
学习过程	1. 协作性：学生组成异质小组，师生、生生之间协作分工，共同解决问题； 2. 主动性：通过学生对学习材料的探究和体验内化学习内容。
学习成果	1. 物化性：不应仅停留在头脑中，而要以报告、实物、图表等物化形式展示学生的学习成果； 2. 开放性：允许学生从不同的角度形成自己的成果； 3. 解释性：学生自我解释成果，展示其思维、想法。
学习评价	1. 多元化：表现性评价与结果性评价相结合，凸显学生的成长； 2. 多主体：教师、同伴、家长等多个主体参与评价，更加全面、客观评价学生学习； 3. 反思性：学生对自己的学习过程、成果进行反思。

（三）探索素养导向下的创智课堂实践路径，实现整体推进

1. 指向学生学习方式转型，开展学习活动设计

控江中学"社区摄影师"单元教学中，使用问题核心清单等引导表，围绕"社区文化"提出驱动问题，帮助学生思考如何拆解核心问题，层层分析社区拍摄项目需要经历的过程与步骤，自主制定计划与方案，为后续进入社区拍摄、寻找素材指明方向。在课程目标的设定中，主要围绕"深度学习"框架中认知、人际、学习这三个领域，更注重学生参与教学的整个过程。课程实施历经"核心问题提炼—异质小组学习—亲历调研实践—反思回顾收获"四阶段。

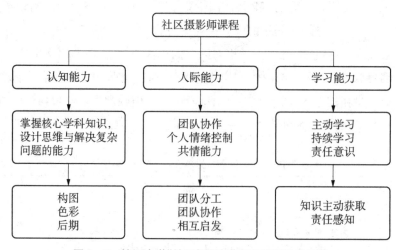

图1-6 控江中学"社区摄影师"课程目标设计思考

图1-7 控江中学"社区摄影师"课程实施基本流程图

同济中学立足物理学科核心素养,以核心素养为导向,依托学习活动设计表来设计并实施学生活动,创设一个良好的有利于知识建构的学习环境,以支持和帮助学生学会学习,在活动中学生积极参与、乐于探究、善于实验、勤于思考,获得感悟和认识,提高科学素养。

表1-7 同济中学学习活动设计表

学习活动	学习支持	学习评价

学习活动包括"创设情境""猜想与假设""实验探究""自主活动"等多种活动形式,通过丰富多彩、层层递进的学习活动,学生能用一些观察和实验的技能认识物质世界,建立正确的物理概念;在学习活动中学生经历科学探究的基本过程,运用科学探究的思维和方法去"发现新知",学会学习;学生在科学探究和问题解决的过程中,伴随着分析、综合、抽象、概括、推理等思维过程,不仅加深了对学习内容的理解,提升了科学探究和问题解决能力,还能激发好奇心,体会学习的乐趣,正确认识科学的本质,理解"科学·技术·社会·环境"的关系,形成严谨、求真的科学态度,增强社会责任感。活动的评价目标明确、主体多元、方法多样,既重视结果亦重视过程,重视评价的诊断功能和激励功能,帮助学生认识自我、建立自信,改进学习方式,以评价促进学生的学习与发展,发展核心素养。

杨浦小学分校将低年段学生课堂活动特征概括为"趣味性、创造性和实践性",将其类型划分为"快乐游戏、巧手制作、角色表演、生活体验"。小学语文课堂中促进学生深度参与的学习活动,不是设计新奇花哨的教学活动,而是旨在启迪智慧,鼓励创造,促进学生在获得知识的同时,能够转识成智,从而实现学生核心素养的不断提升与人格品质的健康成长。

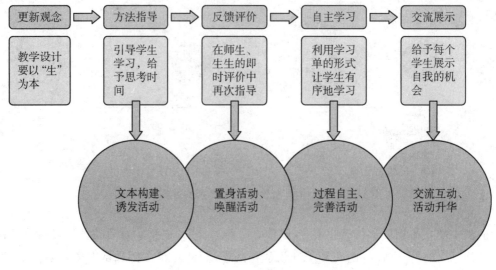

图1-8 杨浦小学分校学生课堂活动设计流程图

2. 融评于教,开发并优化完善课堂观察与评价工具

控江中学"社区摄影师"单元教学中通过评价工具开发,引导学生掌握艺术中建筑风格、摄影构图、色彩运用等核心知识并发展艺术感知、创意表达、审美情趣与文化理解等学科核心素养,发展从社区行走、随访与影像采集入手,探索文创艺术与社区文化、人文共融共生的解决方法。通过实践,让学生重新认识自己生活的环境,从中理解文化的沿承与价值,用发展的目光了解社区的变迁,从社区的受益者转变为社区的参与者和设计者,在实践中提升学生对于城市发展的认知以及对于公民责任的认识。

表1-8 控江中学创意表达评价表

水平	创意表达	评价
1	课程有选择性地引导学生掌握创意表达的基本知识技能,使学生在艺术活动中运用艺术要素、媒体材料进行设计和操作	
2	课程从生活中提炼艺术创作的素材,根据不同情境进行艺术构思;引导学生选择适当的表现手段,进行新颖独特的创编、设计和实践,表达思想情感和意义	
3	在个性化的艺术创作实践中,培养合作意识和多艺术门类跨域关联的能力,并运用到其他学科和生活领域	

表1-9 控江中学课程文化理解评价表

水平	文化理解	评价
1	课程能够主动参与艺术活动,能搜集与艺术语言、艺术作品、艺术观念相关的文化背景资料;使学生能认同中华优秀传统文化艺术和世界多元文化艺术	

续 表

水平	文化理解	评价
2	课程能够引导学生在体验、讨论艺术作品、艺术活动中,能归纳艺术的形象塑造和情感表达与文化的关联,阐述自己的观点,与他人分享交流	
3	课程能够引导学生在参与艺术活动的体验和探究中,能从不同视角理解中华优秀传统文化艺术的精神及特征;能阐释中外文化艺术精品,并对文化内涵做出初步的辨析和评价	

惠民中学通过课堂观察量表1.0—3.0的变化过程,呈现课堂教学设计与实施的调整与优化,最终达到培养学生乐学习惯,实现素养培育的价值目标。

表1-10　惠民中学课堂观察量表3.0

	教学环节	课堂导入	输入活动	输出活动	作业
课堂教学	教师讲授时长(分钟)				
	学生活动时长(分钟)				
	教师教学方式				
	学生活动形式(个人/小组……)				
	学生参与度(高/较高/一般/不高)				
	学生自主学习(有/无)				
学习环境	物理环境使用				
	学生反馈				
	心理环境创建				
	学生反馈				

上理工附小教师课前通过"驱动性任务设计与实施表"设计驱动性任务,并预设学生表现;课中,第二次引入工具"驱动性任务课堂评价表"对任务在课堂中实施情况予以实际的效果评价,通过一前一后"预设表现"与"真实表现"的对比,针对任务设计的有效性进行反思,形成一个循环、动态的调整过程,使课堂反思更趋向科学性。

表1-11　驱动性任务设计与实施表(供设计教师用)

	所在单元	三年级第二学期第六单元	所属板块	图形与几何
基本信息	教学内容	长方形、正方形周长和面积练习课		
	教学目标	1. 复习长方形和正方形的周长和面积。 2. 能综合运用周长与面积的知识解决实际问题。		
	活动目标	1. 在左右(上下)对折A4纸的活动中厘清概念和公式,探索长方形周长与面积的变化问题。经历猜测、验证、归纳的过程。		

续 表

	2. 在A4纸上减去和添上一个边长为3厘米的正方形的活动中厘清组合图形的面积和周长的计算方法,通过对不同策略的对比和理解,生成解决问题方法最优化的主动意愿,并体验复杂问题简单化的数学思想。		
任务类型	☑单课时内任务	☐单元系列任务 共( )课时 本任务位于第( )课时	
认知水平	☐有意识识记　☐解释性理解　☑探究性理解　☑综合性运用		
活动资源	☑工具学具　☐文本资料　☑媒体资源　☐场馆资源　☐活动教室		

任务描述			
任务设计实施	1. 在左右(上下)对折A4纸分别计算它们的周长和面积,研究两种折法周长和面积是否相等的问题。得出结论:面积相等的两个长方形,它们的周长是不相等的。【同桌合作】 2. 引发猜测并探究:周长相等的长方形的面积是否相等?【小组合作】 3. 在A4纸上减去或添上边长为3厘米的正方形(呈"L"形和凹字形、凸字形),它们的周长和面积是否相等?【独立完成】【小组交流】【全班交流】		
	预设学生表现	表现性评价	教师指导
	1. 同桌合作发现有2种不同的对折方法并分工计算出周长和面积回答问题。	1. 两种方法都计算正确、结论正确;同桌两人只算对一种,结论有分歧。	1. 个别指导对折方法。指派小老师去支援附近有困难的同桌。
	2. 小组通过讨论运用举例的方法进行验证前面的猜测,分工选择符合条件的不同的数据进行计算。	2. 每人都有至少一种与大家不一样的数据,并能从数据的计算中发现规律;每人只找到一种,通过计算得出结论;组内找不到很多种(小于4种)符合条件的长和宽。	2. 参与小组活动,个别指导。指派小老师去支援附近有困难的小组。
	3. 在独立思考的基础上小组交流讨论周长面积之间变和不变的关系。	3. 利用平移的办法计算组合图形的周长;利用周长的概念把组合图形的各条边长加起来计算周长;周长计算错误。	3. 小组答案不统一有分歧时参与讨论,帮助学生清晰表达自己的思路,提供相应的模型、学具帮助学生展示思路。

任务属性	开放性	☐任务结果开放　☑解决过程开放　☑表达方式开放　☐任务本身开放
	情境性	☑生活情境　☐社会情境　☑学术情境
	挑战性	☐低(单人完成)　☑中(同桌协作)　☑高(小组合作)

表1-12　驱动性任务课堂评价工具表(供教师听评课使用)

时间(年月日)	2019年5月29日				听课班级	三(8)班
教学内容	长方形、正方形周长和面积练习课				执教者	叶维
评价项目	评价要点	等级评定			简要说明	
		A	B	C	D	
目标评价	1. 任务设计围绕教学目标展开,突出重点,突破难点。	4 ☑	3	2	1	在变和不变的探究中突破周长面积计算的易错点,落实重点。

续 表

评价项目	评价要点	等级评定 A	B	C	D	简要说明
	2. 任务表述清晰,注重知识的内在联系,呈现方式利于学生学习。	4 ✓	3	2	1	在对折、剪、移、拼的活动之后探索周长、面积的变化,任务表述便于学生理解
任务属性	3. 情境设计恰当有效,问题设计合理且具有一定的探究性。	4 ✓	3	2	1	生活情境向学术情境顺利过渡,引发学生深层思考、培养数学的思维能力
	4. 开放度合适,能使不同层面的学生都能参与到任务活动中。	4 ✓	3	2	1	各个小任务的设置便于学生逐步巩固知识点,掌握方法,任务完成度较高
	5. 挑战性与完成方式设计合理,能充分激发学生合作与解决问题的内驱力。	4 ✓	3	2	1	设置的任务两人或四人合作分工明确,效率较高
课堂效果	6. 学生在原有基础上获得学科关键能力的提升,尤其是分析、解决问题的意识得到培养。	4 ✓	3	2	1	双基训练扎实,同时能根据任务的特征选择合适的方法解决,特别是最后一个活动的思维碰撞,充分展示了学生的差异性
	7. 学生能积极参与到任务的体验与解决的过程中,情感得到激发,体现对任务达成的兴趣。	4 ✓	3	2	1	关注任务本身的有趣性,及时调整学习状态,通过任务描述的有趣性等措施激发学生兴趣
调整建议	学生通过驱动性问题"周长相等的长方形,它们的面积是否相等",小组合作自主研究,通过在A4纸上减去或添上边长为3厘米的正方形,研究它们的周长和面积是否相等。并在研究中得到结论面积相等的两个长方形,它们的周长是不相等的。整个复习课围绕着这一中心问题,给学生充分探索理解作用的时间,是一堂值得我们学习的有创新的数学复习课					
总得分	28		评课教师			刘轩如

3. 依托教研方式转型,实现课堂变革与教学转型

三门中学经过多年研究与实践,形成了"三研修、两观察"的教研运作方式,并将其用作学校课堂改革的具体实践中。第一次研修——发现问题,优化设计;第一次课堂实践——课

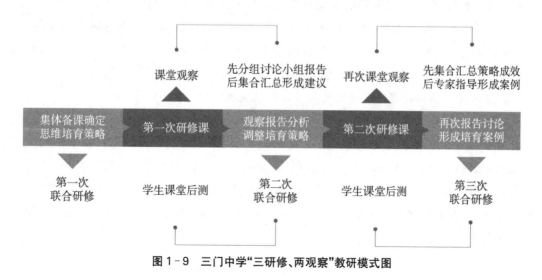

图1-9 三门中学"三研修、两观察"教研模式图

堂观察,发现特征;第二次研修——活动评析,改进设计;第二次课堂实践——发现特征,比较差异;第三次研修——开展研究,提炼要点。

表1-13 三门中学课堂观察工具量表

关键事件	关键问题	具体追问	问题解决方式及效果
对思维培育的评价与建议			

(四) 提炼素养导向下的创智课堂关键技术,撬动课堂变革

1. 以关键问题及其追问的设计与实施促进思维品质提升

从学习内容和学生思维出发,提出学科的关键性问题,利用追问推动深层次探究,增进学生的理解。三门中学提炼了关键问题的主要特点:第一,在语文教学中,关键问题的设置可以结合文章体裁设置。第二,关键问题必须是开放性的,且能提纲挈领,否则会使学生的思维受限,也不能提供阅读路径的示范作用。第三,关键问题体现高认知水平。同时,提炼了针对关键问题进行追问的注意点。第一,追问要针对学生理解的难点与关键点。第二,追问要注意形成阶梯,促进学生的思维逐步深化。第三,追问要注意反映学生的不同理解,增进师生互动交流。第四,追问的指向要清晰明确。第五,增加追问的开放性有助于激发学生的深层思维。

2. 以驱动性学习任务设计发展学生问题解决能力

学习内容赋予一定的情境,将静态学习内容转化为动态,引导学生发现和解决问题,促进学生深度参与,推动学科内容的主动建构与生成。上理工附小提炼出驱动性任务三大关键性要素:其一,需要具备真实的、有意义的情境,即情境性;其二,任务本身应当具备多途径的完成方式,使每一位学生都能运用共有的知识和自己特有的经验提出方案、解决问题,即开放性;其三,任务本身具有一定的挑战性,激发学生积极的学习状态,即挑战性。

3. 融入学习活动过程促进持续反思改进的表现性评价

在学习活动中将"预设表现"与"真实表现"比较,引导学生自我反思评价以及课堂教学反思,从而推动课堂教学迭代优化。控江中学"社区摄影师"课程的评价贯穿整个单元过程:在项目准备阶段关注对于核心知识的掌握、学生对于任务的分析思维、团队的分工协作机制;在项目执行阶段关注学生知识衔接与实际应用情况、团队交流协作的顺畅度;在项目完成阶段关注学生对于各组之间的项目互评、对于自身以及团队的评价、对于项目完成情况的评价,引导学生持续学习。

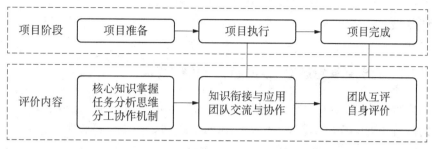

图 1-10 "社区摄影师"课程中全过程项目评价方式

(五) 形成素养导向下的创智课堂推进与保障机制,助力变革持续发生

在项目推进过程中,项目组注重发挥机制的价值引领与行为规范功能,分别从区域层面和学校层面建构了推进机制。**一是多元研修机制**。通过专题讲座、项目组研讨的方式,项目组引领学校和教师对区域项目顶层设计、三大区域强化素养的内涵要义、案例撰写的要点等加深理解和认同。学校校本研修机制也各有特色,比如三门中学的"三研修、两观察"教研模式,上理工附小"研讨—观察—调整"的循环改进模式等。**二是管理服务机制**。架构完善了包括项目领导团队、专家团队、实践团队在内的项目研究团队,建立完善了月度例会制、年度推进会、定期专题研讨活动、项目实验校展示活动等制度。**三是调研评估机制**。项目组以调研评估反馈为激励引导,有机地将调研评估融于整个项目推进中,依托初态调研,之后的中期评估、结项评估等,及时帮助项目实验校了解阶段性研究进展,适时调整后续研究方向。

第三节 "双新"背景下创智课堂的深化(2021 年至今)

随着《关于深化教育教学改革全面提高义务教育质量的意见》《关于新时代推进普通高中育人方式改革的指导意见》《关于普通高中新课程新教材实施国家级示范区示范校推进工作实施方案》等文件的相继出台,我们一直在思考:在新课程新教材实施的大背景下,杨浦区作为上海市唯一一个普通高中新课程新教材实施国家级示范区、唯一一个上海市基础教育创新试(实)验区、新入选的国家级信息化实验教学区,如何回应国家、区域对于学生素养培育的价值追求,弥合理论框架与学校实践的可能分野,探索素养导向的创智课堂新路径,找到研究的载体和着力点,让课堂变革在学校真正发生,让素养培育的目标得以最终实现。

一、问题挑战

（一）如何修订创智课堂理论框架以回应"双新"要求？

前期的创智课堂研究与实践已经积累了较为丰硕的研究成果，建构了理论框架，高中"双新"又对课程与教学提出了新要求，如何在前两轮创智课堂理论框架的基础上继承与发展，进一步修订并完善原有的创智课堂理论框架和学科实践指南，从而形成新的素养取向的教学改革指导文件以回应新课程、新教材的要求？

（二）如何实现从传统的课时主义向单元学习设计的转型？

如何从传统的课时主义和以知识点为中心的教学，走向高中课程改革所倡导的新型课堂教学形态——以学科核心素养为指向、以规划学生学习历程为核心的单元学习设计为核心的课堂变革行动，探索从知识点的课时设计到主题单元设计、从教案设计到单元学习方案设计、从教学设计到"教—学—评"一致性设计，凝练单元学习设计与实施的操作规格、关键技术与支持工具等？

（三）如何实现从线下教学到混合式教学的转变？

如何从前一轮创智课堂对线下教学展开的实践探索，转向在当前信息技术与课堂教学深度融合的新常态下，总结并设计出一套可供示范和推广的混合式教学模式，为学生"高参与、高投入、高浸润、高选择"的学习提供技术支持，以促进信息技术与教学实践的深度融合？

（四）如何探索从外围环境到学生学习方式转型这一变革内核的重心转移？

如何从前一轮创智课堂对创新实验室、学习空间、与实验室相匹配的课程开发等偏重外围环境建设，走向对创新性实验教学等实现学生学习方式转型和创新素养培育这一课程变革内核的探索与实践？

（五）如何建构以"智慧教师工作坊"运作为特征的区域推进机制？

如何探索形成"双新"背景下智慧教师适应性专长的发展模式，建构区域智慧教师工作坊的有效运行机制，在区域层面形成规模效应，努力实现区域创智课堂的星火燎原之势？

二、目标愿景

（一）总目标

通过开展"双新"背景下的创智课堂实践研究，以单元学习设计与实施、信息技术与教学实践的深度融合、指向学生创新素养的实验教学等为主要突破口,探索"双新"背景下的创智课堂的新路径、新策略与新方法,开发表现样例,提炼操作规格,形成普适经验,最终基本形成提升学科素养为基本目标、深度学习为基本特征、融合教学为基本形式、单元学习与作业为基本路径的创智课堂新样态。

(二)具体目标

1. 在"双新"背景下,进一步修订完善创智课堂理论框架和学科实践指南,形成素养取向的区域课程与教学改革的指导性文件,引领教师开展创智课堂的具体实践。

2. 开发单元学习设计与实施的基本规格,形成普通高中指向学科核心素养培育的单元学习设计与实施指南与支持工具,为教师开展单元学习设计与实施提供变革支架。

3. 明晰信息技术与教学实践深度融合的可能路径与实施策略,探索在教学中运用技术支持多维度情境构建、师生深度探究和问题解决的进阶测评,总结设计出一套可供示范和推广的混合式教学模式。

4. 提炼指向学生创新素养培育的高中实验教学的核心经验,凝练多元路径与策略方法,谋求课堂教学方式与学生学习方式的转型,提升教师的实验教学能力和学生的创新素养。

5. 形成以智慧教师工作坊为内核的区域运行机制,总结并呈现创智课堂的典型样态与智慧教师适应性专长的发展模式,在区域层面形成规模效应,努力实现区域创智课堂的星火燎原之势。

三、主要任务

(一)"双新"背景下的创智课堂理论框架再研究

在"双新"背景下,按照素养培育的要求,以学生核心素养、区域三大强化核心素养、学科核心素养等为指引,进一步修订并完善原有的创智课堂理论框架和学科实践指南,形成新的素养取向的教学改革指导文件,并推送全区教师予以学习、领会和践行,引领全区教师开展创智课堂的具体实践。

(二)单元学习设计与实施研究

以智慧教师工作坊为支撑,教研员吸纳学科骨干教师,组建形成核心团队,在高校研究人员的专业引领下,尝试设计单元学习设计方案并进行基于方案实施的迭代改进,重点关注单元学习目标与学科核心素养的对接、单元学习任务与学科/跨学科知识和观念之间的转化与嵌套、单元学习任务的进阶性逻辑、"教—学—评"的一致性设计、素养表现性评价的量规设计等课题,进而开发形成包含"学习目标、学习情境、学习任务、学习过程、学习成果、学习评价"等六个维度的单元学习设计基本规格,形成学科单元学习设计与实施的实践指南与一系列支持工具,为教师的课堂教学变革提供变革支架和专业引领。

(三) 信息技术与教学实践的深度融合研究

利用互联网、人工智能等新技术的研究成果,主动开展信息技术融合式教学研究,探索在教学中运用技术支持多维度情境构建、师生深度探究和问题解决的进阶测评,开展样本学生学习轨迹采集和数据分析研究,通过知识图谱的构建以及大数据分析平台、数字教学环境、线上学习资源的建设,开发"双新"背景下指向单元学习的课程资源及其使用平台,引导教师开展多样化的线上线下融合教学,提高学习指导的精准度,促进有效互动,多元评价,激发学生学习兴趣,引导学生自主学习、个性化发展,实现因材施教。

(四) 指向学生创新素养的实验教学研究

充分利用区域资源,发挥和完善现有的机制和项目平台的作用,形成比较成熟的、能有效实施高中实验教学、实践类学习的多样化路径,提炼指向学生创新素养培育的高中实验教学的核心经验,促进课堂教学方式与学生学习方式的转型,提升教师的教学能力和学生的创新素养。

(五) 以智慧教师工作坊为内核的区域运行机制研究

梳理以往创智课堂智慧教师工作坊的运转情况,总结主要的工作内容与开展路径,分析智慧教师工作坊对基层课堂教学的影响方式、影响效果与存在问题,并从"双新"国家级示范区教学改革的要求出发,为智慧教师工作坊的运行提供更多专业支持。提炼以智慧教师工作坊的运作为特征的区域创智课堂推进机制,以形成具有示范作用、借鉴意义和推广价值的经验和成果,并对智慧教师工作坊的初步成果加以宣传和推广,形成规模效应,致力于实现区域创智课堂的星火燎原之势。

(六) "双新"背景下的创智课堂实践成效检验研究

一方面,基于研究推进的历程,有计划分阶段地对项目的阶段性成效做及时地总结与分析,聚焦推进过程中的经验和有待改进的地方,为下一阶段的项目研究奠定扎实基础;另一方面,在项目结项时,则需要对本项目的三年研究过程做全盘梳理与细致总结,主要从学生的学习结果、教师的生存状态和专业投入、学校的课堂文化形塑三个维度出发全面收集并总结实践结果,反思过去的项目整体实施情况,分主题有层次地总结并提炼研究成效。

综上所述,创智课堂起源于对传统课堂的检视与反省,植根于对学生素养培育的不懈追求,是杨浦教育人用一种理性自觉继承着传统精粹,将个人经验转化为普适性实践的行动探索。未来,杨浦教育人定当初心不改、砥砺前行,为"双新"国家级示范区建设交出一份印有杨浦标识的喜人答卷。

第二章 创智课堂的理论框架

创智课堂的理论框架对我们全方位多层次地理解创智课堂的核心要义,指导教师开展创智课堂的具体实践具有关键作用。当然,理论框架的形成不是一蹴而就的,也不是一成不变的,而是在不断变化中寻求新的时代解答。自2012年开始的近十年研究过程中,随着创智课堂项目推进历经变革方向确立与启动运行、素养导向下创智课堂的升级、双新背景下创智课堂的深化等三轮过程,创智课堂的理论框架也随着每一轮的推进而有所迭代升级。本章将对目前修订后的创智课堂内涵、特征与理念,以及要素与指标等展开论述。

第一节 创智课堂的内涵、特征与理念

一、创智课堂的内涵

(一) 课堂的内涵界定

目前学界对"课堂"这一概念的内涵界定,大致可以呈现出较为明显的三种概念理解的演变过程,分别是把课堂理解为教室这一空间概念、理解为学校的课堂教学活动本身、理解为课程与教学活动的综合体。

1. 课堂即教室

把课堂理解为教室(Classroom)这一空间上的物理性概念,是指学校教学活动发生的主要场所,传统教学论是把它作为教学环境的一部分来进行研究的。

2. 课堂即学校的课堂教学活动

第二种主要观点是把课堂理解为学校的课堂教学活动,换言之,研究课堂也就成了研究

课堂教学,尤其关注课堂教学活动及其构成要素。那么,这样的理解实质上是一种狭义的教学研究,它与我们今天所理解和推崇的对课堂的更系统更整体的认识还是有所差距的。

3. 课堂即课程与教学活动的综合体

第三种主要观点是把课堂理解为课程与教学活动的综合体,不仅仅是教师与学生行为的互动,或者说仅仅是师生关系的问题,它是包含了课程实施、课程资源开发、教学活动、师生关系、教学环境等多种教育要素及其相互关系在内的综合体。

(二) 智慧的内涵界定

教育学界对从知识到智慧的超越这一问题的研究由来已久。怀特海在《教育的目的》一书中就提到,"要使知识充满活力,不能使知识僵化,而这是一切教育的核心问题。教育的全部目的就是使人具有活跃的智慧。智慧是掌握知识的方式,它涉及知识的处理、确定有关问题时知识的选择,以及运用知识使我们的直觉经验更有价值。这种对知识的掌握便是智慧,是可以获得的最本质的自由。古人清楚地认识到——比我们更清楚地认识到——智慧高于知识的必要性"。[①] 杜威在《人的问题》中也谈到智慧与知识的不同,认为"智慧是应用已知的去明智地指导人生事物之能力"。[②] 我国哲学家李泽厚先生也认为,"智慧不是指某种思维能力、知性模式,它不只是明智或智力,而是包括它们在内的整体心理结构或精神力量,其中也包括伦理学和美学的方面,例如道德自觉、人生态度、直观才能等"。[③] 可以说,集中西哲学传统于一身的哲学家冯契先生在《人的自由和真善美(冯契文集·第三卷)》这本书中就通过对中西哲学的概括,对"智慧"做了一个非常明确的界定并提出了非常具有启发性与引导性的观点,认为"智慧就是合乎人性的自由发展的真理性的认识"。[④] 如果我们从这个定义出发,大概可以看到智慧的三种含义,分别是真理性的认识方式、符合人性的存在方式、自由自觉的发展状态。

1. 智慧即真理性的认识方式

在心理学意义上,智慧是"intelligence",认为智慧不仅仅是把知识接受下来,把固有的知识单纯固定下来就结束了,更多的是保持一种对世界的探究的方式,这才是人类获得真理的唯一方式。

2. 智慧即符合人性的存在方式

在社会学意义上,智慧是"sensibleness",即指人在日常社会生活中是敏感的、明智的和明白事理的,其思想和行为等是切合实际的,是合乎法律合乎情理的,是有效且实用的。换句话说,如果学生通过多种多样其他的认识方式掌握了真理,但是认识方式或认识过程是不

[①] 怀特海. 教育的目的[M]. 徐汝舟,译. 北京:生活·读书·新知三联书店出版社,2002:54.
[②] 杜威. 人的问题[M]. 付统先,等,译. 上海:上海人民出版社,1965:4.
[③] 李泽厚. 中国古代思想史论[M]. 北京:人民出版社,1985.
[④] 冯契. 人的自由和真善美[M]. 上海:华东师范大学出版社,1996.

符合人性的，比如通过单纯的知识灌输或外力驱动等获得了真理，这样其实也谈不上智慧的教学了。

3. 智慧即自由自觉的发展状态

在哲学意义上，智慧是"wisdom"，即人在世界观、价值观和人生观等方面所具有的才智、明智、知识、德性等，但更关键是要体现一个人自由自觉的精神生命和存在发展方式，其中最核心的体现就是一个人创造性的发展，可以说，创造性是智慧要义中非常重要的方面。

（三）智慧与素养之间的关系

智慧是素养的应有之义，素养则是智慧的构成基础；智慧偏重于东方的美德属性，素养偏重于西方的心智内涵。两者之间是相互借鉴、相互包容的关系。因而促进智慧创生的课堂与素养取向的课堂异曲同工，与新时代学生发展的要求是不谋而合的。

（四）创智课堂的杨浦理解

创智课堂即创生智慧的课堂，是为了超越传统以知识灌输为主的课堂而提出的。基于上述对"课堂"和"智慧"的概念理解，创智课堂的构建既不是单纯地改变教学环境，也不是简单地转变教学模式，更不是以设计新奇的教学活动为取向，而是旨在超越把学生当作纯粹客体、单纯灌输知识的课堂实践，走向启迪智慧、进行创造的新型课堂，促使人在获得"真理性认识"的同时，能够"转识成智"，实现人性的自由发展。因此，本项目把创智课堂界定为以素养培育为指向，在正式学习环境、非正式学习环境以及数字化学习环境中，以学习者的学习创新为核心，教师的教学创新为依托，突破原有的学习形态，促进师生素养形成与智慧发展的课堂变革行动。换言之，在创智课堂的意义空间中，不仅使学生获得了个人素养发展与智慧生成的可能空间，也使教师收获了成就自己生命智慧的理想空间。

二、创智课堂的关键特征

关于创智课堂的内涵界定，如果我们把所有的修饰语去掉，最终落脚点在"课堂变革行动"，也就意味着对于创智课堂而言并不是有一套一劳永逸的操作模式供教师直接应用，还是需要师生能够发挥个人的创造性，基于情境进行问题解决。从对智慧的理解来看，本研究将创智课堂的关键特征概括为以下三点。

（一）儿童立场

儿童立场即尊重儿童自身在世界的独立价值，在研究儿童的基础上，展开由于儿童、经由儿童并为了儿童的课堂实践。创智课堂所坚持的儿童立场是希望教师基于班内不同学生的差异和学情特点，设计学习目标、学习活动和评价活动等，最终指向儿童自由自在的智慧生长和生命自觉。这不是儿童被教师强迫进行知识灌输并接受知识的过程,而是儿童结合自身体验自建构知识并内化为个人成长体验的过程。

(二) 探究取向

探究取向即把探究视为学生与世界交往的方式,激发学生展开对生活世界和科学世界的探索,在充分尊重每一个学生独特的探究方式基础上实现学生观念认知和意义建构的统一。正如杜威所说,我们不是把知识的记录本当作知识本身,更重要的是把这些知识作为自我探索新世界的资源加以利用。实际上,在20世纪60年代布鲁纳所倡导的发现学习法就非常强调探究的作用了,但是相较于创智课堂的探究取向,两者的"探究"在教学目的、教学内容和教学理念上还是存在一定差异的。

表2-1 布鲁纳发现教学法与创智课堂两种"探究"取向的对比

	布鲁纳的发现教学法	创智课堂的探究取向
教学目的	智力卓越	人格发展
教学内容	学科结构,尤其是理科	超越学科逻辑结构,面向整个生活世界和科学世界
教学理念	存在一个普遍的发现教学、探究教学模式	尊重每个人自己的学习方式和自主探究方式,更丰富、更多元、更个性化的

(三) 创新旨趣

创新旨趣即以创新作为课堂教学的要旨,视创新为全体学生个性健全的自然表现,发展学生创造性的思维和品质。对创新的理解,传统上通常会认为是小发明、小制作等创造性产品、创造性成果,过多聚焦于能力培养、产品设计等,而在创智课堂的理念引领下,认为创新不仅是能力层面、知识层面,更不仅仅是制作一个创造性产品,而是如何形成符合儿童天性的、符合儿童发展可能的、符合儿童个性化的健康人格。换言之,不是强调儿童最终做成了什么产品,而是找到这个儿童最符合其自身成长的最好可能,并实现这种可能。总之,创智课堂坚持的创新最根本上是基于人格的个性上的认识和完善,能力发展、学业成就等都是第二位的,第一位的是儿童找到符合自己基础、自己天性的人格创新的可能。当然,我们并非坚持二元论的观点,认为只有创新人格是重要的,而创造性产品就是不重要的。我们坚持的是首先是人格,其次是产品;不能单纯将创造性产品视为当前课堂教学的第一目的,它只是相对于人格成长与完善而言的课堂教学的副产品。当前关于核心素养的课程改革也非常强调学生的实践创新能力,这也超越了传统上认为创新仅仅是创造性思维的狭隘理解,还是需要通过实践将创造性观念、创造性思维转化为创造性行动、创造性产品。

三、创智课堂的基本理念

（一）学习即创造

学习不是掌握预定知识的过程，不是单纯记录并复制教师教授的知识的过程，而是学生创造自己知识的过程。当代学习科学的研究表明，学生对知识的建构是内省的，是根据其原有的观念来建构自身对这个世界的理解，而不是处理和内化教师所呈现给他们的知识。新的知识观意味着，教师在教学中任何试图把自己的理解快捷地告诉学生的努力都是徒劳的。创智课堂主张学习的本质是人类心灵的主动建构，无论是面对大千世界还是知识体系，学生在自主探究、创造与问题解决中形成自己的理解和诞生自己的思想。

（二）教学即研究

教学也不是教师传授预定知识的过程，而是教师从事研究的过程。目前的国际趋势是将儿童研究与课堂教学合二为一，换言之，教师开展课堂教学的过程就是展开儿童研究的过程，教师即儿童研究者。教师并不是掌握了学科内容的本体性知识就可以，如果单纯研究教材教法，而没有在此过程中嵌入对儿童的认识和理解，是很难保证整个教学过程的有效性的。任何时候，只要教学与研究分离、割裂，它就必然变成灌输，进而异化心灵，不仅异化学生的心灵而且导致教师的自我异化。当代教学理论的发展表明，教学是建立在经验、反思基础上的智慧性实践，而非运用现成原理的技术性实践。这意味着教师无法凭借某种固有的技术或方案一劳永逸地实施理想的教学，对充满不确定的复杂的教学情境而言，唯一正确的途径是研究，特别是研究作为教学出发点与归宿的学生。创智课堂不把教学视为研究的对象，而把教学视为研究本身，这从根本上恢复了教学的智慧品格，教师在研究学生的基础上倾听和理解学生的心灵，引导学生探究知识与体验生活，并帮助学生生成精彩的思想与观念。

第二节　创智课堂的要素与指标

一、创智课堂的核心要素

（一）学习环境创新

创智课堂追求一种促进教与学革新的生态环境，注重构建教与学的新时空。它致力于整合课堂、学校等正式学习环境与家庭、社区、科技馆、博物馆、实地场景等校外非正式学习环境以及现代信息技术支持的网络学习环境等虚拟学习环境。它通过形塑以学习者为中心的活动,为学习者的学习和创新提供资源、情境、工具、支架、社群等多层面的支撑。同时,它通过创建安全的心理环境,尊重并理解学生的观念和体验,为学习者的创新活动提供适宜的氛围和心理支持。总之,学习环境创新这一核心要素包含三大指标维度,分别是:整合多样化的学习环境、提供有效的学习支撑、创建安全的心理环境。

(二) 教学创新

创智课堂追求一种突破传统教学方式的创新形态,强调重构教学的过程与要素。在教学目标上,学生与教师共同厘定合理的、可以传递的学习期望,注重使用表现性目标引发学生多样化和个性化的反应。在教学过程中,关注学习任务设计,并主张发展基于学生特定需要的教学时间表。在教学评价上,倡导促进学习的评价,强化学生对自我学习情况的意识和对自我学习过程的监控。同时,还将反思与改进教学作为重要的一环纳入教学过程,以凸显教学与研究的一体化。总之,教学创新这一核心要素包含四大指标维度,分别是:生成素养型学习目标、设置适切的学习任务、践行促进学习的评估、持续反思与改进教学。

(三) 学习创新

创智课堂追求一种转变学习体验的创新经历,强调学习是求知、实践和创造融为一体的活动。它珍视学习者的内在学习动机,注意激发并维持学习者对学习本身的兴趣,避免单纯为外部奖励而学习。它倡导运用多样化的学习策略开展学习,同时尊重学生的多元学习风格和多元智能,鼓励学习者的个性化学习。创智课堂不仅通过探究中的学习提高学习者的批判性思维和统整思维,而且通过创造中的学习鼓励学习者积极创建和生产他们自己的作品,借以发展自身的想象力和创造力,实现精彩观念的诞生。总之,学习创新这一关键要素包含三大指标维度,分别是:践行多样化的学习方式、运用元认知策略、诞生精彩观念与行动。

二、创智课堂的指标体系

在任何一个课堂变革的改革探索与实践中,一定会有一个基本的设想,供大家朝着那个方向努力,这是项目组谈指标体系的初衷,但是它绝非是标准化的,与传统上试图用一套操作方式、一套对教师教学行为的规定来引领课堂变革与教学转型是不一样的。

(一) 指标体系遵循的基本假设

1. 指标体系是基于当下课堂事实的

创智课堂的指标体系并不是教师在实践过程中一直视作标准化模式化的东西,而是教师在对课堂、学习、智慧等有清晰认识和理解后自觉的行为实践中渗透的价值取向。项目组关于何为创生智慧的课堂的一个理想化描述,是基于杨浦当下的课堂事实,而非乌托邦式的,换言之,在杨浦不同学段不同学科的部分教师已经尝试过相关探索,项目组只是在实践基础上把杨浦教师的优秀经验加以梳理提炼,并结合相关理论研究,将其整合为指标体系,使其成为更多老师的追求和自觉实践,并基于此改进自身的课堂教学实践。

2. 指标体系是开放的、发展的体系

创智课堂的指标体系始终是一个开放的、发展的体系,随着项目的持续推进,国内外学界对学习理论、教学理论、儿童研究等领域研究的不断深入,创智课堂的理论框架也将与之同步发展。正如创智课堂的基本模型所示,学习环境创新、教学创新、学习创新实际上是构成这样一个开放的平台的关键元素,它始终不是一个封闭的空间。我们对于课堂、学习、智慧等概念的理解,包括现在对核心素养的认识等,都始终是吸纳国际上的前沿观点,是体现时代发展特征与需求的,随着研究的深入,创智课堂的内涵也会与国内外的前沿理论和相关研究产生互动勾连并发展改进。智慧的生成也是动态的发展的过程,可能是螺旋性的,但不是始终封闭的静态的,不是追求周严性的过程。

3. 指标体系指向发展师生的智慧

创智课堂指标体系构建时所坚持的根本假设始终基于对智慧的理解,教育的目的应是发展师生的智慧,师生共同追求合乎人性的自由发展的真理性的认识。只要教师们能够始终保持一种对智慧追求的生命状态,坚持课堂是师生共同成长的生命体的基本认识并努力践行,所谓指标体系中的各种要素、维度、指标等就会在不知不觉的过程中达成。

(二) 指标体系的设计原则

1. 引领性,而非标准化

创智课堂的指标体系并非为教师提供一个标准化的操作模式,认为怎么样就一定是符合创智课堂要求的,比如教学几环节几步骤、甚至导学案有几个栏目的规定等,相反,更多的是希望给教师提供引领性的价值参考,教师可以在始终坚持课堂是师生共同成长的意义空间这一价值追求基础上,在创智课堂三大核心要素、十大指标维度以及更具体的描述性指标的框架引领下,找准符合所教学科的学科特点、所教学生的校情班情学情的可能切入点,开展具体的创智课堂的实践探索。

2. 策略性,而非技巧化

创智课堂的指标体系并非是技术上对教师具体教学技巧的硬性要求,也不是对某些教学技巧的单纯否定,而是为教师提供更宏观的策略性的指导,引导教师思考在课堂这样一个意义空间师生是如何发展自己的智慧,达到自觉自愿自由自在的生命成长状态的,并努力践行。

3. 描述性,而非等级化

创智课堂的指标体系也并非为教师提供等级性的量化指标要求,以此作为评价教师是否实践创智课堂的评价标准,而是告诉教师创生智慧的课堂中可能的课堂样态是怎样的,为教师描述这样一个课堂图景。

(三) 指标体系的要素构成

创智课堂的指标体系基于"学习环境创新""学习创新""教学创新"三大核心要素及其下位的十大指标维度,细化生成具体的 33 个描述性指标,从而为教师的课堂教学提供更具操作性的指导,如表 2-2 所示。

表 2-2 创智课堂的指标体系

核心要素	指标	描 述
学习创新	践行多样化的学习方式	◆ 积极主动调用资源,自主开展学习; ◆ 依据目标需求,应用探究式学习、项目化学习和问题本位学习等方式; ◆ 在条件许可的范围内积极开展线上线下混合式学习。
学习创新	运用元认知策略	◆ 明确学习目标,判别并明了目标的重要性及其依据; ◆ 针对学习任务进行预测、假设或提出挑战性问题,激发对学习的强烈期待; ◆ 对学习的过程、状态、行为进行自我观察、审视和调整; ◆ 对学习结果进行自我检查、总结和评价,并加以补救。
学习创新	诞生精彩观念与行动	◆ 整合不同时期所学的知识与经验,形成可迁移的能力体系; ◆ 将已有的知识经验运用到新情境的问题解决之中,形成富有创造性的思考; ◆ 将思考的观念转化为自身行动,生成人生智慧。
教学创新	生成素养型学习目标	◆ 体现学习目标与学科(课程)核心素养的对接; ◆ 注重学生高阶认知、元认知与学习情感等方面的目标; ◆ 以清晰的表述方式向学生传递具体合理的学习期待。
教学创新	设置适切的学习任务	◆ 创设基于真实问题的学习情境; ◆ 设计体现学科实践的学科或跨学科学习任务; ◆ 设计每一任务的具体学习活动; ◆ 制定并执行适合学生特定需要的学习时间表。
教学创新	践行促进学习的评估	◆ 创设在真实情境中的实践、反思和回顾的机会; ◆ 提供指向学习目标的、多样的、可选择的作业; ◆ 通过观察、轶事记录、等级量表等评估学生的态度、情感等。
教学创新	持续反思与改进教学	◆ 精确完整地记录学生的作业完成、学习进步、非教学性活动等,借助工具观察教学,开展行动研究; ◆ 反思创智课堂的依据及其实施过程,反思自身的教学立场; ◆ 在随后的教学中运用反思的结果; ◆ 梳理教学的实践智慧,建构自我的专业档案。

续 表

核心要素	指标	描 述
学习环境创新	整合多样化的学习环境	◆ 创建灵活的、富有美感的、激发创新可能的课堂物理环境； ◆ 借助家庭、科技馆、博物馆、实地场景等校外非正式学习环境开展学习活动； ◆ 充分利用支持混合式学习的数字化学习环境。
	提供有效的学习支撑	◆ 提供纸质的、电子的资源和人力资源等多样化学习资源； ◆ 为学生查找、获取、处理、解释和评价资源提供搜索工具、处理工具和交流工具； ◆ 提供概念支架、元认知支架、过程支架和策略支架； ◆ 建立学习社群，促进学习者互动、协作和交流，引导学生与教师共同创建学习资源。
	创建安全的心理环境	◆ 尊重并理解学生的观念和体验； ◆ 发展激励策略，提供心理支持。

第三章 创智课堂的区域推进工具（一）：单元学习设计指南研制

为推进区域课堂变革与教学转型的真正发生，引导广大中小学教师在课堂实践中认同、内化并践行创智课堂的相关理念，促进学生的智慧生成，杨浦区教育局联合杨浦区教育学院以创智课堂理论框架为愿景引领，在总结提炼创智课堂已有实践经验和丰硕成果的基础上，以前一轮杨浦区学科创智课堂实践指南为基石，结合近几年"双新"背景下各学科开展的单元学习设计与实施实践，研制开发单元学习设计的一般规格，并提炼形成单元学习设计指南。区教研员带领学科骨干教师以此规格为参照，基于各自学科的逻辑特征和教学特点编制本学科单元学习设计指南。

第一节 单元学习设计指南框架

创智课堂的推进，离不开专业工具的支持。几年来，教研员与大学研究者合作，在实践中不断推进中小学教师开展单元学习设计，充分发挥单元学习在发展学生课程核心素养与学科核心素养中的重要作用，编制了《单元学习设计指南（初稿）》[①]。

一、单元学习的性质与设计理念

（一）单元学习的性质

单元是以学科核心素养培育为指向，以规划学生学习历程为核心的教学基本单位。单

[①] 本指南的撰写在多次讨论的基础上由安桂清、陈艳茹、刘筱倩执笔完成。

元由完整的大概念、大任务、大问题、大项目驱动,是一个围绕目标、内容、实施、评价组织的完整学习事件。单元学习以学习目标为指向,以学习任务为载体,以学习支持为保障,以学习评价为引领,力图克服课时主义和以知识点为中心的教与学的局限性,是课堂层面课程整合的基本形态。

学科核心素养是学生通过学科学习而逐渐形成的正确的价值观念、必备品格和关键能力,是学科课程目标的集中体现。指向学科核心素养培育的单元学习设计强调依循学生的学习逻辑,关注学生的思维品质、关键能力以及情感、态度与价值观的综合发展,具有如下特征。

一是整合性。首先,学习单元强调以主题为中心进行教学设计,关注学科内知识的整合,依托大概念、大任务、大问题等使学习内容形成相互联系的有机整体;其次,单元设计依据学习的需要涉及不同学科内容的整合,使学生从不同的视角学习主题,以实现对主题更为整全的理解及对学习内容的迁移与应用;最后,单元学习设计强调学科学习与现实生活的整合,通过情境的创设在个人生活、学校生活与社会生活甚至未来职业生活间建立联系。

二是情境性。首先,素养反映了现实情境对个体能力的发展要求,素养的培育也有赖于情境的支撑。单元学习强调对于学生学科核心素养的培育,通过创设真实的问题情境,澄清具备的条件及面临的挑战,推动学生在问题解决的过程中发展素养;其次,单元学习强调对学科学习与现实生活的整合,通过创设来自于现实生活的情境,在学习与生活之间搭建桥梁,一方面使学生结合自身生活经验展开学习,另一方面使学生明确学习对自身的意义。

三是实践性。首先,学科核心素养反映的是未来社会生活对学生发展在学科学习上的期待,强调的是学生包括学科实践在内的综合实践能力,素养本身的具身性决定了指向素养的单元学习的实践性;其次,素养是在问题情境中借助问题解决的实践培育起来的,指向素养的单元学习关注学生主体的亲身体验与具身实践,强调学生在真实性情境之中展开探究性实践以完成任务、解决问题;最后,对于学生单元学习的评价也依托于学生的实践表现完成。

(二) 单元学习的设计理念

1. 单元学习设计以学科核心素养培育为逻辑起点

单元学习突破传统的以知识点为中心的教学方式忽略学生学习逻辑的弊端,探索以学习为中心、以学科核心素养发展为指向的教学设计的新视野与新路径。单元学习设计强调学生在真实情境中通过完成任务、解决问题的方式践行用以致学的认识论逻辑,深化对学科内容的理解、迁移与应用,实现知情意的综合发展。

2. 单元学习设计以逆向设计为基本的路径与方法

单元学习设计依循逆向设计的基本路径,依据学科课程标准(及学科核心素养)的要求,明晰单元学习的目标和预期的学习结果,对接学习目标确认评价内容与评价方式,并基于此开展学习情境、学习任务与学习活动的整合设计。其中，评价既与目标相匹配，又嵌入到学习过程，实现学习目标、学习过程与学习评价的一致性设计。

3. 单元学习设计以学生深度学习为核心价值追求

单元学习强调学生经历有指导、有挑战、高投入、高认知的有意义的学习过程，开展深度学习，并以此实现学生学科核心素养发展。单元学习要创设富有挑战性的问题情境，明确可资利用的资源及限制性的条件；要设计引发学生高阶思维活动的学习过程，并促进学生学习过程中的自我反思与修正，让学生在探究性实践中实现认知、情感与行为的深度参与。

二、单元学习主题的设计

单元主题是对单元学习内容的凝练与概括，作为基本线索可以将单元学习关涉的内容联系起来，并为学习情境创设提供依托。单元主题要具有综合性，既要考虑学科课程标准的要求，又要关照与人类、社会发展相关的议题，同时还要反映学生的经验与需要。基于对多个方面因素的考量，在学科教材及相关学习资源的基础上进行规划与设计，形成具有整合意义、合乎学生学科核心素养发展要求的单元学习主题。

单元学习主题往往以任务、项目、大概念或问题的形式组织与呈现，揭示单元学习的核心关切。其中，任务关注课程对个体的意义，试图将学科知识和个体经验相联系，给学生创设机会将所学的各种观念应用到学校外的日常情境中去；项目强调从某一个学科切入，聚焦关键的学科知识与能力，用驱动性问题指向这些知识与能力，在解决问题的过程中进行学科与学科、学科与生活、学科与人际的联系与拓展；大概念是反映专家思维方式的概念、观念或论题，兼具学习意义与生活价值；而问题则包含问题关注的焦点即内容、问题嵌入的情境即背景、问题期待的产出即任务、问题的情节、特征和撰写的形式以及传递给学生的方式即问题的呈现四个部分。这些不同的主题类型作为学生学习的载体，旨在为学生学习创设条件与挑战。

三、单元学习目标的设计

单元学习目标规定单元主题的认知程度和完成效果，也指引单元学习过程的展开，是单元的灵魂。单元目标的确定实质上是要明确在单元学习中学生通过什么样的方式学会什么。

单元目标的设计要遵循如下原则：首先，单元学习目标的设计要以学科核心素养为指向，厘定单元学习的核心知识内容、结构，学习水平以及知识应用于生活情境、解决真实问题过程中的能力培养目标和品格涵养目标，明确单元学习内容与学科核心素养之间的对应性，使学科核心素养在单元学习目标中得以体现；其次，单元学习目标设计要体现以学生为主体、以学习为中心的原则，在传递对学生学习期待的同时，又具有一定的开放性与生成性，关注学生创造性的表现,满足学生个性化的需求;再次,单元学习目标要依据学科课程目标,贴合学科课程标准的要求,目标中凸显学科大概念,运用大概念整合相关知识内容;最后,单元学习目标要明确学生学习结果的类型,确认其结构与内容的复杂程度、整合程度与抽象水平,如较为高阶的学习结构会要求学生通过学习将多个事件联系起来形成整体知识的基础上,能够进行抽象概括,使问题、任务等本身的意义得以拓展,实现迁移应用。学习目标中学习结果的厘定能够为学习过程与评价的设计提供方向。

四、单元学习任务的设计

单元学习任务是支撑学习目标实现的载体,学生完成学习任务的过程即学习的过程。单元学习中的任务要体现情境、任务与活动的整合设计。

首先,创设嵌入学习任务的真实情境。情境是事件发生或任务产生的场所与背景,单元设计强调创设真实的情境,包括来自学校、社会和未来职业生活的情境。情境的真实性强调反映现实世界的需求,真实的情境可以是自然的情境,也可以是教师建构的情境。对于情境中问题的解决可以是真正的解决,学生任务完成的结果对于实践具有现实价值;也可以是模拟的解决,虽然在现实中任务结果和成品不真正使用,但学生可以体验其中的探究与创生过程。

其次,择选不同类型的学习任务。单元中的学习任务涉及设计、决策、鉴赏及探究等不同的类型。其中,设计指向的是有目标、有计划进行的创作活动,往往是用户导向的;决策要求对影响目标实现的诸多因素进行综合比较和分析,在对方案进行判断选优的基础上对未来行动做出决定;鉴赏强调根据一定标准对文学艺术等作品进行鉴定与欣赏;探究则突出根据研究目的提出假设,收集资料加以分析,在此基础上对假设进行检验,得出研究结论的过程。

再次,体现任务设计要素的完整性。任务包括目标、角色、对象、情境、产品或表现和标准等几个要素。其中,任务的目标不是学习或评价的目标,而是对于做成什么的说明,如分析与解决问题、开展一项调研等;角色即学生在任务中所扮演的角色,这些角色来源于真实世界中的社会角色;对象即角色所面向的服务对象或真实的(虚拟的)观众;情境即所处背景与面临的挑战;产品或表现指要完成的事情与创生的产品,往往是在更广阔的社会里很重要的有形产品(如建议书、解决方案等)或表现(如演讲、戏剧和展览等);标准即任务成功完成的标准与指标,其中内容标准用于评估学生对任务完成相关的事实、概念和原则的认识与理解程度;过程标准用于评估任务中使用的方法和程序的有效性;质量标准用于评估产品或表现的整体质量与水平;影响标准用于评估任务完成情况为给定的目的与观众带来的结果与影响。最后基于标准为任务设计评价量规作为评价工具,设定适当的评分范围与等级,判断不同标准的达成水平,评价量规可以由师生共同设计,也可以由教师预先设计,并在任务开始前提供给学生,为学生任务完成提供参考,使学生明确好的标准,促进学生学习过程中的自我评价与反思。学习单元中的任务设计要体现任务本身的真实性、高阶性、生产性与共享性等特征,凸显学习任务与现实生活的联系及在促进学生开展高阶思维活动、协作学习、创造性实践上的价值。

又次,探索任务设计的进阶性。为促进学生的深度学习,在统领性的学习任务之下还需要设计具有进阶性的具体的任务,在任务设计中表现为在回忆或复述、掌握技能与概念等简单任务的基础上通过较复杂的任务调动学生的逻辑推理能力,要求学生开展高阶的思维活动,动用策略性思维与拓展性思维。如科学论证的学习中任务的进阶性表现为在初级的论证任务中要求学生基于证据选择适当的观点、或依据给定观点匹配相关证据,在中级的论证任务中要求学生构建包含观点、事实证据、理论依据与推理的论证,在高级的论证任务中要求学生构建包含反驳观点、事实证据、理论依据与推理的反驳论证。任务设计的进阶性应与学生素养发展过程相匹配,充分体现任务设计逻辑与学生素养发展逻辑的一致性。

最后,学习任务以学习活动为基本单位推进。学习单元中的活动设计要明确主体、客体、工具、共同体、分工、规则等活动要素,明确学生的活动主体地位及学生所面向的活动目的与内容,使学生在由师生共同构成的学习共同体中,利用物理性与概念性的工具,遵循共同认可的规则展开学习活动。学习单元中的学习活动类型是多样的,在不同学科的学习活动设计中要凸显学科实践方式,反映学科学习特点,服务于学习任务的完成,指向学习目标的达成。

五、单元学习评价的设计

单元学习评价是检验单元学习目标达成与否和引领学习过程展开的主要手段。对评价的设计要明确评价的主体、评价的内容、评价的方法与工具。

首先,以评价任务形式展开的学习评价本身即为学习的重要组成,学习任务也蕴含着评价的意蕴与价值,评价任务与教学活动本质上是可以实现整合的。这意味着要在发挥原有的教师评价、同伴评价等为学生提供反馈促进改进、发展的基础上,还要引导学生在学习过程中开展自我反思性的评价,发展元认知,在自我监控、自我反思、自我判断、自我修正的基础上开展进一步学习。

其次,学习单元的评价要采用多样的评价方法,在素养培育的背景下,尤其要突出过程性评价与表现性评价,关注学生在非标准化情境下的生成性表现,要依据单元学习目标设计评价任务(表现性任务),明确评分规则。其中,评价任务要与学习目标相匹配,主要表现为内容类别的一致性,即判断评价项目涉及的内容类别与目标的一致程度;知识深度的一致性,即用于判断认知要求(例如回忆或复述、技能与概念、策略思维和拓展思维等)与目标中期望学生应知、应会的目标之间的一致性;知识广度的一致性,即分析学生为了正确回答评价项目所需的知识范围与目标所涉及的知识范围之间的一致性程度;表征的平衡性,即分析某条内容标准所分解的目标群中的每条目标与评价题目的分布之间是否平衡,避免有些目标没有相应的评价项目来评估或有过多的评价项目来检测。评分规则的设计则要求包含关键的评价指标与区分度,明确评价的指标及标准,并对不同水平的表现进行描述。

再次,强化学生的自我反思性评价。学生的自我反思是单元学习的重要环节,教师可以通过引导学生反思进而维持与促进学习。自我反思性评价的设计要求教师在进行单元设计中为学生搭建反思的支架,帮助学生管理自己的学习。反思性评价要以单元学习目标为依据,引导学生对学习内容及学习过程与方法的反思:一方面,可以通过让学生绘制概念图谱等,以可视化的方式组织学习内容并将之结构化,促进对学习内容的同化;另一方面,鼓励学生就学习过程与方法进行经验总结,在学习共同体中分享,以实现互学互惠、相互启发的效用。

六、单元学习环境的设计

学习环境创设是教师在学生单元学习中应承担的任务。在单元学习中,教师"教学"的意蕴即体现在学习环境的创设上。具体体现为教师为促进学生顺利展开学习所提供的预设性的与即时性的引导与帮助。学习环境可以是物化的,也可以是抽象的,主要包括学习空间、学习资源、工具支持、支架支持与学习共同体等方面,其中,学习空间是指用于学习的场所,包括物理空间和虚拟空间。空间是重要的变革力量。教师既需要建构与单元学习设计相适应的学校功能教室或创新实验室等正式学习空间,也需要充分利用社区图书馆、博物馆、体育馆等非正式学习空间开展单元学习。同时要充分利用现代信息技术,创设虚拟学习空间,扩展学生学习的边界,实现泛在的学习。

学习资源主要指教师为学生学习所提供的文本材料及器材。工具支持是为学生查找、获取、处理和评价资源提供的处理工具、操作工具和交流工具。支架支持即为促进学生理解所提供的概念支架、元认知支架、过程支架与策略支架。单元学习还强调创设学习社群,促进学生的互动、协作与交流,以实现学生间的互学互教、互惠互享。

七、单元作业设计

单元作业是贯穿于单元学习前、学习中及学习后用以巩固强化、弥补拓展学生学习的设计。单元作业实际上是单元学习不同阶段、不同类型作业的集合。单元作业的设计要与单元学习目标相匹配,遵循系统性、适切性、差异性和发展性的原则。首先,单元作业设计要注重单元学习过程中不同阶段作业的联系与进阶。其次,单元作业设计在数量与难度上要适切,避免为学生造成过重负担。再次,关注作业的差异性:一方面,就作业本身而言,既有面向事实性知识,强化学生对知识认识与理解及在结构良好的问题中应用的理解性作业,又有强调学生动用高阶思维,综合应用知识解决真实情境中复杂问题的实践性作业;另一方面,学生可以根据学习评价结果有针对性地选择相关内容及类型的作业,查缺补漏,切实发挥作业巩固强化、发展提高的价值。

八、单元学习设计的改进

单元学习的设计要遵循创智课堂的基本理念——教学即研究,不断追求专业实践的改善。教师要通过收集学生学习的多样化信息,在教学中不断反思和改进自己的单元学习设计。比如通过观察学生的学习行为与态度、研究学生的作业表现、收集学生的自我反思性评价信息等,发现学生存在的问题,研究问题解决的方案与对策,不断迭代改进自己的单元学习设计,以实现教学的持续优化。

第二节 学科单元学习设计指南:以高中数学为例①

结合上海市教委教研室原主任徐淀芳的"指向深度学习的单元教学设计基本要求"报告,将深度学习的特征及其内在联系进行了梳理,并给出了相应的单元教学设计参考模板即基本要求。对图3-1和表3-1进行对比分析,可以发现:"主题名称、主题概述、主题学情分析"指向了"引领性学习主题"要素;"单元学习目标"指向了"素养导向下的学习目标"要素;"教学过程"指向了"挑战性学习任务/活动"要素;"评价建议"指向了"持续性学习评价"要素;"开放性学习环境"和"反思性教学改进"单列;"单元作业/测试"在"挑战性学习任务"和"持续性学习评价"要素上都有涉及。

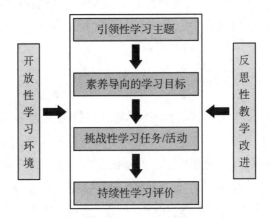

图3-1 指向深度学习的单元教学设计框架

---

① 本指南由上海市杨浦区教育学院高中数学教研员浦静滢带领团队共同完成。

表 3-1　单元教学设计参考模版

1. 主题名称：
2. 主题概述：
3. 主题学情分析：
4. 开放性学习环境：
5. 单元学习目标：
6. 教学过程：
7. 评价建议：
8. 反思性教学改进：
9. 单元作业/测试（自选项）：

一、引领性学习主题的凝练

（一）基本要求

表 3-2　引领性学习主题的基本要求

引领性学习主题（体现内容和过程的结构、育人的意义和价值的引领）	
1. 主题名称	可以是**单元名称**，或者参考单元名称**改造**为更加体现意义和价值的**主题名称**。如"机械能及其守恒定律""机械能守恒观念及其应用"等。
2. 主题概述 （由学科决定呈现方式和详略程度）	简述主题的**核心概念、内容结构、呈现方式、教学过程、育人价值**等，体现对主题内容和过程的结构、育人的意义和价值的引领。其中：内容结构和教学过程（体现思路和流程即可）建议采用**图文结合**方式阐述，体现**结构化**；内容呈现方式建议采用现实情境转化为问题或任务名称来呈现，体现**情境化**。
*主题内容分析	根据需要，对主题概述做补充（*表示可选，后同）
3. 主题学情分析	分析学生已有生活、知识、活动、方法等**经验**。可以是**着眼单元整体描述**学情，也可以是**课时学情分析的概括**。如果可能，建议采用**经验**和**数据**相结合方式。
4. 开放性学习环境	简要说明或者列出开放性学习环境的整体情况，如实验设备器材、桌椅摆放、黑板、多媒体设备、智能终端等（物理环境）以及数字资源、软件工具、网络平台等（虚拟环境）等。

操作建议：①单元教学规划更加强调**结构化**和**科学性**（建议由教研组或者备课组集体讨论完成），课时教学设计示例更加强调**具体化**和**艺术性**（建议由教师根据单元教学规划完成）；②**课程目标**和**学业质量水平**是分析单元教学规划各要素的依据；③主题名称要尽可能**指向大观念**，体现对育人意义和价值的引领；④主题概述在**内容结构化和育人的意义与价值**方面体现引领性；⑤学习任务/活动的集合，能够体现深度学习的**教学流程**（系列性、自主性、进阶性）；⑥学习环境是支持性、过程性要素，实现自主性与协作学习（强化学生与环境的相互作用）的必要保障，也是学科落实**五育融合**的抓手。

(二) 数学解读

1. 主题名称

单元,是指数学学科课程实施的单元,通常以主题为中心。

单元学习主题,是指依据数学课程标准,围绕数学某一核心内容组织起来的,体现数学学科知识发展、学科思想与方法深化或认识世界的,方式丰富、能够激发学生深度参与学习活动、促进学生数学核心素养发展的主题。单元学习主题的特点主要体现在:结构化、体系化、情境化;凸显大概念;发展数学学科核心素养的功能最强。

例如:"从等式到不等式,发展逻辑推理素养""研究三角形边角关系,提升数学建模素养"两个主题名称,是以活动、任务或问题的方式来表述主题名称的。主题名称蕴含着主题目标,是主题目标的高度凝练、任务化(活动化/问题化)。

2. 主题概述

以下两张图表均来自《普通高中数学课程标准 2017 年版(2020 年修订)》,其中图 3-2 明确指出了在主题教学设计过程中的各个环节和流程,表 3-3 则是对教学要素具体要分析哪些内容进行了明确的表述。

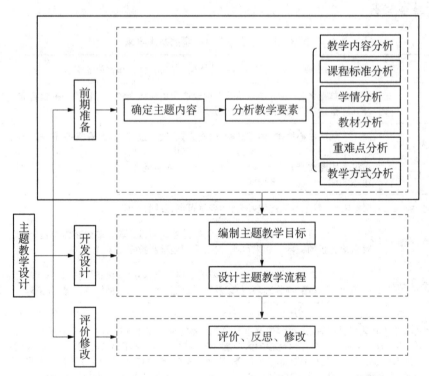

图 3-2 主题教学设计要求(节选自《普通高中数学课程标准 2017 年版(2020 年修订)》)

表3-3 教学要素分析的内容(节选自《普通高中数学课程标准2017年版(2020年修订)》)

要素	内容
教学内容分析	1. 本主题内容的数学本质、数学文化以及所渗透的数学思想等; 2. 本主题内容在本学段数学课程中的地位; 3. 本主题内容在整个中小学数学课程中的地位和作用; 4. 本主题内容在数学整体中的地位; 5. 本主题内容与本学段、前后学段以及大学其他知识之间的联系。
课程标准分析	1. 课程标准中对本主题内容的要求; 2. 课程标准中对本主题内不同内容要求的关联。
学情分析	1. 学生学习新知识的预备状态; 2. 学生对即将要学习的内容是否有所涉猎; 3. 学生学习新知识的情感态度; 4. 学生的学习方法、习惯以及风格。
教材分析	1. 比较不同版本教材的对本主题内容在概念引入、情境创设、例题习题的编排方式等方面的异同,分析各自的特点; 2. 根据学情选择适当的内容及其处理方式。
重难点分析	1. 主题整体教学重难点; 2. 具体课时重难点。
教学方式分析	从主题整体角度出发,选择合适的教学方式(体现学生的主体性)

在明确**四个依据**即学科课程标准、学科教材内容、核心素养的进阶发展、学生学情的基础上,做好**六个分析**:单元学习内容分析、单元学习内容在课程标准中的要求分析、学生学情分析、单元学习内容的教材对比分析、单元学习重难点分析、单元学习教学策略、方法分析。

  案例描述

(1) 核心概念

集合

数学语言十分精确,不容易产生歧义。集合是现代数学语言的重要组成部分。使用集合的语言,可以准确、简洁地表示所要研究的对象,更好地描述所研究的对象之间的关系。

常用逻辑用语(推出、充分条件、必要条件、且、或、反证法)

数学作为很多其他学科的基础和工具,其内涵及语言都是按照逻辑的方式来组织的。根据正确的前提,按照严格的逻辑推理,总是能够得到正确的结论。

在数学语言的表达方面,有一些公认的特殊约定,努力学习并遵循这些约定,能够更好地在数学领域里与他人开展交流,对进一步的学习和研究都非常有益。

在高中数学的学习以及后续数学内容的学习中,本单元是一个起始点,重点关注的是用大众所公认的方式,遵循一些特定的规则来进行数学的**思考与表达**。因此,本单元是后续章节学习的基础,也是能更好地与他人开展交流的一个必要条件。

(2) 内容结构

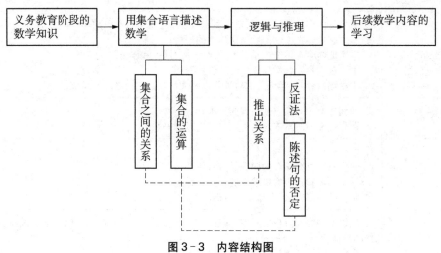

图 3-3　内容结构图

(3) 呈现方式

在具体的现实情境、科学情境、数学情境中不断抽象得到集合的概念,并在此基础上进一步抽象得到集合的包含关系与交、并、补三种运算。随后通过辨析定义中的"若……,则……""且""或"等词的含义,引出常用逻辑用语这一主题,最终基本达成"对语言的学习"这一目的。

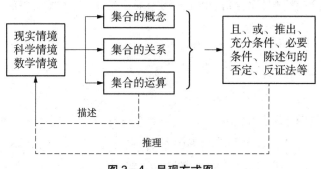

图 3-4　呈现方式图

案例分析

该案例在对教学内容的分析上,关注数学的本质,不仅对教学内容在高中数学学习中的地位进行了阐述,更是将这部分内容在数学整体中的地位以及与本学段、前后学段之间的联系进行了分析。在呈现方式中,从情境出发,通过对集合概念、关系、运算的研究以及常用逻辑用语的研究,再回归到问题情境中,提升逻辑推理素养。

3. 主题学情分析

学情的研究与分析,应当:关注所处学段;关注学生的思维基础,如持有知识、技能、思想、活动经验等;关注学生的学习心理,如学习信念、动机、情感态度价值观等;关注学生的学习方式。

 案例描述

学生初中已经学习了三角形的边角关系的一些初步结论并掌握了直角三角形的解法,在高中又学习了任意角的正弦、余弦、正切、余切的定义,三角恒等变换的公式等内容,其中运用坐标系研究任意角及其正弦、余弦、正切、余切的方法,为本单元研究正弦定理和余弦定理过程中,运用解析法提供了一定的基础。高中生身心发展趋于成熟,逻辑思维逐渐占据优势地位,辩证思维和创新思维有了很大的发展,所以要避免"填鸭式"的教学,多带领学生进行相关知识的自主探究。但是从初中对三角形的边与角关系,如"大边对大角"的定性刻画到高中"正弦定理"的定量刻画等,对学生的观察、分析、归纳、论证等能力都提出不小的挑战,教师要鼓励学生自主探索与合作交流结合,并根据学生在探究过程中的实际表现,进行合理的引导。

 案例分析

该案例明确指出学生所处学段,并针对该学段学生的思维基础,认为他们"初中已经学习了三角形的边角关系的一些初步结论并掌握了直角三角形的解法,在高中又学习了任意角的正弦、余弦、正切、余切的定义,三角恒等变换的公式等内容,其中运用坐标系研究任意角及其正弦、余弦、正切、余切的方法,为本单元研究正弦定理和余弦定理过程中,运用解析法提供了一定的基础",针对学生的学习心理,认为他们"身心发展趋于成熟,逻辑思维逐渐占据优势地位,辩证思维和创新思维有了很大的发展",针对学生的学习方式,认为"所以要避免'填鸭式'的教学,多带领学生进行相关知识的自主探究。但是从初中对三角形的边与角关系,如'大边对大角'的定性刻画到高中'正弦定理'的定量刻画等,对学生的观察、分析、归纳、论证等能力都提出不小的挑战,教师要鼓励学生自主探索与合作交流结合,并根据学生在探究过程中的实际表现,进行合理的引导",都进行了明确的分析。

4. 开放性学习环境

学习环境是对学习活动的重要保障,开展学习活动过程中的整体环境以及相关设备,包括虚拟环境等都应当考虑。例如,教师用于展示的电脑,实物投影仪等;学生探究使用的平板电脑、GeoGebra软件、几何画板软件、图形计算器等;四人一组的桌椅摆放;黑板、纸、笔等;实地测量所需的工具,如大直尺、皮尺、大量角器等。

二、素养导向的(单元)学习目标的确定

单元学习目标的确定,需要在明确本单元教学要素的基础上,把握素养导向下学习目标的特点,以学生为主体,通过对"学什么、怎么学、学到什么程度"等角度的阐述,来体现核心素养导向。

(一) 基本要求

表3-4 素养导向的学习目标的基本要求

素养导向的学习目标(基于标准、分析教材、结合学情确定,体现素养导向)		
课标素养名称	5. 单元学习目标	对应关系说明
A	可以采用素养整合方式描述学习目标,一条目标可以对应多个素养,并在对应关系说明栏目中需要说明目标对应的主要素养。 目标尽可能可测,关联核心素养或学业质量水平。 目标a;目标b;目标c;……	针对各条目标,填写对应主要素养的**编码**。
B		
C		
D		
操作建议:①A、B、C、D是对学科核心素养的编码,还可以进一步用A1、A2、A3、A4、A5表示某个学科核心素养的水平(体现基于课程标准);②撰写单元学习目标时,要思考如何**体现深度学习特征**(如活动与体验、联想与结构、本质与变式、迁移与创造、价值与评判,**兼顾任务/活动的目标指向**);③单元学习目标应该**整体涵盖学科核心素养**(体现单元是整体落实学科核心素养的学习单位)。		

(二) 数学解读

第一,以核心知识为载体,指向教育价值,如学生对数学精神与价值思想观念的感悟和方法的理解,指向可迁移应用,如核心知识与学科核心素养紧密结合。

第二,目标具体明确、可探查,具体可参照课标数学核心素养的主要表现。

第三,通过挑战性任务(活动/问题)将知识、方法、观念等各维度实现整合,融合在一起。

一般来说,单元学习目标的叙写遵循"行为主体+行为动词+学习内容+行为条件+行为程度"的一般规律,具体要求见下:

1. 行为主体(Audience):谁学。在撰写学习目标时是以学生主体视角出发,所以一般情况下"学生"二字省略。

2. 学习内容(Behavior):学什么。基于学科课程标准和学科教学内容。

3. 行为条件(Conditions):怎么学。基于学科教学内容特点以及学生的学情。

4. 行为程度(Degree):学到什么程度。指向核心素养的进阶发展。

案例 1

目标1:通过对现实情境、科学情境、数学情境的抽象以及和数的类比,抽象得到集合的概念、运算与关系;学会用规范的方式表示集合。

目标2:在具体的数学情境(义务教育阶段熟悉的数或形)中,能借助推出关系辨别与理解充分条件、必要条件的表达方式,能在熟悉且简单的情境下进行充分性与必要性的说理论证。

目标3:感悟集合与常用逻辑用语之间的有机联系,能体会到并说出两者的相通之处。

目标4:提升数学抽象、逻辑推理素养,潜在地提升直观想象素养。

案例 2

目标1:通过由等式性质猜想不等式性质,体会等式与不等式的异同,经历研究对象结果的类比,初步建立合情推理思想。

目标2:通过将证明等式性质与证明不等式性质进行对照,由解方程方法猜想解不等式方法,由等式证明方法猜想不等式证明方法;通过研究对象过程的类比,建立由类比寻找方法的思想。

目标3:通过利用不等式性质解不等式,用不等式性质和数的运算性质证明不等式,培养按照逻辑推理的法则计算和证明的思想。

目标4:通过本章的学习活动,发展条件、结论、方法上的类比能力,发展演绎推理的能力,提升逻辑推理素养。

案例 3

课标素养名称:A.数学抽象;B.逻辑推理;C.数学建模;D.直观想象;E.数学运算;F.数据分析

1. 能从具体的幂函数出发,理解幂函数的概念,作出具体幂函数图像,能利用从特殊到一般的方法,归纳幂函数的图像特征,并在图像的基础上,用代数运算的方法研究幂函数的性质。通过具体实例,结合幂函数的函数图像,懂得它们的变化规律,理解幂函数的概念,提升数学抽象、直观想象、数学运算和逻辑推理素养(ABDE)。

2. 能从具体实例感受指数函数的应用价值,理解指数函数的概念,作出具体指数函数的图像,能利用特殊到一般的方法,归纳指数函数的图像特征,并在图像表示的基础上,用代数运算方法研究指数函数的性质,进一步体会运用图像和代数运算研究函数性质的一般方法,能建立相应的指数函数模型。提升数学抽象、直观想象、数学运算、逻辑推理和数学建模素养(ABCDE)。

3. 能在幂函数、指数函数的基础上,利用对数引入对数函数。理解对数函数的概念,作出具体对数函数的图像,能利用特殊到一般、类比思想方法,探究对数函数的图像特征,并在图像表示的基础上,用代数运算方法研究指数函数的性质,进一步体会运用图像和代数运算研究函数性质的一般方法,并利用性质解决实际问题。知道对数函数与指数函数互为反函数,关于直线 $y=x$ 对称。提升数学抽象、直观想象、数学运算、逻辑推理和数学建模素养(ABCDE)。

 案例分析

案例1对学习内容、行为条件和行为程度都有阐述,但是将这些内容跟割裂开,看不出中间的联系;案例2对本单元课程标准中提出的学习要求进行了重构,对学习内容、行为进行了分析,也明确指出了提升哪些素养,但是没有对相关的核心素养进行编码分析;案例3对核心素养进行编码,指向也很明确,但是在表述上过于复杂,有直接将课程标准复制过来的嫌疑,没有针对本单元的主题进行相应的重构。三个案例各有优点,也各有不足,建议取长补短,在研读课程标准的基础上,根据单元的主题,将单元活动目标进行重构,并以编码等方式明确每一个目标的素养指向。

三、挑战性学习任务/活动的设计

(一) 基本要求

表 3-5 挑战性学习任务/活动的基本要求

挑战性学习任务/活动(方案1:以课时为单位规划)			
课时	任务/活动序号	6. 教学过程	评价建议
第1课时	任务/活动1 ……	呈现任务/活动名称,概述任务/活动的**内容**、**过程**、**环境**等,标注与**目标关联**。以任务/活动为线索描述教学过程,建议针对任务/活动开展的要素或步骤,**简述**教师、学生、环境的相互作用方式或要求,体现**做想讲练**的结合。	见持续性评价
第2课时	……		
……	……		

挑战性学习任务/活动(方案2:以任务/活动为单位规划)			
任务/活动序号	时长	6. 教学过程	评价建议
任务/活动1	(××分钟)	呈现任务/活动名称,**概述任务**/活动的**内容**、**过程**、**环境**等,标注与**目标关联**。以任务/活动为线索描述教学过程,建议针对任务/活动开展的要素或步骤,**简述**教师、学生、环境的相互作用方式或要求,体现**做想讲练**的结合。	
任务/活动2	(××分钟)		
任务/活动3	(××分钟)		
……	(……)		

操作建议:①教师可以自主选择**方案1**(以课时为单位规划)或者**方案2**(以任务/活动为单位规划);②学习任务/活动要**相对完整**,能够涵盖主题内容结构,并与单元课时匹配;③学习任务/活动的教学过程可采用**图文结合**方式表达;④注意学习任务/活动的名称和活动内容等与主题概述保持一致,学习任务/活动的目标应该指向单元学习目标;⑤如果把任务作为总领性的学习活动(即系列性学习活动作为一个任务),同样参考方案1或者方案2设计;⑥考虑到各学科教学过程描述的**复杂性**和**多样性**,单元或者课时教学过程呈现形式和描述方法由设计者决定。

(二) 数学解读

1. 对标课程标准，创设合理情境

课程标准为单元学习活动明确了目标指向，对活动的方法、途径和最终目标都做了明确的阐述。在课程标准的指导下，通过创设合理的情境，如现实情境、数学情境、科学情境等，从中抽象出相应的数学问题，并开展研究，能够提高学生学习的积极性和主动性。

 案例描述

第一阶段(2课时)：为了规避已有数学知识缺陷对于本单元内容学习的影响，集合的概念宜用现实情境引入，从校园生活等案例着手，解释朴素的集合的概念中"确定"以及"全体"等关键词，并且仍以现实情境作为研究载体进行概念辨析，分析集合概念的内涵。通过集合的分类、常用数集、空集等问题来分析集合的外延。通过具体的数学情境学习列举法和描述法，在明确概念的情况下，明确列举法和描述法的优缺点，并对两种描述方法开展较为广泛的应用。此外，借助一元一次不等式引入区间表示法。

 案例分析

本案例是学生进入高中阶段后第1、2节数学课，学习的内容又相对比较抽象。从现实情境中引入问题，帮助学生在提升学习兴趣的情况下，更加直观地理解问题。

2. 整体规划内容，进阶划分任务

挑战性学习任务的特征强调要完整地做一件事，经历问题解决、形成概念、理解概念、发展素养的过程。要对单元教学目标进行科学的细化，统筹课内外活动，注重活动之间的联系，力求活动设计符合学生的认知规律。

 案例描述

第一阶段(2课时)：
从实际问题背景抽象并探究边角数量关系，构建边与角的正弦、余弦之间的关系。
形式：课前准备，课上交流
活动1：利用初中知识尝试解决实际问题，探究可求解三角形具备的条件。
(1) 课前给出生活实际问题，让学生尝试求解；
(2) 学生抽象出确定三角形的要素及依据；
(3) 学生探究正弦定理、余弦定理的推导方式。
活动2：梳理推导正弦定理、余弦定理的方法。
(1) 交流不同的推导方式，从几何角度概括三角形中边与角的正弦与余弦之间的关系；
(2) 引导学生结合之前所学的三角正弦、余弦、正切、余切定义，利用解析法推导正弦定理和余弦定理。

第二阶段(2课时)：

根据相应条件,合理运用正弦定理、余弦定理,并解决简单的实际问题。

活动1：给定已知三角形两边和其中一边所对的角的条件下,讨论求其他的边或角。

(1) 梳理正弦定理、余弦定理、面积公式等边角关系；

(2) 分组讨论：学生自行选择方法,根据相应条件求解；

(3) 小组展示：学生分享问题解决的思路、解题方法,提出待解决的困难与问题；

(4) 总结归纳：方案对比分析、方法总结。

活动2：综合运用正弦定理和余弦定理证明三角形的边角互化问题。

(1) 思考：判断三角形的形状有哪些角度？

(2) 依据所选择的思路,如何建立条件与目标、边与角之间的联系？

(3) 不同的解法对比。

活动3：解三角形在实际生活中测量方面的应用。

(1) 如何从实际生活背景问题抽象出数学对象？

(2) 根据三角形的边角关系,如何合理选择方法与公式？

(3) 学生解法展示；

(4) 书写规范纠正,方法小结。

活动4：进一步体会三角测量的模型建立过程。

(1) 根据问题背景数据如方位角等抽象、建立三角形模型；

(2) 借助图形开展数据分析,在多个三角形中分析判断已有数据,选用合理的求解顺序和定理；

(3) 借助计算器根据非特殊值的三角函数求解角。

第三阶段(2课时)：

活动1：海伦公式和"三斜求积"公式。

以小组为单位开展合作学习：

(1) "三斜求积"公式的相关资料调查研究；

(2) 海伦公式的相关资料调查研究；

(3) 海伦公式和"三斜求积"公式等价性研究；

(4) 小组撰写报告并汇报,组间交流评价。

活动2：实际问题中的三角测量。

(1) 在校园中选择测量的对象,如建筑物高度、建筑物之间的距离等；

(2) 在工具充足的情况下(如直尺、皮尺、量角器、测角器等),设计测量方案,并实施,计算测量结果；

(3) 在工具不足的情况下(如没有量角器,或者只有一把15厘米的直尺等)设计测量方

案,并实施,计算测量结果;

(4) 小组汇报测量方案与测量结果,组间交流互评。

案例分析

本案例展示了一个完整的单元学习活动设计,各阶段学习任务的指向一致且层层递进,先从实际问题和已有知识中抽象出解三角形的问题,再从纯数学的角度对正弦定理和余弦定理进行证明和应用,继而将问题设置到实际情境中,最后推广到生活中的实际问题研究。

3. 学习资源充分,学习环境开放

学习资源主要参考教材,但不必拘泥于教材,相关的书籍、网络资源都可以成为学生学习的资源,教师可以在精心挑选的基础上进行推荐,也可引导学生自行寻找和发现学习资源。对于学习活动的时间安排要注意合理分配且时间充足。同时,还可以尝试信息技术与学习活动的融合。

案例1

第1课时:了解指数函数模型的实际背景,理解指数函数的概念和意义;能使用描点作图法或借助计算机画出具体指数函数的图象;在解决简单实际问题的过程中,体会指数函数是一类重要的函数模型,激发学生学习数学的兴趣,努力培养学生的创新意识。

案例2

活动2:梳理推导正弦定理、余弦定理的方法。

(1) 交流不同的推导方式,从几何角度概括三角形中边与角的正弦与余弦之间的关系;

(2) 引导学生结合之前所学的三角正弦、余弦、正切、余切定义,利用解析法推导正弦定理和余弦定理。

案例分析

案例1中,通过计算机或者图形计算器等工具,辅助学习活动的开展。案例2中,正弦定理和余弦定理在数学史上有很多种解法,可以引导学生查阅史料,并对各种证明方法进行比较,在关注数学文化的同时巩固数学学科知识技能。

4. 活动成效可测,提升关键能力

单元学习活动的成效,可以通过可持续评价的方式体现,在评价方式的设计上可采用多种方式,值得注意的是,指向关键能力的高阶的学习活动任务是否能够达成,也能成为反映学习活动成效的途径之一。

案例描述

活动2:实际问题中的三角测量。

(1) 在校园中选择测量的对象,如建筑物高度、建筑物之间的距离等;

(2) 在工具充足的情况下(如直尺、皮尺、量角器、测角器等),设计测量方案,并实施,计算测量结果;

(3) 在工具不足的情况下(如没有量角器,或者只有一把15厘米的直尺等)设计测量方案,并实施,计算测量结果;

(4) 小组汇报测量方案与测量结果,组间交流互评。

 案例分析

该活动旨在将前几节课学习的解三角形知识运用到实际生活中,在尝试用数学知识研究现实生活问题的过程中,提升数学建模、数学运算、直观想象等素养,体会用数学的眼光看世界、用数学的思想研究世界、用数学的方法解决问题的过程。由于活动中设计的难度也是层层递进,可以通过学生任务达成的情况,来间接判断其相关学科知识掌握的情况,以及学科核心素养落实的情况。

四、持续性学习评价的跟进

(一) 基本要求

表3-6 持续性学习评价的基本要求

评价要素	7. 评价建议(方案2:针对单元整体描述)
评价内容	简述单元评价内容
评价指标	简述针对单元评价内容的关键表现
评价方法	简述针对单元评价内容或者评价指标的评价方法
赋值方法	简述针对评价内容或者评价指标的赋值方法与标准
操作建议:①持续性学习评价可以针对需要评价的**关键学习任务/活动**描述,也可以针对**单元整体**描述;②简要说明**评价内容**(如兴趣态度、团队精神、问题意识、设计能力、表达表现、结果解释等);③列出针对评价内容的**关键表现**,形成**评价指标**;④简要说明各评价指标的**评价方法**(如观察、对话、操作、练习、检测、问卷等);⑤简要说明各评价指标的**赋值方法与标准**(评价结果呈现);⑥呈现重要的评价工具(自选项);⑦持续性评价可以与挑战性学习任务/活动结合在一起撰写,可以不采用表格方式,单独顺序编制;⑧课堂的持续性评价不宜过多,也无需求全,注意操作的可行性。	
*持续性评价说明	简要阐述主题持续性评价的设计思路,以及与教学过程的结合(自选项)

(二) 数学解读

第一,过程全景,即追踪整个单元学习过程,都要对学生进行评价。

第二,内容多维,即指向学科核心素养——核心知识、数学思想方法、关键能力、思维品质和学习态度。

第三,主体多元,是指除了教师是评价者之外,同学、家长甚至学生本人都可以作为评价者。

第四,形式多样,是指除了常规的作业、书面测验外,还可以采用课堂观察、口头测验、开放式活动中的表现,专题或小课题研究、长作业等评价的形式。

此外,在制定评价指标时,可以参考课程标准中对核心素养的水平划分,作为评价依据。

表 3-7 数学学科核心素养的水平划分
(节选自《普通高中数学课程标准 2017 年版(2020 年修订)》)

水平	素养
	逻辑推理
水平一	能够在熟悉的情境中,用归纳或类比的方法,发现数量或图形的性质、数量关系或图形关系。 能够在熟悉的数学内容中,识别归纳推理、类比推理、演绎推理;知道通过归纳推理、类比推理得到的结论是或然成立的,通过演绎推理得到的结论是必然成立的。能够通过熟悉的例子理解归纳推理、类比推理和演绎推理的基本形式。了解熟悉的数学命题的条件与结论之间的逻辑关系;能够证明简单的数学命题并有条理地表述论证过程。 能够了解熟悉的概念、定理之间的逻辑关系。 能够在交流过程中,明确所讨论问题的内涵,有条理地表达观点
水平二	能够在关联的情境中,发现并提出数学问题,用数学语言予以表达;能够理解归纳、类比是发现和提出数学命题的重要途径。 能够对与学过的知识有关联的数学命题,通过对条件与结果的分析,探索论证的思路,选择合适的论证方法予以证明,并能用准确的数学语言表述论证过程;能够通过举反例说明某些数学结论不成立。 能够理解相关概念、命题、定理之间的逻辑关系,初步建立网状的知识结构。 能够在交流的过程中,始终围绕主题,观点明确,论述有理有据
水平三	能够在综合的情境中,用数学的眼光找到合适的研究对象,提出有意义的数学问题。 能够掌握常用逻辑推理方法的规则,理解其中所蕴含的思想。对于新的数学问题,能够提出不同的假设前提,推断结论,形成数学命题。对于较复杂的数学问题,通过构建过渡性命题,探索论证的途径,解决问题,并会用严谨的数学语言表达论证过程。 能够理解建构数学体系的公理化思想。 能够合理地运用数学语言和思维进行跨学科的表达与交流

 案例 1

(1) 评价原则

本单元的教学评价应以过程性评价为主,终结性评价相对来说不是十分必要。

在过程性评价中,应密切关注学生口头与书面表达的规范性。例如,是否能正确区分"属于"这一元素与集合的关系以及"包含于"这一集合与集合之间的关系,并能准确地使用符号语言表示这些关系。与课程标准要求的精神一致,在关注学生表达规范性的同时,也要关注学生逻辑推理的过程是否合乎规则。对于不规范的表达与非逻辑的推理模式应当及时指出并努力纠正。

评价的内容应以本单元的重点"集合语言"与"逻辑语言"为主,不宜采用后续章节的学习内容(如用二次函数与二次方程的关系、函数的性质,甚至是解析几何中曲线与方程等)作为载体,对本章所学内容进行评价。

本单元所学内容设计的数学知识点不是很多,终结性评价的必要性不大。在学习后续章节时,本单元的知识点还会反复地被使用,其终结性评价可以有机地融入到其他章节的评价之中。

(2) 评价量表

表 3-8 评价量表

学习阶段	典型活动	分类	评价(0—5分)
阶段一:集合概念的概括	活动1:从不同的情境中抽象出集合	在科学情境中	
		在现实情境中	
	活动2:用合适的方式表述集合及从属关系	表述方式选择合理	
		表述规范	
阶段二:集合的关系及运算的抽象	活动3:在具体情境中分辨并证明集合的关系	分辨清楚	
		说理正确	
	活动4:结合具体的数学情境正确求得运算结果	正确理解概念	
		正确执行计算	
阶段三:命题、推出关系与充分必要条件	活动5:结合子集关系正确地辨识推出关系	方法选择合理	
		判断正确	
	活动6:用正确的推理方式证明充分性或必要性	辨认充分性、必要性正确	
		说理有根据	
阶段四:总结提升	活动7:正确写出一些常见陈述句的否定形式	能借助图形直观	
		在无法图形的情况下	
	活动8:用反证法证明简单情境下的数学问题	有提示"使用反证法"	
		无提示的情况下合理使用	

案例分析

该评价工具关注过程性评价,并参照课程标准对学生在典型活动中的表现情况进行分类,并赋分评价。

案例2

(1) 评价原则

与其他单元相比,本单元知识之间前后联系紧密,必须高度关注数学的学习评价,了解学生的学习过程和知识掌握情况,做到循序渐进。

教学评价需要关注概念与公式的形成。通过创设合适的教学情境,利用合适的数学问题加以引导,对学生知识形成、表达交流过程进行评价。

教学评价需要关注数学基本技能的形成。例如,在解三角形过程中,能够根据三角形的已知量,合理选择正弦或余弦定理加以运用。

教学评价需要关注学生能力的培养和形成。例如,正弦定理和余弦定理的推导过程中,都体现着直观想象这一核心素养。在用正弦定理和余弦定理解决简单的实际问题时,教学评价应关注数学建模能力是否得到提升。

(2) 评价量表

表3-9 评价量表

评价维度	评价内容	评价要点	评价方式
学习活动	学习准备	1. 做好知识储备,主动在知识准备上加大投入(复习巩固相关知识,预习教材上新的知识点,在网上搜索相关资料)。 2. 在预习过程中,对知识提出质疑,并模仿学过的数学方法尝试解决问题,有自己的见解。 3. 有良好的学习态度,对学习总能保持积极性,对新知有一种期待的态度。	✓学生自评 ✓学生互评 ✓教师评价
	课堂学习	1. 上课认真听讲,并做笔记,形成自己的数学学习资料。 2. 积极举手发言,积极参加讨论与交流,主动提高数学语言表述与交流能力。 3. 大胆提出和别人不同的问题,大胆尝试并表达自己的想法。 4. 善于与人合作,虚心听取别人的意见,将接受式学习与探究、合作学习有机整合。 5. 思维缜密有条理,条理清楚地表达自己的意见,解决问题的过程清楚明白。 6. 具有创造性思维,能用不同的方法解决问题。	
	课后学习	1. 有一定质量的个人数学资源(如笔记、数学资料笔记、错题集等)。 2. 作业一贯认真、规范、严谨。 3. 及时进行知识脉络的梳理,形成完整的知识结构体系。 4. 阅读相关的数学文献和资料,丰富自己的数学文化修养。 5. 尝试从实际情境中抽象出数学知识,并应用数学知识解决实际问题。	

续 表

评价维度	评价内容	评价要点	评价方式
单元活动	活动表现	1. 认真参加数学学习活动,积极思考,善于发现问题,勇于解决问题,逐步形成浓厚的数学学习兴趣。 2. 积极参加数学合作学习,勇于接受任务、勇于承担责任,逐步提高数学表达与交流能力。 3. 积极参加数学探究、数学建模活动,加强数学文化的学习,逐步形成严谨的科学态度。 4. 加强小组合作,取长补短,共同提高,逐步形成团队合作意识。 5. 公平、公正地进行自评和互评,评价过程认真、负责、有诚信,逐步形成良好的个人品质。	√学生自评 √学生互评 √教师评价
单元测验	四基四能	1. 经历正弦定理、余弦定理的推导过程;会根据已知正弦、余弦、正切所得一般的值来求角。 2. 会用正弦定理、余弦定理以及有关三角知识解三角形和解决简单的实际问题。	考试、测验
	核心素养	1. 经历从实际问题抽象到数学问题的过程,提升数学抽象素养。 2. 经历正弦定理和余弦定理的探究和证明过程,提升直观想象和逻辑推理素养。 3. 通过实际情境,经历建立数学模型解决问题的过程,锻炼分析问题和解决问题的能力,提升数学运算和数学建模素养。	
其他表现	竞赛论文	1. 积极尝试、体验数学研究的过程,逐步形成严谨的科学态度和不怕困难的科学精神。 2. 善于观察分析数学事实,提出有意义的数学问题,猜测、探求适当的数学结论和规律,给出解释和证明,撰写探究活动报告或论文。	教师评价
	创新能力	1. 善于观察、分析、思考,能提出创新的观点和独特的见解,并探索解决问题的不同方法。 2. 敢于挑战、批判先入为主的东西,思维角度、方法路线与众不同,能够提出新的理论、方法和设计,对解决现实问题有积极的意义。	

 案例分析 ··

该评价工具同样关注学生学习的过程性评价,评价维度多样,评价形式丰富,评价主体多元。

五、单元作业/测试的设计

(一) 基本要求

表3-10 单元作业/测试的基本要求

*9. 单元作业(各课时作业的汇总)或者学业评价(单元结束后的测试)(自选项)
单元作业/测试需要体现**结构化**(主要是对目标的解释性和作业类型)和**导向性**(主要是体现对学科核心素养的导向)要求。由设计者选择,并作为附件提供。

（二）数学解读

单元作业的设计应当为单元学习活动的推进服务，同时也肩负着一定的评价作用。单元作业的形式可以多样，基础作业和研究作业相结合、课时作业和单元长作业相结合、个人作业和小组合作探究相结合、书面作业和实践作业相结合。学生在作业完成过程中的表现以及作业完成情况，可以作为可持续评价的一个维度。

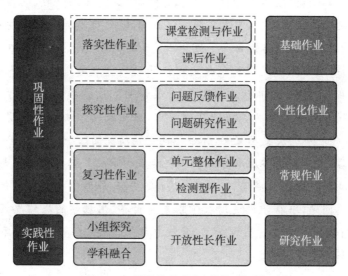

图 3-5　单元作业/测试的数学解读

六、反思性教学改进的助推

（一）基本要求

表 3-11　反思性教学改进的基本要求

8. 反思性教学改进（实施后填写）
基于各课时反思性教学改进，汇总形成单元反思性教学改进设想：主要经验或者需改进的方面。

（二）数学解读

多维度、多视角、多渠道，以学习活动过程中发现的问题为驱动，拓展知识的功能定位，对课程内容的重构有更整体的要求。

案例描述

"解三角形"单元在上教社 2020 年版中作为第六章"三角"的一部分内容出现,教材在正弦定理的证明过程中,采用了建立坐标系的方法。这个方法的运用,旨在将学生从初中阶段从平面几何的视角研究三角形,引入到用解析法从代数视角研究三角形。从整个高中数学课程的角度看,这个设计具有比较宏观的意义,为后阶段研究平面向量的坐标表示和引入解析几何起到了很好的铺垫作用,充分体现了上海教材"从特殊到一般"的设计理念。但是就正弦定理和余弦定理的证明而言,学生在探究过程中,还是会有较多的学生第一反应是通过作高的方法,将斜三角形问题转化为两个直角三角形进行研究,这与他们在初中阶段的学习经验有很大的关系,也与正弦定理和余弦定理证明的历史发展进程有惊人的相似。正弦定理的解析法证明在 20 世纪 50 年代才出现,但是其证明方法简洁明了,对于学生建立解析法研究几何问题的观念有积极意义。教师在教学中,应当鼓励学生从多角度进行多种证明方法的探究,体会数学发展的历史与文化,体会不同视角研究同一个问题的重要意义。

本单元的内容,是体现数学应用价值和社会价值的重要载体。解三角形的知识在天文、航海以及建筑物测量等问题上都有广泛的应用。以解三角形的知识为载体,通过研究实际生活中的三角测量问题,培养学生运用数学眼光看世界、用数学的思维思考世界、用数学方法研究世界的意识,提升学生的数学抽象、直观想象、逻辑推理、数学运算和数学建模素养,充分体现数学学科的德育价值。

 案例分析

案例中以单元活动的难点为切入点,分析了其成因和解决方案,对整体的教学内容做了进一步的思考,从数学的文化价值、应用价值和社会价值等角度进行分析,体现了数学学科教学中蕴含的育人价值。

第四章 创智课堂的区域推进工具（二）：表现样例开发

表现样例，即一个个例示了创智课堂具体形态的教学案例。由于教学的情境化特征，表现样例的开发并不要求将创智课堂的十项指标在一个教学单元或一堂课中如数实现，对一个表现样例来说，只要其内容能充分体现和说明十个指标中的某项或某几项指标维度即可。为实现创智课堂的区域推进，杨浦区以教研员为主体，通过与中小学教师合作开发体现创智课堂特征的表现样例，激励全区教师自下而上地投入课堂变革，至今已形成六辑表现样例集。其中最新一辑的表现样例集是在高中"双新"背景下，引导教师由课时课例走向规划学生学习历程的单元课例，成为杨浦创智课堂在素养时代的新进展和新突破。

第一节 学习创新的表现样例

在学习创新板块，之前更加强调学生学习动机的激发和学习策略的运用，经过多年实践与研究，学校教师在学科教学方面运用多样化的学习方式和策略选择上已取得较大进展。但在素养培育的当下，需要教师**改变传统上碎片化、割裂式的知识本位教学倾向，培育学生在跨域情境中的知识整合、问题解决和创新行动能力**。因此，当前我们将基于真实情境的问题解决和跨学科学习作为学习创新板块的突破口，即开展素养培育为指向，以真实世界中的现实关照为起点，整合两个或两个以上学科的知识、观念、方法与思维方式去探究一个中心主题、任务或问题而开展的学习。根据学生开展跨学科学习的具体实践，结合学理上关于跨学科学习的已有研究，围绕**"学习目标、学习任务、学习过程、学习评价"**四大维度建构基本框架（见表4-1）。在此基础上，萃取共性特质，结合学理层面对跨学科学习操作框架与技术指引的已有研究，开发支持工具以助力教师更好地引导学生开展跨学科学习，例如：**跨学科学习目标的厘定工具——课程矩阵；跨学科学习内容的厘定工具——课程地图；跨学科学习的**

评价工具——表现性评价量规开发模型等。

表 4-1 跨学科主题学习的基本框架

维度	描述
学习目标	1. 素养导向:明晰跨学科学习关涉的关键概念与能力; 2. 行为表现:确认表征这些关键概念和能力的行为表现,通过表现性的描述强化学习目标与素养的对接; 3. 横纵贯通:检查跨学科主题学习目标与学期跨学科课程目标的内在一致性,以及不同跨学科主题学习目标之间的逻辑性。
学习任务	1. 跨学科情境:关注真实性情境的创设,为学生提供植根于现实世界、超越学科情境的真实挑战; 2. 跨学科设问:关注问题的整合性和复杂性,使其作为引领性的学习任务推进不同学科之间的整合; 3. 跨学科解答:追求整合不同学科的知识与方法,避免分学科设问所导致的分学科解答现象。
学习过程	1. 指向真实问题的合作解决:学生组成异质小组,师生、生生之间协作分工,共同解决问题; 2. 提供学习支持:为学生提供与其学习需求和学习步调相一致的学习支持,推进学习的顺利展开。
学习评价	1. 目标指向:匹配主题学习目标,设置相匹配的评价任务和评价量规; 2. 表现性评价任务设计:明确任务要达成的目标,任务中学生扮演的角色、面向的群体、所处的情境、要解决的问题或生成的产品及其标准; 3. 注重学习任务与评价任务的整合:充分发挥评价对学习的引领和促进作用。

一、践行多样化的学习方式——以"社区摄影师"单元教学为例

(一) 样例描述[①]

1. 样例背景

在高中《艺术》教材中,高一第一学期第五单元"匠心构筑 巧夺天工"第 10 课"承载艺术的建筑"中涉及建筑的实用性与艺术性、奇思异想、传统构架、与自然亲和、中国民居、在现代城市建设发展中传统建筑如何拆与留等诸多方面;在第六单元"石刻铜铸 造型立意"第 11、12 课讨论关于雕塑自由精神的升华与虚实相映的形态,对如何塑造具体艺术形象、生命韵律、诗意的遐想空间、虚实相应的形态、精神寓意进行了讨论。高一第二学期第四单元"匠心构筑 巧夺天工"第 9—11 课也涉及到了如何观赏造型结构、体验空间变幻、品味材料创意等等,对建筑的韵律与节奏、建筑的形式美感、材质肌理效果也做了诠释。拓展部分以不同的视角摄录建筑的造型,寻找身边的建筑拍摄立面、内部结构和整体造型,并分析建筑风格。

"社区摄影师"单元教学是控江中学"艺+"文创课程在深度学习框架下的一种尝试,将以上教材内容有机重整,在第一学期教学设计中围绕"发现社区的美"这一核心问题展开,引

---

① 案例提供者:上海市控江中学王独伊。

导学生运用细心观察,重新审视自己所居住的社区,通过核心问题带入学习场景,让学生主动探究,自主搭建跨学科知识体系。每学期按班级进度与项目执行情况安排3—4课时用于明确核心问题、完成团队分工、形成任务清单,学生分组利用课余时间完成调研资料收集、落实项目分工、形成汇报材料,在学期末用1—2课时围绕项目过程、拍摄成果与收获反思完成小组课堂路演。

2. 问题情境

围绕"发现社区的美"这一核心问题,学生将以项目化学习的方式开展学习,调查与社区相关或文化相关的故事,通过采集影像的方式,学生合作编辑、确定故事想法、采访社区成员,为他们报道的对象和地点拍摄照片。通过评价与改进,每组学生将为故事找到一个视角,探索开发一个主题,最终用PPT的方式形成一场别开生面的路演。

3. 问题解决

(1) 核心问题提炼

提炼核心问题需要具备分析性、综合性与评价性三个维度的高级认知层次,在讨论中时刻围绕课程目标,从"社区、文化、摄影"这三个关键词入手,提出一个具有高阶思维水平并且具有包含社区文化与摄影概念的开放性的核心问题:"如何用影像展示社区独特的故事?"进而要求学生进行异质团队分工协作,并以PPT形式完成路演介绍。在核心问题的背后,包含着三组"任务群",即社区历史文化挖掘、拍摄技巧与后期提升、路演PPT准备与演讲。

(2) 异质小组学习

第一,组建异质小组。在深度学习框架下,教师作为引导者,学生作为主要实践者,而异质小组是完成创意实践的核心载体。在合作过程中,借助团队合作评价表单在项目进行的各个阶段进行团队成员互评,帮助教师了解团队执行现状并及时调整分工。鼓励学生在异质小组合作中了解自己,理解他人,多做换位思考。

第二,围绕核心问题,形成问题分工清单。学生利用教师提供的《核心问题思考清单》(见图4-1),以"为……,我们需要……"进行头脑风暴。在头脑风暴后,学生形成了问题分工清单,由教师进行归纳分类,得到了一组初步数据(见图4-2)。数据显示90%的团队都将问题聚焦在资料收集、现场拍摄、PPT制作与演讲三个方面,有小部分团队在对象选定与团队协作上也提出了一些任务清单。利用核心问题清单在一定程度上限定学生思考范围与格式,可以使学生的思考更为深入,讨论更为聚焦。

> 项目名称:社区摄影师
> 核心问题:如何用照片展示社区独特的故事?
> 小组成员:＿＿＿＿＿＿＿
> 请根据核心问题列出1、2级工作清单(不少于20个)
> (句式:"为……,我们需要……",例:为写出故事,我们需要了解小区历史)

图4-1　PBL核心问题思考清单

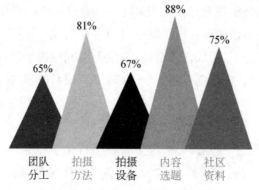

图4-2 问题分解清单

第三,明晰分工与角色,推进项目实践。在师生共同讨论下,明确将团队分工与角色相挂钩,形成了总编辑、文字编辑、摄影记者、PPT maker(制作者)这些角色,并与个人挂钩推进项目进行(见图4-3)。在这些角色中,总编辑需要有对于项目的整体把控,通过团队协调推进项目进度,保障落实;文字编辑需要进行信息主动收集与分析,进行文字精炼与信息过滤;摄影记者需要亲临现场收集一手影像资料,并通过深度挖掘,了解图片背后的故事;PPT maker则是要根据文字和影像拼合,完成路演的PPT制作,确保PPT能够完整表现团队意图与工作。

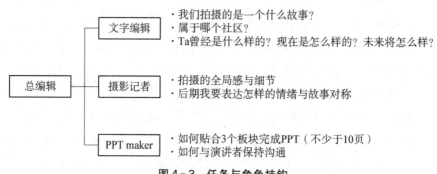

图4-3 任务与角色挂钩

(3) 亲历调研实践

通过亲历体验,让学生切身感受项目氛围并进行主动思考。线下主要是对调研对象进行采访以及实地考察,学生利用课余时间,根据核心问题的需求选定了社区切入口,进行采访与拍摄。同时教师在课堂中对类似的案例进行分析,观赏《疯狂摄影师——心之极》等纪录片,分析个人、环境、影响之间的联系,一幅好的影像作品是如何形成的,需要包含时机、构图、色彩、设备、故事等多个要素,从而让学生有意识地将所学知识与项目结合,更好地推进项目。

(4) 反思回顾收获

围绕项目概况、团队介绍、项目过程、项目特色、项目难点等板块,学生通过团队协作完成项目汇报PPT材料,对整个项目过程进行反思回顾。在此基础上,以团队路演为载体,通过语言、形体表述,清晰表达项目过程,反思回顾获得新的收获。

(二) 样例分析

"社区摄影师"单元教学主要针对高中学生艺术学科,围绕"社区文化"提出驱动问题,引导学生掌握艺术学科色彩运用、摄影构图、建筑风格等核心知识并发展艺术感知、创意表达、审美情趣与文化理解等学科核心素养,发展从社区行走、随访与影像采集入手,探索文创艺术与社区文化、人文共融共生的解决方法,让学生重新认识自己生活的环境,从中理解文化的沿承与价值,用发展的目光了解社区的变迁,从社区的受益者转变为社区的参与者与设计者,在实践中提升学生对于城市发展的认知以及对于公民责任的认识。

本案例中,学生采用项目化学习的方式,教师以核心问题"如何用影像展示社区独特的故事?"为主线贯穿课程实施全过程,将实践有机结合,将深度学习理念融合于课程目标、课程内容、课程实施、课程评价等课程要素中,引导学生"做中学"进行主动且深入的学习。

项目准备阶段,积极组建异质小组,按照学习兴趣、能力倾向与个性特征等方面的差异,引导学生自发进行分组,一般将小组规模控制在3—4人。小组初步组建后,通过"叠高纸塔""便条贴大作战"等形式进行破冰互动,让组内学生对彼此形成快速认识,并凸显个人特点,比如逻辑思维、动手能力、协调能力等方面,有利于团队在后续合作中发挥综合作用。

项目实施阶段,教师注重为学生创造丰富的体验机会,包括小组完成任务的协作体验、走进社区拍摄走访的实践体验、影像与路演相结合的实践体验等。这些丰富的体验形式贴近学生生活,促使学生获得更多的感性认识,在团队交流协作中不断深化,发展问题解决能力。与此同时,运用"核心问题清单"等各类操作性工具,为学生持续地分析、思考与讨论提供中介支架。比如,引导学生对"社会、文化、摄影"关键词进行整合,确立核心问题;使用问题清单引导表,引导学生拆解核心问题;利用问题分工清单,明晰学生角色与要求。这些措施使得深度学习不再是抽象的理念,而是具体可见的方式。

项目完成阶段,通过影像与演讲结合的方式进行路演展示,各组之间得以充分交流,学生认识到不同的社区之间文化的差异,也认识到自身团队与其他团队在项目执行过程中的优缺点,进而进行相互评价、项目反思。在这个过程中,教师总结项目主要目的,结合学生完成的情况,进行评点与复盘。通过评价收集的数据,明晰艺术核心知识点的构建途径,交流教学所得。

(三) 拓展与思考

1. 积极主动调用资源,自主开展学习

自主学习本质上是对学习的各方面或者学习的整个过程主动作出调节和控制,具有能动性、有效性和相对独立性等特征。学生的自主学习既需要学生自我意识、元认知发展水平、内在学习动机、学习策略、意志控制等内部条件,也需要教育指导等外部条件。① 虽然在现行的教育条件下,大部分学生仍然需要依赖教师确定学习内容、获取学习策略、提供学习反馈,但是课堂上学生主体地位的发挥仍是全体教师者的不变初心。教师可以有意识地引导学生基于自身感兴趣或有疑问的学习内容,积极主动调用信息技术、家长、社会、同学等周围一切可能的教育资源,为学生尽可能多地了解相关知识提供助力。尤其是随着网络媒体技术的快速发展,在智慧教育引领和学习技术干预下,教学视频成为传播和共享知识的重要载体,学生周围充斥着非常多开放、多元、共享的学习资源,而如何对海量资源有针对性地做出选择、有效加以利用,则需要教师和家长的共同引导。

例如在高二语文统编教材选择性必修上册第三单元"外国作家作品研习"学习设计中,教师在已有学习书目基础上,为学生提供了《海明威:最后的访谈》《马尔克斯:最后的访谈》《从卡夫卡到昆德拉》《欧美文学名著导读》《活着为了讲述》《西西弗的神话》等多本相关书籍作为学习资源参考。在最后的评价任务中,围绕"人生境遇的书写与反抗"主题写作与研讨活动,引导学生开展自主阅读、分组合作探究、师生共读、研讨交流等,并提供反思清单(见图4-4),回顾学生的学习历程,让学生对自身学习过程中运用学习资源的状况有更直观清晰的了解。

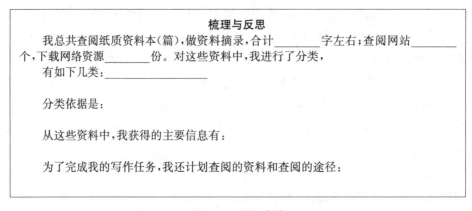

图 4-4 反思清单

2. 依据目标需求,应用探究式学习、项目化学习和问题本位学习等方式

转变学生的学习方式,既是课程改革的重要目标和核心内容,同时也是学生全面发展、实现素养培育目标的迫切需要。在知识更新频率日益加快的今天,学校教育在履行知识传递功能的同时,更要教给学生获取知识的方法。② 学习方式的本质是为学生提供探寻未知世界的工具,学习方式本身并无优劣之分,要看在什么样的学习任务和学习活动之中,指向学习目标达成、匹配学习任务和学习活动要求的学习方式就是当下适合的。我们并不是全盘

---

① 庞维国. 论学生的自主学习[J]. 华东师范大学学报(教育科学版),2001(02):78-83.
② 李本友,李红恩,余宏亮. 学生学习方式转变的影响因素、途径与发展趋势[J]. 教育研究,2012,33(02):122-128.

否定传统的学习方式,而是要倡导多元化的学习方式,尤其是当前关注学生知识技能的习得转向素养培育的发展,需要教师超越传统的知识整合,将课堂教学实施过程视为学生道德的问题解决过程,追求学生问题解决能力与人格健全发展的整合,就更需要多样化的学习方式来支撑学生的学习过程,诸如探究式学习(Inquiry learning)、项目化学习(Project-based learning)和问题本位学习(Problem-based learning)等。本案例中就采用项目化学习的方式,教师以核心问题"如何用影像展示社区独特的故事?"为主线贯穿课程实施全过程,引导学生"做中学"进行主动且深入的学习。

3. 在条件许可的范围内积极开展线上线下混合式学习

混合式学习成为未来教育的"新常态"已经成为学界的基本共识,特别是在当下"互联网+"的大背景下,混合式学习呈现出井喷式发展态势,火爆的"互联网+教育"也让社会各界重新聚焦于混合式学习,赋予其新的时代内涵与特征阐述。北京师范大学张韵结合"互联网+"时代的学习特性和需求,借鉴国内外教学实践与研究中的学习新理念,提出了规模学习、跨界学习、定制学习、众创学习等新型学习方式。[①]

《国家中长期教育改革和发展规划纲要(2010—2020年)》中明确提出,鼓励学生利用信息手段主动学习、自主学习,增强运用信息技术分析解决问题能力,加快全民信息技术普及和应用。当今正处于经济全球化和信息技术飞速发展的时代,数字化教育资源正在以前所未有的速度急剧增长。教育资源逐渐以云服务的形式运行在智能手机、平板电脑、电子书包等云端个人学习环境与设备当中。但尤其不容忽视的是,教育资源云服务所呈现出的海量、动态、自主、协同、演化等特性是云环境下教育资源服务的应用生态所必须面对的问题。[②] 这都是在提醒教师开展线上线下混合式学习应该在享受"互联网+"为教育带来的便捷高效的同时,注意其可能的弊端并有所预判和提前规避。

二、运用元认知策略——以"柱层析法提取分离茶叶有效成分"跨学科实验教学为例

(一) 样例描述[③]

1. 样例背景

"三期制"课程体系是基于上海交通大学附属中学校本化课程不断发展的产物,以"自主探索,相互激发"为原则,形成了"兴趣发现、进阶提升、自我发展"这三个阶段的课程。跨学科综合课属于学校"三期制"课程体系中的兴趣发现课程。作为第一阶段的兴趣发现课程,

---

① 张韵."互联网+"时代的新型学习方式[J]. 中国电化教育,2017(01):50-57.
② 杨志和. 教育资源云服务本体与技术规范研究[D]. 上海:华东师范大学,2012.
③ 案例提供者:上海交通大学附属中学沈驰。

以培养学生实践创新核心素养为主,同时结合学会学习、责任担当、实践创新三大核心素养下科学、工程、人文等方面的核心素养,包括科学态度、信息意识、协同工作、批判性思维、规则意识等等。在经过一年的课程学习后,预期学生产生一个感兴趣的研究方向,并且能够通过科学的探究路径去解决实际的问题。本案例中的"柱层析法提取分离茶叶有效成分"是高一年级跨学科综合课"茶的有效成分探究"板块的一节实验课。

2. 问题情境

从传统的知识取向走向素养导向和问题导向,关注学生在实验过程中提升其现实问题解决能力,实现素养培育的终极目标,跨学科课程中的跨学科实验应该如何设计与实施?尤其是在实施过程中,如何运用元认知策略引导学生及时计划、监控、调节自身学习过程与学习行为,并对学习结果进行反思与评价。

3. 问题解决

(1) 课前预实验

课前准备一些关于茶叶有效成分以及如何提取茶叶有效成分的相关资料,学生通过阅读、查找有用信息,选择适合的实验方法。学生分为四人一组,准备实验原材料,填写实验预约单,进行预实验的预约,在课余时间到实验室进行预实验。学生的茶叶来源可以是自带的,或是向班主任、任课老师要来的,因此品种繁多,拓宽了实验研究的宽度,同时也让学生意识到课上研究的对象确实是来源于生活中我们喝的茶,符合了真实情境下问题导向的课程设计理念。学生预实验完成泡制茶叶的过程,并且需要对样品的规格进行一个记录,凸显该实验研究的科学性。在预实验之后,学生通过预习实验报告及实验视频,课前自主预习实验。

(2) 课堂实验

课堂实验中学生需要在实验同时完成一张针对这个实验设计的实验记录表(见图4-5),实验流程的各个部分都有对应的栏目。实验需要多人合作完成,并且考虑到实验的同时还需要记录,因此每一个小组的分工设定为实验员1、实验员2、观察员、记录员,组内每个同学所要完成的事项不同。

前期的课程中,实验前讲解时教师明确了分工合作的要求,但实验实际进行时,组内学生都在操作仪器,并且部分小组没有同学记录信息,这并没有达成最初所希望的协同工作的课程设计目标,分工的设计是无效的。因此分工的环节重新进行了设计,增加了分工贴纸(见图4-6),不同的分工使用不同的醒目颜色贴纸,贴在实验记录上,组内每位学生所拿到的实验记录上的分工贴纸是不同的,同时将不同分工所需要完成的事项也印在了贴纸上。实验小组的成员可以随机分配也可以自由选择他们的分工。在加入了分工贴纸后,实验过程中可以观察到学生明显按照分工的要求合作完成实验,负责实验的学生带着防护手套进行实验操作,负责观察和记录的同学在一旁认真地观察和记录实验现象,这也达成了课程中协同工作这一目标。

分工后学生需要根据已有信息设计实验组次,再进行实验,培养学生的信息意识和实践

实验记录

姓名：_____ 班级：_____ 小组：_____

实验题目

实验材料

实验过程
1. 将实验装置画在方框内

2. 记录实验步骤

实验结果

表1 粗提取实验条件记录

茶叶种类	提取液	提取温度	提取时间
(绿茶、红茶、乌龙茶、普洱茶等，命名、下部什么都不要写出)	(水、乙醇、氯仿、乙醚)	CO	OO

表2 柱层析实验结果观察记录

洗脱剂组分 (分别乙醚与石油醚比)			
颜色 (黄绿色、黄、浅黄、浅棕、等、蓝绿、粉黄绿色等)			
澄清度 (如溶液、有沉淀、浑浊等)			
成分预测			

实验过程中的思考与疑问
1.

2.

3.

图4-5 实验记录

实验员1
1. 须戴手套
2. 负责柱层析实验的操作：
   加试样、洗脱剂
   控制洗耳球及开关以调节流速
   收集洗出液

实验员2
1. 须戴手套
2. 协助完成柱层析实验的操作
3. 使用量筒烧杯配置不同配比的洗脱剂

观察员
1. 全程观察液面情况，及时提醒实验员加洗脱剂/关闭开关，避免液面低于石英砂面
2. 观察洗出液体是否出现颜色，及时提醒实验员更换锥形瓶收集
3. 观察洗出液体是否颜色变浅，及时提醒实验员更换洗脱剂及锥形瓶

记录员
1. 观察记录操作步骤及实验中发生的现象，记录实验记录中要求的内容
2. 用标签纸标注收集样品所使用的洗脱剂配比

图4-6 分工贴纸

意识。同时要求学生实时记录实验步骤和现象,记录结果,这是希望培养学生严谨的科学态度。由于设计的实验复杂且难度较高,学生在实验过程中经常会不知道该怎么做,而教师无法实时顾及到所有十多个小组,因此我们准备了实验操作步骤指南(见图4-7),塑封并放置在每个小组桌上,学生可以随时参考实验指南继续实验。

柱层析法——以提取分离茶叶有效成分为例

实验步骤

1. 在层析柱下方放烧杯,管口略低于烧杯口
2. 打开旋钮开关控制流速**每秒3滴**左右
3. 待液面降低接近石英砂面时,用滴管沿内壁加入1 mL左右茶叶粗提取物,用少量洗脱剂将管壁残留试样冲洗下来
4. 待液面降低接近石英砂面时,加第一种洗脱剂(10:0),始终**保持石英砂面上有一段液体**,下方收集的液体可倒回层析柱中
5. 直至**有颜色液体洗出**,更换锥形瓶收集
6. 待**洗出液颜色变浅**,更换极性更大的洗脱剂(8:2/7:3/6:4)进行洗脱,同时更换锥形瓶收集
7. 待**洗出液颜色变浅**,更换极性比第二次洗脱所用的更大的洗脱剂(**体积比更小**)进行洗脱,更换锥形瓶收集

注意事项:

1. 实验员戴好橡胶手套
2. 使用**塑料滴管**往层析柱加试样和洗脱剂,不同的液体用不同的塑料滴管
3. **液面始终要高于石英砂面**
4. 洗耳球加压完先不要松手,拔出后再松手
5. 若要使用洗耳球,确保开关已经开到最大
6. 操作装置时扶好滴定管

图4-7 实验步骤指南

实验分离得到的样品将进行展示,学生可以通过观察比较,产生一些新的思考。我们发现,实验分离完的成品结果能够极大地激发学生实验的积极性。因此我们在教室前方设置了两个拍摄台,学生完成分离的样品可以拿到前方来拍摄,最后将所有小组的成果一起投影到银幕上。学生能对不同小组之间的实验结果进行直观的横向比较,便于进一步的思考分析以及实验反思。

(3) 课后完善实验记录

课后学生需要完善实验记录表,通过实验记录的完成情况评价学生在科学态度、信息意识、

批判性思维方面的达成情况。同时，在实验后要求学生根据真实的实验过程及结果，提出三个实验中的疑问，可以是针对实验现象的，也可以是对于结果的推测，亦或是对实验操作的反思等，并在课后自行搜集资料尝试解答其中至少一个问题，培养学生信息意识及批判性思维。

我们鼓励学生从科学的角度质疑实验结果，但是大部分学生的学习习惯是对于知识的直接吸收，没有批判性思考的概念，较难在这个阶段在思维层面去产生对于实验过程和结果的质疑。因此我们会设置一些启发性的问题，让学生在课堂的最后时间进行思考讨论。比如实验分离出来是否有无色物质，如何鉴别？颜色变化是成分不同还是浓度不同？

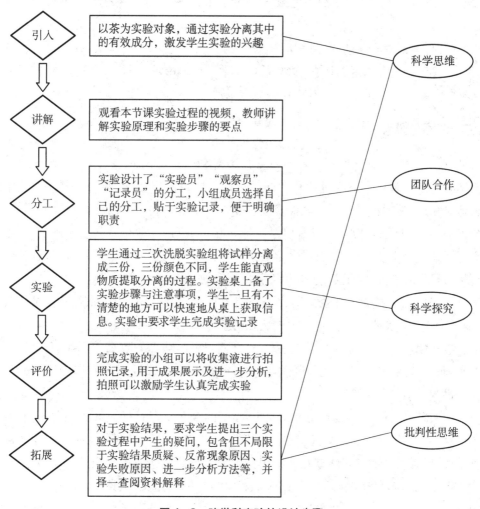

图 4-8 跨学科实验的设计步骤

（二）样例分析

相对于传统的学科实验教学，本案例抓住了在化学、生物、医学等不同领域常用的层析分离法这一提取物质的共通实验方法,体现出广泛的学科适用性,具有跨学科实验的性质。同时针对"茶叶"这一生活饮品,注重依据真实情境提出"茶叶有效成分"的实验假设,体现出"真实性"这一核心素养的"核心"。

其次,为保障实验小组的运作,教师提供"实验记录表"有意识地引导学生以此为工具详细记录学习过程,实时监控自身学习过程与学习行为。运用"分工贴纸"强化学生合作中的规则意识,同时提供"实验操作步骤指南",并通过样品展示、创设探究性问题的产生情境等激励学生反思与质疑。课后要求学生根据真实的实验过程和结果,提出实验中的疑问,引导学生对学习结果进行反思、总结与评价,对于学生元认知策略的培养与应用都大有裨益。

与此同时,本案例所强调的"重视实验过程的真实性记录""正确认识跨学科实验中'失败'的价值"等观点契合了素养培育中"有益性失败"(productive failure)这类关键机制,凸显了跨学科课程开发中促进学生学习的有效实施原则。

(三) 拓展与思考

1. 明确学习目标,判别并明了目标的重要性及其依据

美国教育学家布鲁姆曾说过:"有效的教学始于知道希望达到的目标是什么,这个目标不仅教师要知道,学生也要知道。就像作战一样,不仅指挥员要知道,战士也要知道,这样才能充分发挥每个战士的自觉性和积极性,才能最快歼灭敌人,取得胜利。"所以说,学习目标的确立可谓是整个教学过程的指挥棒,学习活动设计要围绕学习目标展开,评价任务设计也要围绕学习目标展开,教师的教与学生的学是否有效最终取决于学习目标是否实现。教师在引导学生运用元认知策略有效计划、监控、调节自身学习行为前,首先要明确学习目标是什么,期望学生学习完本章节内容后预期达到的学习结果是什么,以及为什么这样设计学习目标。通过运用以终为始的结果导向思维,方可达到事半功倍的效果。一般而言,目标设计时需要教师对课标和教材进行充分研读,对学科核心素养的不同水平有清晰认知,对学生学情进行全过程的追踪与分析。

以上教版英语必修二第四单元 Achievements 的单元学习目标设计为例,教师将目标分为三个层次,并将其与学生共享:认识什么是成就、知晓如何取得成就、理解成就的深层含义。基于此,教师设计的学习活动和评价任务也都是与目标达成相匹配的。具体来看,对应目标1"认识什么是成就",教师请学生分享自己对"成功"的定义,谈论成功的内涵;引导学生通过阅读《老人与海》的节选,理解主人公与鲨鱼斗争的艰辛场面,讨论取得成就应该具备的要素,形成对成就的新认知。对应目标2"知晓如何取得成就",学生需要识别介绍两位著名的中国人袁隆平和樊锦诗的语篇中不定式做状语的用法,并在交际活动中正确使用不定式做状语,并能体会伟人成功的艰辛;通过三位开始被认为是失败而后又成功的人的故事,举例阐释对成就的认识。对应目标3"理解成就的深层含义",学生交流自己通过努力达成目标的经历和体验;分享伟大的成就,阐述心目中的成功人士。

2. 针对学习任务进行预测、假设或提出挑战性问题,激发对学习的强烈期待

挑战性学习活动是教师设计给学生进行思考性、探究性等学习以达成教学目标的一个教学活动。活动可以聚焦于教学的重、难点,可以是一个(或几个)具有较大思维空间的问题,也可以是一项(或几项)具有挑战性的实践活动,还可以是一项(或一组)综合性的小组活动。通过为学生设计挑战性学习活动,激发学生对学习的强烈期待和内在学习动机,从而更热切更积极地投入到挑战性学习活动的问题解决之中。一般而言,挑战性学习活动一般具有"非常规、不能立即解决、解决方式具有个性化与差异性"等特征。具体而言:第一,教师设计的挑战性学习活动,最好是学生之前未解决过类似问题,能引发认知冲突,学生学习的心理机制主要表现为"顺应"而非"同化"。第二,教师设计的挑战性学习活动,最好是学生需要进行思维的碰撞,需要批判性地学习新思想和新知识,将它们融入原有的认知结构,关联众多思想,把已有的知识迁移到新的情境中,做出决策,解决问题。第三,教师设计的挑战性学习活动,需要学生基于自己的生活体验和思维水平,在不同的层面上都能积极参与,全身心投入,在个性化和差异化的问题解决前提下,寻找共性,获得健康发展。

在上外版必修第二册 Unit 1 Nature Reading B 的授课中,教师设计了如下三个具有挑战性的学习活动:①Discover how nature affects moods and share personal experience. ②Watch a video clip about nature and talk about personal feelings. ③Think about the appropriate attitude towards nature. 教师在指导学生自主阅读后,感受文字之美,感受自己所描述的自然之美。将所学的技能和技巧运用到自身的体验中,在描述自身体验之上,逐级体会个人、自然、语言三者之间的和谐统一,最终形成正确对待自然的态度和观点。相对于一般阅读课仅仅是针对文本本身的内容、语言的提问活动,这三个学习分享活动要求学生通过体验活动,发挥联想,根据自身的不同经验和思维方式,从不同的视角认识和分析问题,学生与学生之间的交流共享,也完成了思维的碰撞,最终完成了知识的内化和情感、技能的迁移和创造。

3. 对学习的过程、状态、行为进行自我观察、审视和调整

元认知是作为一种监控系统而超然于学习过程之上的,是学生对自己学习系统的全面了解与整体的监控和协调,具体来说,元认知由元认知知识、元认知体验及元认知调节和监控三部分构成。① 元认知策略是一种典型的学习策略,是学习者对自己学习过程和结果进行有效监视和控制的策略,在整个学习策略体系中起主导作用。它涉及学习者对自身学习过程、状态、行为的自我观察、审视和调整,以及对学习结果的自我检查、总结和评价。在教学中渗透元认知策略的运用,对学生调动自主学习的内部动机,实现自主学习至关重要。

在本案例中,可以非常清晰地看到教师更为看重学生研究问题的过程而非实验结果的

---

① 桑青松,江芳,王贤进.学习策略的原理与实践[M].合肥:安徽教育出版社,2006:9.

所谓成败,科学的探究方法、合理的实验设计、总结失败的经验教训都是非常有价值的,也是学生运用元认知策略助推学习的有效佐证。在跨学科实验前,学生对于所研究的问题已经提出了假设,但是假设是否成立对学生而言是未知的,需要通过实验的结果来验证。实验中不严谨的操作、虚构的数据无法得出科学的有意义的结论,更不能验证假设。因此,对实验过程进行真实地记录才有助于验证问题的假设是否成立。在跨学科实验中,实验效果不理想或者失败是被允许的。在这些不完美的实验中,学生可以学习去分析原因,总结经验,从而改进实验,启发新的思路。这些失败的实验或是与假设相左的实验结果,在跨学科课程的问题研究路径中,往往能产生新的假设,从而更接近所研究的问题的本质。从科学研究的角度而言,失败的实验是有价值的。学生在进入进阶课程后,会接触到更多的实验研究,这些实验的结果都是未知的,学会分析意料之外的情况也是科学探究过程所必备的能力。

4. 对学习结果进行自我检查、总结和评价,并加以补救

如前所述,元认知策略不仅涉及学习者对自身学习过程、状态、行为的自我观察、审视和调整,还涉及学习者对学习结果的自我检查、总结和评价,以及基于评价结果的反思与改进。在本案例中,教师评价学生跨学科实验学习过程时,实验过程的记录观察、结果的分析、疑问的提出和猜测等占据更多的比重,而非将重点放在实验结果是否和预设相匹配。教师关注的不是给学生一个好与差的判断性评价,更为重要的是帮助学生基于评价结果对实验进行反思和改进。教师在鼓励学生自我监控与评价的过程中,还需要注意通过言语的引导,通过实验记录表、分工贴纸、实验步骤指南等操作性工具,为学生自我检查、总结和评价实验结果提供良好契机和工具支持,促进学生逐步进入反思的正确方向。

三、诞生精彩观念与行动——以"长方形和正方形的周长和面积的练习课"课堂教学为例

(一) 样例描述[①]

1. 样例背景

"长方形和正方形的周长和面积的练习课"是沪教版小学数学三年级第二学期第六单元"几何小实践"中的一节练习课,是在学校指向问题解决能力的单元活动设计与实施这一研究主题下所进行的一次课堂实践。

2. 问题情境

"问题解决能力"是数学学习的核心要素,在问题解决的过程中学生不仅能掌握数学概念和技能,还能在探索和解决问题的过程中体现出合作、协商、责任和创新精神,形成用数学

[①] 案例提供者:上海理工大学附属小学叶维。

的思想方法分析问题、解决问题的思维习惯,最后达到核心素养发展的课程目标。本案例中,通过"长方形和正方形的周长和面积的练习课"的设计与实施,试图剖析指向学生问题解决能力发展的学习任务设计应该考虑哪些因素,从而更有可能为学生精彩观念的诞生提供环境养分。

3. 问题解决

(1) 学习任务 1:左右(上下)对折 A4 纸分别计算它们的周长和面积,研究两种折法周长和面积是否相等的问题。

 课堂实录

师:刚才通过折 A4 纸的活动,我们发现对折后的这两个长方形的形状不相同,那么,它们的面积和周长的大小怎么样?

生(猜测)对折后的这两个长方形不仅面积相等,周长也相等?

请你们同桌两人合作,拿出一个统一的意见。

(同桌独立思考并交流)

师:有没有统一的意见了? 有好几组意见都不统一,老师想先听听你们的意见。

生1:我觉得面积和周长都不相等。

生2:我不同意他的意见,我觉得面积应该是相等的,都是对折,所以都是大长方形的一半,这点是肯定的。周长我们不能确定。

生3:我同意黄子涵的意见,面积是相等的,周长我感觉是不相等的,你看蓝色长方形的两条宽和绿色长方形的一条长相等,蓝色的一条长和绿色的两条宽相等,还剩下蓝色的一条 20 cm 的长和绿色的一条 30 cm 长,它们不相等,绿色的长方形周长长。

师:老师看到有些小朋友在点头,有些小朋友被绕晕了,还有其他办法吗?

生3:标上尺寸算一算。

师:是个好办法,那么就请你们很快算一算吧。(师出示对折后相应的尺寸)

(生计算)

生1:左右对折的周长:(15+20)×2=35×2=70 cm;上下对折的长方形周长是:(10+30)×2=40×2=80 cm。

师:通过计算,我们发现这两个长方形,面积相等,周长的确不一定相等。

(2) 学习任务 2:引发猜测并探究:周长相等的长方形它们的面积是否相等?【小组合作】

 课堂实录

师:那么反过来,你会怎样猜测?

生:周长相等的两个长方形,面积是不是也不一定相等呢?

师:到底对不对? 怎么去验证?

生：我们可以想周长都是100 cm的长方形的长和宽，想出来了，用长×宽算出面积，看看是不是相等。可以列一个表格算一算，记录一下。

师：好办法，看看是不是和老师想的表格一样？

下面就请你们小组为单位在下面这张表格中记录你们验证的过程和结论。

研究记录单

研究内容	周长相等的两个长方形，面积是否相等？			
项目	周长（厘米）	长（厘米）	宽（厘米）	面积（平方厘米）
举例一				
举例二				

通过举例计算，我发现：
周长相等的长方形，_____

图4-9 学习单

（生填写学习报告）

生1（小组反馈）：我们想到的长和宽分别是49 cm和1 cm，算出的面积是49 cm²。48 cm和2 cm，面积是96 cm²，我们的第三种想法是长和宽都是25 cm，面积是625 cm²。

生2：我们小组还有补充，我们想到的长方形长是40 cm，宽是10 cm，面积是400 cm²。还有一种的长是30 cm，宽是20 cm，面积是600 cm²。

（师：根据学生汇报依次填入表格内）

师：（追问）观察我们刚才举的这些例子，还有什么新的发现？

生1：我们发现，周长都是100 cm的长方形它们的面积都不相等。

生2：我还发现，当宽和长相差越大，面积越小，相差越小面积越大。

师：你们真了不起，通过自己猜测、小组合作验证，发现了周长相等的长方形，它们的面积不一定相等。

(3) 学习任务3：在A4纸上减去或添上边长为3厘米的正方形，("L"形和凹字形、凸字形)它们的周长和面积是否相等？【独立完成】【小组交流】【全班交流】

课堂实录

师：接下来，我们给这张A4纸动个小"手术"，在它的右上角剪去一个边长为10 cm的正方形(课件演示)，这个图形你们认识吗？它的周长和面积你会求吗？咱们来个"解题策略大比拼"。(见图4-10)生独立思考后交流：

生1：将每条边加起来求出周长。

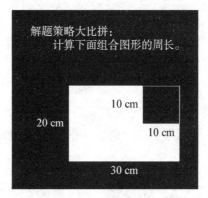

图 4-10 解题策略大比拼(一)

生2:通过平移两条边,台阶形的组合图形的周长就成了长方形的周长。(转化的思维)

师:与原 A4 纸比较,发现:两个图形,周长相等,面积不一定相等。

(课件演示将台阶形右上角的正方形慢慢往左推变成"凹"字形。)(见图 4-11)

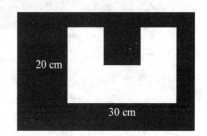

生:通过移动相应的边和一一对应比较的办法,把"凹"字形和台阶形图型与 A4 纸的周长比较,发现"凹"多出两条凹进去部分的竖的边。

师(过渡):通过大胆猜测,验证,知道了两个长方形面积和周长之间的关系,在组合图形"凹"和台阶形的解题方法大比拼中,我们知道了面积相等的两个组合图形它们的周长不一定相等。

图 4-11 解题策略大比拼(二)

师:(课件演示"凹"变成"凸")

师:凸怎么说的?谁来读一下:这下"凸"可高兴了,它对着"凹"得意地大笑,"哈哈哈……这下好了,我不仅面积比你大,周长也比你长。"

师:"凸"说对了吗?(生独立思考之后小组交流)

生1:我认为这句话是错的,只要把"凸"字上面的正方形放到"凹"字空白处,它们俩的面积就一样的了,周长也相等。

生2:我不同意黄子涵的意见,"凸"的面积是一个长方形加一个小正方形,而"凹"的面积是一个长方形减一个小正方形,它们的面积差了两个小正方形,所以它们的面积不一样。周长是不是相等,我还没想好。

师:第二位同学的意见是面积相等,你们同意吗?那么,周长到底是不是一样长呢?

生3:我觉得周长是一样长的。因为,我们刚刚学过面积相等的两个组合图形,它们的周长不一定相等,现在这两个图形面积不相等,所以它们的周长就肯定相等。

师:你有数学家的灵感,马上像前面一样直接反过来用啦,不过老师建议为了严谨,我们还是需要举例验证一下的,看看有没有反例。

生4:我觉得他们的周长是一样的,因为把"凹"字的正方形翻上去,它们就一样了,所以周长相等。

师:谁听懂了?

生5:我听懂了。(操作图片模型)崔书扬是用折一折的办法来比的,把这两个图重叠,把凸的正方形往下折,它们两个的边每条边都完全重合了,所以它们的周长是一样的。

图4-12 学生演示(一)

师:还有不同的办法吗?

生6:(边画边解释)我用平移的办法,两个字都变成了30×30的正方形,所以它们的周长肯定相等。

生7:我用的也是拼一拼的方法,两个字正好能拼成一个长方形,长方形外面的对边都相等,当中每一条边也一一对应重合,所以我也认为它们的周长相等。

 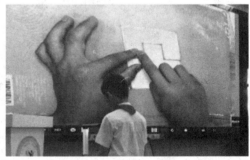

图4-13 学生演示(二)   图4-14 学生演示(三)

师:哦,就是我们前几课中做过的长方形当中有相同路的那道题,会活学活用,真棒!

(二) 样例分析

本案例中第一个学习任务,教师从A4纸这个"熟悉的陌生人"的生活情境引入,学生一下子就被吸引了。为了解决比较对折之后两个图形的周长面积之间的大小关系,学生在经历了独立思考、小组初步交流之后,渐渐找到了解决问题的方法,通过测量得出A4纸的长和宽、通过公式计算得到相应的周长和面积,从而得到探究问题的结论:"将A4纸对折之后的两个长方形面积相等,周长不相等。"

在随之而来的第二个学习任务,教师将问题情境自然过渡到纯数学的学术情境中去,直接根据前面探究的结论:"面积相等的两个长方形,周长不相等"进行合理地猜测,学生不难想到有待探究的问题:"周长相等的两个长方形,面积是否相等呢?"随后,学生自己提出问题,利用以往学习的经验,想到用不完全归纳法进行举例验证,还想到了用表格的方式记录数据,通过小组内的同学分工合作进行计算,比较计算结果,得出结论,学生经历了问题解决的全过程:发现问题和提出问题—分析问题和提出解决问题的方法—与他人合作交流—得出结论。

第三个学习任务,也是最能展现学生精彩观念不停迸发的环节。教师将数学的知识点训练(组合图形的周长和面积计算)以富有童趣、具有挑战性的"凹和凸的比较"的方式呈现在孩子面前,这个驱动性任务极大激发了孩子们解决问题的热情,不同思维能力的孩子都在自己基础上找到适合自己的问题解决的方法:有的孩子通过数学直觉得出结论,当然这个思考不够全面,需要进一步验证;还有的孩子直接通过在大脑中想象,将凸字上面的正方形翻下来,就和凹当中的三边重合了,通过全班同学的交流,小朋友们不仅听懂了同伴的发言,还制作了图片模型进行折叠展示。更有同学通过画一画,采用平移的办法直接把凸字移成了凹,直观又简便,可操作性也非常强。最后一位同学更直接,直接把两个字拼成了一个长方形,利用对边相等,当中每一条周长上的边都重合,一目了然地进行了展示。正是因为教师在设计学习任务时充分关照了不同学生的认知差异,考虑到开放性的特点,才将直接计算组合图形的周长和面积的练习活动变成了比较凹凸两个字的周长和面积变和不变的探究活动,如此一来,引发了学生不同解题策略的碰撞,看到了学生精彩的思路展示。

(三) 拓展与思考

1. 整合不同时期所学的知识与经验,形成可迁移的能力体系

学生在学校里学到的不是零散、片面的知识,而是经过"高度提炼浓缩"又"易于理解消化"的系统化、整体化的知识。对于学生学习而言,影响新知识学习的"原有观念"绝不仅限于学生已有的旧知识,而是具有更加丰富广泛的内涵。[①] 第一,它既包括学习新知识所需要的直接的知识基础,也包括相关领域的知识以及更一般的经验背景。第二,它不仅包括学生在学校学习的正式知识,也包括他们的日常直接经验。第三,它不仅包括与新知识相一致、相容的知识经验,而且包括与新知识相冲突的经验。第四,它不仅包括具体领域的知识,还

---

① 张建伟. 知识的建构[J]. 教育理论与实践,1999(07):49-54.

涉及学习者的基本信念。第五,它不仅包括直接以现实的表征方式存在于记忆中的知识经验,也包括一些潜在的观念。因此,对于教师教学而言,需要有意识地引导学生整合不同时期所学的知识与已有经验,为有意义地学习的发生提供基础。

2. 将已有的知识经验运用到新情境的问题解决之中,形成富有创造性的思考

传统教学为在有限的时间内达成更多的教学目标,通常以教师讲授为主,学生难以有充分的时间进行思考、提问和问题解决,也必然会造成对学生思维过程最大限度的压制,学生的思维跳过了从"不知"到"知"的许多步骤,没有充分经历思维的历险和跌宕。如此一来,学校成了知识的工厂,学生成了流水线上的产品,学生缺失了思考的机会,从而丧失了面对复杂世界的思考和质疑的能力。

学生精彩观念的诞生需要对传统教学加以反思,将学生已有的知识经验嵌入到真实的问题解决情境中,在发现问题、思考问题解决方案、尝试解决、优化完善解决方案的过程中生成富有创造性的思考。在问题情境中,学生会经历惊讶、困惑、斗争、期望、茅塞顿开,然而正是这些经历构成了学生完整的思维形成的过程。[①] 在前文提到的上海交通大学附属中学的"柱层析法提取分离茶叶有效成分"跨学科实验教学过程中就可以明显看到:学生需要在实验后根据真实的实验过程及结果,提出三个实验中的疑问,并在课后自行搜集资料尝试解答其中至少一个问题,这就需要学生具备足够的信息检索能力及批判性思维能力,而不是传统意义上只关注知识的一味接收,而缺乏对权威的批判。

3. 将思考的观念转化为具身行动,生成人生智慧

将思考的观念转化为具身行动,即教师提供让学生将解决方案付诸实践的机会,在彰显学习的主体意义、社会价值与未来功能的同时,汇聚与凝结素养赖以形成的力量感、行动感和价值感。以复旦大学附属中学李凡老师执教的统编版高中思想政治选择性必修二"法律与生活"第三单元"就业与创新"第七课"做个明白的劳动者"第一框"立足职场有法宝"教学为例,学生分析"小丽"在劳动与就业中碰到的真实问题,了解并选用劳动法基本原则解释;通过指导"小丽"在吸取经验教训时,表明"小丽"需签订劳动合同立足职场,并在帮助"小丽"签订劳动合同的同时,能解释劳动合同主要内容。在这节课的最后,教师总结道:"每个人都有劳动的权利,在现实生活中,我们可能会像小丽一样面对很多的问题,希望同学们能够认真学习法律,在劳动与就业中能够在遇到问题时,使用劳动法、劳动合同法与民法典等相关劳动与就业的法律知识帮助你解决问题,度过难关。"如此一来,学生在解决真实问题情境中,培养法治意识,在未来踏入职场后也能够合理运用劳动法、劳动合同法等立足职场,将学到的知识观念转化为现实世界的具身行动。

总之,创智课堂旨在实现学生精彩观念的诞生,这就要求教学成为学生在场的探究实践,课堂成为师生共同探究、建构知识和共享观念的场所。教师要善于发现教学过程中的种

---

① 刘徽. 精彩观念诞生于尊重与情境——读《精彩观念的诞生——达克沃斯教学论文集》[J]. 现代教学, 2006 (12): 60-62.

种"意外"、倾听课堂中学生生成的诸多"观念",在与学生的对话交往中,促进学生自身的意义建构,从而诞生一个个"精彩观念"。

第二节 教学创新的表现样例

在教学创新板块,之前重点关注师生教学对话的形成,更多以课时为基本单位谈论学习活动设计的问题。在素养培育的当下,需要教师**超越以知识点为中心的教学,走向以学科核心素养为指向,以规划学生学习历程为核心的单元学习设计**,这也是本轮选择以素养导向的单元学习设计作为教学创新板块突破口的初心所在。

结合学理上对单元学习设计的已有研究,同时收集各学科单元学习设计与实施的表现样例,两者双向匡正,建构素养导向的单元学习设计基本框架,即从**"学习目标、学习情境、学习任务、学习过程、学习成果、学习评价"**六大维度出发(见表4-2),强化创智课堂理念的实践落地,促进学生素养的转化与生成,探索形成创智课堂的新样态。

表4-2 素养指向的单元学习设计的基本框架

维度	描述
学习目标	1. 素养导向:分析学习内容蕴含的素养,明确素养要求; 2. 学科大观念:以学科大概念为核心统整学科内容,体现出学科结构; 3. 适应性:以表现性、生成性的形式描述目标,适应不同能力学生的学习水平。
学习情境	1. 生活性:学习情境要与学生经验相联系,指向学生社会生活或未来职业生活; 2. 指向性:创设与学习内容相适应的情境,包含生活情境、科学情境、社会情境、职业情境等; 3. 开放性:学习情境中包含着待解决的开放性问题。
学习任务	1. 高阶性:调动学生的高阶思维能力,驱动低阶技能的学习与理解; 2. 真实性:学习任务中学生的心理机制与日常面对问题的思维机制一致; 3. 生产性:以真实性的作品作为学习任务的产出; 4. 共享性:学习任务的解决需要生生、师生之间的合作、探究,协调学生、教师、教材之间的对话、共享。
学习过程	1. 协作性:学生组成异质小组,师生、生生之间协作分工,共同解决问题; 2. 主动性:通过学生对学习材料的探究和体验内化学习内容。
学习成果	1. 物化性:不应仅停留在头脑中,而要以报告、实物、图表等物化形式展示学生的学习成果; 2. 开放性:允许学生从不同的角度形成自己的成果; 3. 解释性:学生自我解释成果,展示其思维、想法。
学习评价	1. 多元化:表现性评价与结果性评价相结合,凸显学生的成长; 2. 多主体:教师、同伴、家长等多个主体参与评价,更加全面、客观评价学生学习; 3. 反思性:学生对自己的学习过程、成果进行反思。

一、生成素养型学习目标——以"滨江 DREAMS"跨学科课程设计为例

(一) 样例描述[①]

1. 样例背景

"滨江 DREAMS"是上海市杨浦区平凉路第三小学继承已有学校实践基础、彰显杨浦滨江这一场域特色、面向全校 1—5 年级学生、自主开发的一门跨学科课程,带领学生走进滨江、认识滨江、参与滨江的建设。

表 4-3 "滨江 DREAMS"跨学科课程框架

板块	生态滨江		人文滨江		科创滨江	
年级	主题	单元内容	主题	单元内容	主题	单元内容
一年级	草之趣	认识滨江植物	滨江的房·石库门	石库门里弄住宅	我们用的香皂	关于"皂"的一切
		种植滨江植物		新广式里弄住宅		走进"皂梦空间"
		滨江植物观察笔记		弄堂里的欢笑声		制作一块手工皂
二年级	水之源	黄浦江水的今生	滨江的房·渔人码头	海腥弥漫的鱼市场	我喝的自来水	滨江的水与自来水
		黄浦江水的前世		码头的变故与复兴		走进杨浦水厂
		水质检测与分析		码头的改造与涅槃		节水模型的制作
		保护母亲河				
三年级	鱼之乐	认识江中的鱼	滨江的桥·杨浦大桥	滨江的桥:天堑变通途	来来往往的船	各种各样的船
		关于鱼的研究设计		欢迎您来瞧一桥		纸船承重
		"江中鱼"图集		我为滨江设计一座桥		船模设计制作
		关于鱼的研究报告				
四年级	江中生态	认识江中生物	滨江的人·匠人和革命人	沪东地区的工人革命	流光溢彩的灯	关于灯的故事
		走进水培种植		致敬革命志士		灯发光的原理
		制作生态瓶		红色故事的演绎		制作一只兔子灯
		聊聊江中生态				
五年级	环境保护	滨江环境怎么样?	滨江的房·时尚中心	这曾是纺织厂	神奇的新能源	万世长青的太阳能
		滨江环境问题分析		老厂房变创意园区		焕发青春的风能
		滨江环境保护策略		华丽转身的经典案例		潜力无穷的生物质能
		滨江环境保护宣传				简易太阳能装置的制作

---

① 案例提供者:上海市杨浦区平凉路第三小学张颖、朱远妃。

2. 问题情境

如何以学校育人目标为价值导向,探索"滨江DREAMS"这一跨学科课程目标的设定与细化?

3. 问题解决

(1) 绘制课程矩阵,了解学校课程与育人目标的匹配度

首先,将学校育人目标"三有、三会、三能"的释义进行二级编码,随后,梳理学校已有的三类课程目标,最后,将每一门课程的目标与育人目标建立双向细目表,进行学校育人目标落实度分析。

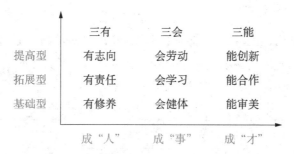

图 4-15 学校"三有三会三能"育人目标

		三有			三会			三能		
		有修养	有责任	有志向	会健体	会学习	会劳动	能审美	能合作	能创新
基础型课程	道德与法治	H	H	H	L	M	M	M	M	L
	语文	H	H	H	L	H	L	M	L	L
	数学	L	L	L	L	H	L	L	L	L
	英语	L	M	M	L	H	L	L	L	L
	音乐	L	L	L	L	L	L	H	L	L
	体育	L	L	L	H	M	L	M	L	L
	美术	H	L	L	L	L	M	H	L	M
	科学与技术	L	L	M	L	M	M	L	M	H
拓展型课程	青苹果生活俱乐部	L	L	L	M	M	M	M	M	M
	青苹果运动乐园	L	L	L	H	L	L	L	M	M
	青苹果快乐校园	L	M	M	L	M	M	L	L	L
	青苹果午间乐园	L	M	M	M	M	M	L	L	L
	青苹果实践乐园	L	H	M	L	M	M	M	M	L
探究型课程	探究型课程	L	L	L	L	H	M	M	M	M
	儿童家庭科技角等主题探究	L	L	M	L	H	M	M	L	H

注:强:H 中:M 弱:L

图 4-16 学校课程矩阵

通过课程矩阵后发现：目前学校各类课程对"三有、三会、三能"育人目标的落实度存在不平衡现象。现有课程在"有志向、会学习、会劳动、能审美"等维度的落实度比较高，而"有修养、有责任、会健体、能合作、能创新"的落实度比较低。这表明：当前学校课程与育人目标之间还有不匹配之处，部分育人目标缺少相应的课程支持。

（2）对焦不匹配之处，凸现跨学科课程所追求的育人目标

学校设计跨学科课程，以期该课程能实现育人目标均衡化落地。对焦课程矩阵图所反映出来的"有修养、有责任、会健体、能合作、能创新"的落实度比较低，学校以表现性目标取向为原则，经过多次专家指导、组内研讨、调整修改，将跨学科课程总目标确定为：**培养具有良好文化修养、创新意识，能够积极参与社会活动、寻求自主发展的新时代好少年**。并在"文化修养、创新意识、社会参与、自主发展"四个维度上，分别做了具体的阐述。

表4-4 学校跨学科课程总目标及具体阐述

维度	目标描述
文化修养	有积极的体验意愿，熟悉自己所在的杨浦滨江地区，有较强的公民意识，为自己是中国人感到自豪
创新意识	有良好的应对能力，尝试找到问题、任务和挑战的多种解决方法，有细致的观察能力，善用各种工具进行探索
社会参与	有良好的时间观念，遵守场馆参观的礼仪和实践活动规则，与同伴共同制定活动规则并如约遵守，有较强的责任意识
自主发展	有积极的协作意识，以及良好的自我意识，与同伴分工商量并一同完成任务，自主制定计划并努力实现

通过目标的导向、监控、激励与评价等作用，让跨学科课程在发挥其独特的育人价值基础上，较好地填补目前学校课程和育人目标不完全匹配的缺憾。

（3）分解目标维度，建构跨学科课程目标体系

为落实跨学科课程总目标，根据各年段学生的年龄特征和认知规律，按照"文化修养、创新意识、社会参与、自主发展"四个维度，课题组反复研讨，对跨学科课程总目标进行分解，制定不同年段、不同维度的目标，力求建构一体化、进阶性的跨学科课程目标体系。

表4-5 学校跨学科课程目标分解表

维度	整体目标	1—2年级	3—4年级	5年级
文化修养	有积极的体验意愿，熟悉自己所在的杨浦滨江地区，有较强的公民意识，为自己是中国人感到自豪	使用不同感官去感受和欣赏生活环境和艺术作品；喜欢集体，适应群体生活，了解自己的班级和学校	能理解和尊重文化艺术的多样性，热爱杨浦滨江社区，发现身边的多元文化现象，了解国情历史	具有艺术表达和创意表现的兴趣和意识，具有文化自信，理解、接受并自觉践行社会主义核心价值观

续 表

维度	整体目标	1—2年级	3—4年级	5年级
创新意识	有良好的应对能力，尝试找到问题、任务和挑战的多种解决方法，有细致观察能力，善用各种工具进行探索	能在教师的引导下，对自己的疑惑提出问题，并设想简单的解决办法。能集中较长时间注意力进行观察	结合学校、家庭生活中的某些现象发现并提出自己感兴趣的、具体真实的问题；能将问题表述清楚，尝试自己解决	能关注社会中的现象，积极思考并提出比较有意义的问题；能有目的、有顺序地进行比较全面的观察，将观察和思考有机结合
社会参与	有良好的时间观念，遵守场馆参观的礼仪和实践活动规则，与同伴共同制定活动规则并如约遵守，有较强的责任意识	在教师的指导下，能够遵守场馆参观的礼仪和行为规范，总结自己是否按计划完成了任务	能够自觉遵守活动中的各种规则，违反规则时能及时承认并调整。在教师指导下，能总结自己完成计划时候的优点和不足之处	有良好的时间观念，对自己完成目标时存在的不足能以积极的态度拿出调整的措施方法；理解"社会中每个人都有责任"
自主发展	有积极的协作意识，以及良好的自我意识，与同伴分工商量并一同完成任务，自主制定计划并努力实现	能在教师帮助下，组建2—3人小组，友好地与小组成员交往；初步养成自我规划的意识，尝试有计划地解决问题或完成一件事	有团队意识和责任感，乐意帮助同伴；明确分工，努力并较有条理地完成自己的任务。能执行计划，尝试完善和改进计划	能合理地安排自己的时间、活动步骤等，能自主建立合作小组，主动承担公共职责，对自我、同伴作出合理评价

(二) 样例分析

本案例中学校立足国家教育方针、核心素养内涵、学校发展定位等方面，确立了"三有""三会""三能"的育人目标，并明确育人目标的具体内涵；采取"绘制课程矩阵"—"对焦不匹配之处"—"分解目标维度"的具体策略，围绕"文化修养、创新意识、社会参与、自主发展"四个维度，制定分年级的、一体化的、进阶性的跨学科课程目标体系。

(三) 拓展与思考

1. 体现学习目标与学科(课程)核心素养的对接

学习目标既是教学的出发点，也是归宿。或者说，它是教学的灵魂，支配着教学的全过程，并规定教与学的方向。[1] 在当下追求学生发展核心素养和学科核心素养培育为价值导向的新一轮基础教育课程改革的深化时期，在学习目标设计时，教师需要超越传统上对于基础知识基本技能的强调，以及知识技能情感态度价值观的三维目标的提法，走向核心素养为本，体现学习目标与素养的对接，培养学生能够适应终身发展和社会发展需要的必备品格、关键能力和正确价值观。需要注意的是，这样的转变并不是弱化基础知识和基本技能的地

---

[1] 崔允漷.有效教学[M].上海：华东师范大学，2009：110.

位和作用,因为素养的发展离不开基础知识和基本技能的养分。如若探讨学生素养的生成逻辑,一定是教师为学生提供整合运用来自不同学科的内容和方法解决问题或完成任务的机会中,引导学生运用更广阔的思维实现不同学科知识的碰撞、流动与转换,从而诞生精彩观念,实现素养培育的价值追求。总体来看,指向核心素养的学习目标中要有"人",也就是应指向促进"人"的发展。相对具体点说,目标中应该包括"有知识、展能力、化品格"①,也就是以学习知识和训练技能为载体,须有学生展示和发展的具体能力,尽可能引导学生内化相关的品格,进而彰显核心素养。

2. 注重学生高阶认知、元认知与学习情感等方面的目标

创智课堂追求学生的智慧创生和素养生成,需要学生在复杂的真实问题解决中发展素养,这就必然需要教师在厘定学习目标由低阶认知走向高阶认知,更多关注学生元认知、学习情感等方面的目标达成,马扎诺的认知目标分类学给我们以启发。20世纪80年代出版的《思维的维度》一书中将其概括为三个组成部分:一是知识的内容领域(content area knowledge),二是元认知(meta-cognition),三是批判性思维与创造性思维(critical and creative thinking)。② 进入90年代,他又将其发展为"学习的五维度论",分别是:维度1——态度与感受(attitude and perceptions);维度2——获取与整合知识(acquire and integrate knowledge);维度3——扩展与精炼知识(extend and refine knowledge);维度4——有意义地运用知识(use knowledge meaningfully);维度5——良好的思维习惯(productive habits of mind)。③ 五维度之间的关系是:所有的学习都发生在维度1和维度5中,是任何学习过程所不可缺少的;另外3个维度则是学习中进行思考所必须的,维度4包含维度3,维度3又包含了维度2。这充分体现了思维的过程与知识和技能的习得之间是一个互动循环、相互作用、相互影响的过程,④学生通过解决真实情境中的复杂问题,发展高阶思维能力,而在此过程中也实现了认知与情感的相互作用。

3. 以清晰的表述方式向学生传递具体合理的学习期待

学习目标确定之后需要用清晰具体的方式向学生传达,学习目标需要是明确、具体、可操作、可检测的。只有这样,每节课学习目标是什么以及它是否通过课堂学习而得以实现才能够为教师和学生知晓。一般来说,目前学界对学习目标的续写方式,普遍采用"ABCD的续写方式",即行为主体(audience)、行为动词(behavior)、行为条件(condition)和行为程度(degree)。具体来说:学习目标的行为主体应是学生,而不是教师;学习目标的行为动词应尽可能明确具体、可理解、可评估,否则它就不能很好地为师生所了解也很难评估其实现程度;

---

① 蒋永贵. 指向核心素养的学习目标研制[J]. 课程. 教材. 教法,2017,37(09):29-35.
② Marzano, R. J. Dimensions of Thinking: A Framework for Curriculum and Instruction [M]. Alexandria, VA: ASCO, 1984.
③ Marzano, R. J., et al. Dimensions of Learning Teacher's Manual(2nd ed.) [M]. Alexandria, VA: ASCO, 1997.
④ 盛群力. 旨在培养解决问题的高层次能力——马扎诺认知目标分类学详解[J]. 开放教育研究,2008(02):10-21.

如有必要,也可以附上产生目标指向的结果行为的条件;学习目标上的行为动词应该有具体要达到的表现程度为何。在学习目标撰写的句法结构上,一般有以下四种常用结构供老师参考:行为表现;行为条件+行为表现;行为表现+表现程度;行为条件+行为表现+表现程度。

二、设置适切的学习任务——以"寻找曹操后裔"单元学习设计为例

(一) 样例描述[①]

1. 样例背景

"寻找曹操后裔"单元选自沪科版普通高中教科书《生物学》必修第二册《遗传与进化》,单元学习设计者为上海市民星中学桂俊、上海市中原中学张念恩、上海市复旦实验中学蔡秋实、同济大学第一附属中学高黎菊,执教者为上海市民星中学桂俊,授课对象为高一年级学生。

2. 问题情境

从整体论的视角出发,学生的学习意味着"组织",组织就是建构,学习就是知识的建构过程。那么在设计学习活动时应当考虑哪些因素?各个学习活动之间的逻辑关系如何,与学生素养培育的目标之间又有何具体关联?

3. 问题解决

本单元以"情境—问题—活动"为主线,基于生物学学科核心素养,建构形成生命的物质观、生命的信息观、感悟结构与功能观、辩证唯物主义自然观等学习目标,以新闻事件"'穿越'两千年通过DNA亲子鉴定寻找曹操后人"这一情境为主线对教材内容进行重组,打破常规的自然单元,围绕"曹操后裔的特征是什么?""怎么确定是曹操后裔?""曹操的遗传信息如何传给下一代?"等3个核心问题,整体化设计"探索遗传物质是DNA或RNA""建构DNA双螺旋建构分子模型""认识生物进化研究的微观证据""探讨DNA的复制方式""建立减数分裂产生配子的模型""认识受精作用将遗传信息传递给子代"等6个单元学习活动以及相对应的学习评价。学生在开展学习活动的基础上建构重要概念"亲代传递给子代的遗传信息主要编码在DNA分子上",从细胞水平和分子水平阐述生命的延续性,引导学生理解生命的延续和发展的重要性。

[①] 案例提供者:上海市民星中学桂俊、上海市中原中学张念恩、上海市复旦实验中学蔡秋实、同济大学第一附属中学高黎菊。

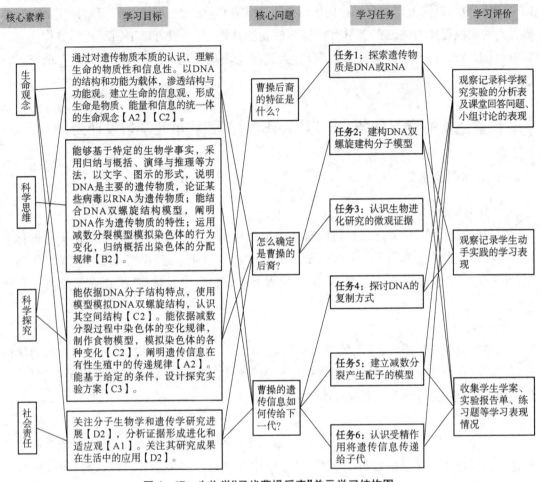

图 4-17 生物学"寻找曹操后裔"单元学习结构图

（二）样例分析

本案例探索打破常规的自然单元,进行教学单元的重组,以达到深度教学的目的。通过一条内部逻辑主线,从现象到本质,在引导学生获得基础生物学知识的同时,又让学生领悟生物学家在研究过程中所持有的观点以及解决问题的思路和方法,最终实现素养培育的目标。

第一,关于问题情境的选择。"亲子鉴定""滴血验亲"这样的话题我们常常在影视作品中看到。如何判定亲子关系?"DNA 遗传信息控制生物性状,并代代相传。"这一大概念正是解开这个问题的钥匙。课标中这一大概念在教材中以三个自然单元的形式出现,本案例中,以新闻事件"'穿越'两千年通过 DNA 亲子鉴定寻找曹操后人"这一大情境为主线对教材中现有的单元内容进行重组,打破常规的自然单元,选取必修 2 教材中部分内容形成一个自成逻辑体系的重组单元。

第二,关于学习目标的确定。聚焦生命科学学科的四大核心素养——生命观念、科学探究、科学思维和社会责任,基于学生的已有学习基础,将单元学习目标确定为:①通过对遗传物质本质的认识,理解生命的物质性和信息性。以DNA的结构和功能为载体,渗透结构与功能观。建立生命的信息观,形成生命是物质、能量和信息的统一体的生命观念【A2】【C2】。②能够基于特定的生物学事实,采用归纳与概括、演绎与推理等方法,以文字、图示的形式,说明DNA是主要的遗传物质,论证某些病毒以RNA为遗传物质;能结合DNA双螺旋结构模型,阐明DNA作为遗传物质的特性;运用减数分裂模型模拟染色体的行为变化,归纳概括出染色体的分配规律【B2】。③能依据DNA分子结构特点,使用模型模拟DNA双螺旋结构,认识其空间结构【C2】。能依据减数分裂过程中染色体的变化规律,制作食物模型,模拟染色体的各种变化【C2】,阐明遗传信息在有性生殖中的传递规律【A2】。能基于给定的条件,设计探究实验方案【C3】。④关注分子生物学和遗传学研究进展【D2】,分析证据形成进化和适应观【A1】。关注其研究成果在生活中的应用【D2】。

第三,关于学习任务的设计。本案例通过"曹操后裔的特征是什么?""怎么确定是曹操后裔?""曹操的遗传信息如何传给下一代"等3个核心问题为线索,设置6个学习任务,贯穿"实验研究发现遗传物质是DNA或RNA""绝大多数生物的遗传信息蕴含在DNA结构中""细胞生物学和分子生物学为生物进化研究提供了微观证据""DNA半保留复制使完整的遗传信息传给子细胞""减数分裂产生染色体数目减半的精细胞或卵细胞""配子结合将亲代的遗传信息传递给子代"等知识。

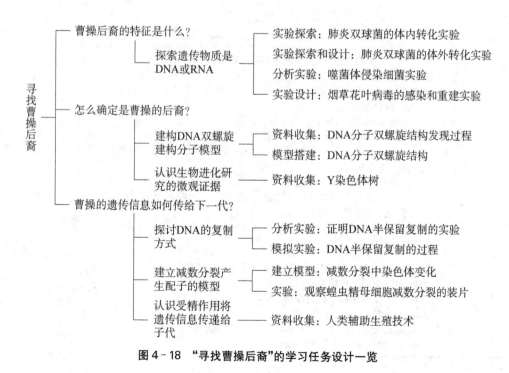

图4-18 "寻找曹操后裔"的学习任务设计一览

第四，关于学习活动的设计。在六大学习任务下，又设置了明确、具体、可操作、可检测的学生学习活动，本案例中每一个学生活动都强调学生经历一定的过程或完成一定的任务进行学习，从而获得知识，并建构相应的生物学概念。以学习任务1"探索遗传物质是DNA或RNA"为例，如果学生要建构"概述多数生物的基因是DNA分子的功能片断，有些病毒的基因在RNA上"这一概念，需要经历实验设计、探索和分析的过程，发展归纳与概括、演绎与推理、创造性思维等科学思维。表4-6具体呈现了4个学习活动中的活动情境、活动准备、活动过程和相应的评价要点。

表4-6 "探索遗传物质是DNA或RNA"课时教学过程一览

任务或者活动	教学环节描述	评价要点
学习任务1：探索遗传物质是DNA或RNA	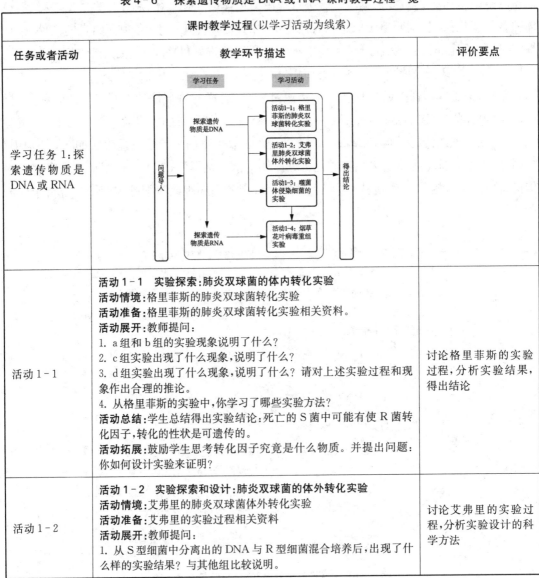	
活动1-1	**活动1-1 实验探索：肺炎双球菌的体内转化实验** **活动情境：**格里菲斯的肺炎双球菌转化实验 **活动准备：**格里菲斯的肺炎双球菌转化实验相关资料。 **活动展开：**教师提问： 1. a组和b组的实验现象说明了什么？ 2. c组实验出现了什么现象，说明了什么？ 3. d组实验出现了什么现象，说明了什么？请对上述实验过程和现象作出合理的推论。 4. 从格里菲斯的实验中，你学习了哪些实验方法？ **活动总结：**学生总结得出实验结论：死亡的S菌中可能有使R菌转化因子，转化的性状是可遗传的。 **活动拓展：**鼓励学生思考转化因子究竟是什么物质。并提出问题：你如何设计实验来证明？	讨论格里菲斯的实验过程，分析实验结果，得出结论
活动1-2	**活动1-2 实验探索和设计：肺炎双球菌的体外转化实验** **活动情境：**艾弗里的肺炎双球菌体外转化实验 **活动准备：**艾弗里的实验过程相关资料 **活动展开：**教师提问： 1. 从S型细菌中分离出的DNA与R型细菌混合培养后，出现了什么样的实验结果？与其他组比较说明。	讨论艾弗里的实验过程，分析实验设计的科学方法

续表

任务或者活动	教学环节描述	评价要点
	2. 肺炎双球菌的DNA分子中还含有少量的蛋白质,由于技术限制的原因,当时艾弗里无法将DNA与蛋白质分离开来,因此,人们不能排除DNA和蛋白质共同起到转化作用,有人据此设计了如下实验:将提取的DNA经蛋白酶处理后再与R型细菌混合培养。你赞同该设计方案吗?请说出你的理由。如果你认为此方案不合理,请在该方案的基础上修改,设计出一个比较好的实验方案,并预测可能出现的实验结果。 3. 从上述艾弗里的体外转化实验中,你得到什么结论? **活动总结**:学生总结得出实验结论:S菌的DNA是遗传物质,而S菌的多糖和蛋白质都不是遗传物质。 **活动拓展**:鼓励学生思考该实验的巧妙之处,不足之处,如何改进。	
活动1-3	**活动1-3 分析实验:噬菌体侵染细菌实验** **活动情境**:噬菌体侵染细菌的实验 **活动准备**:噬菌体侵染细菌的实验相关资料 **活动展开**:教师提问: 1. 在上述实验中,为什么选择35S和32P这两种同位素分别对蛋白质和DNA进行标记? 2. 实验结果中放射性同位素的分布说明什么? 3. 有人认为该实验为"DNA是遗传物质"提供了强有力的证据,你同意这一观点吗?说出你的理由。 **活动总结**:学生总结得出实验结论:噬菌体的遗传物质是DNA,不是蛋白质。 **活动拓展**:鼓励学生思考,提出问题:只有DNA是遗传物质吗?	实验方法:同位素标记法。 讨论实验过程,交流实验结果
活动1-4	**活动1-4 实验设计:烟草花叶病毒的感染和重建实验** **活动情境**:烟草花叶病毒重组实验 **活动准备**:烟草花叶病毒重组实验相关资料 **活动展开**:提出问题:烟草花叶病毒中不含DNA分子,如何证明找出其遗传物质呢?实验该如何设计? **活动总结**:烟草花叶病毒的遗传物质是RNA,不是蛋白质。 **活动拓展**:找出生活中运用自变量控制中的加法原理和减法原理解决实际问题的实例。	离心技术的应用

(三)拓展与思考

1. 创设基于真实问题的学习情境

学生智慧生成的课堂需要教师转变传统的教学理念和讲授式的教学方式,创设基于真实问题的学习情境,使学生在知识学习、应用、迁移时与现实世界的复杂问题产生勾连,让学生经历问题发现、问题解决方案设计、尝试问题解决、反思与改进问题解决路径等学习过程。基于真实情境、聚焦真实任务的教学中,教师应当提供面向现实生活和真实世界的问题,让学生经历真正的解决问题的过程,而且要提供方案构思、权衡、比较、决策以及优化、迭代的机会,并且提供真实的材料,从而让学生经历真实的制作过程。

创智课堂中的学习环境的建构要充分考虑真实的情境性,一方面借助媒体或环境创设问题情境,另一方面充分结合学习者的实际经验,关照学生的生活世界,创设知识的实际应用情境,促使学习者在与环境的对话中引起共鸣,在认知、情感、经验等因素中找到对话的触发点。同时要对学生在问题情境中如何解决问题给予关注,在问题解决的过程中为学生提供相对完整的信息和解决问题的线索、提供充足的问题解决时间和空间。

以人教版高一《技术与设计1》中"技术设计及表达——三轮爬楼小车模型的设计与制作"单元学习设计为例,以往教学中往往缺少具体情境与问题,仅仅让学生设计一个能爬楼梯的小车,在这个设计过程中,学生往往没有经历真正的解决问题的过程,而是将他们在生活中见过的或网上搜集到的小车用图样的形式表达出来,本次单元学习设计中教师设置了如下问题情境:随着老龄化社会的到来,居住在多层住宅中的老年人提东西上楼比较困难,希望能在平面手拉车基础上设计一个人力拖动的小车,让学生学习能够真正为老年人的日常生活提供便利,也激发他们系统思考和尝试问题解决的能动性。

2. 设计体现学科实践的学科或跨学科学习任务

"逆向教学设计"要求在确定好大观念、基本问题后,首先就要考虑评估证据,即表现性的核心任务,然后"以终为始",以评估证据驱动单元学习。[①] 一般而言,学习任务设计有如下几大原则:任务应指向学生学科或跨学科核心素养的发展;应有清晰的目标和可行性;应具有意义和接近真实生活;应包括获取、处理和转换信息的过程;任务完成应有具体的结果等。

仍以人教版高一《技术与设计1》中"技术设计及表达——三轮爬楼小车模型的设计与制作"单元教学设计为例,在如前所述的问题情境下,教师设置了一个核心学习任务,请学生为这些老年人设计一个既可以在平整地面上拉动,也可以爬楼梯的小车。在这个任务中,学生不仅像设计师那样在行为上参与,进行创新设计、图样绘制并物化,而且像他们一样系统思考,课堂上的实践与外面真实的世界形成关联,从而发展技术意识和工程思维。

3. 设计每一任务的具体学习活动

学习活动设计的好坏,不仅决定了学生课堂参与程度,也直接影响了学习效果。当学习活动能引起学生的兴趣时,学生会集中注意力,更好地感知、记忆、思维和想象,表现出喜悦的求知欲望。明确学习任务后,教师则需要设计每一个学习任务下的具体学习活动。

仍以人教版高一《技术与设计1》中"技术设计及表达——三轮爬楼小车模型的设计与制作"单元教学设计中的第一个学习任务"明确三轮爬楼小车的设计需求,构思设计方案"为例,教师设计了指向学生技术意识、工程思维等通用技术学科核心素养发展的三个学习活动和具体的学习问题,分别是发现生活中爬楼小车的需求、收集和处理信息、构思设计方案,从而让学生经历"情境分析—提出问题—分析问题—知识建构—设计分析—迁移应用"的学习过程。另外两个学习任务亦然,也都由匹配学习任务要求、对标学科核心素养发展、符合素养培育内在逻辑的学习经历的若干个具体学习活动构成。

---

① 格兰特·威金斯,杰伊·麦克泰格. 追求理解的教学设计(第二版)[M]. 闫寒冰,等译. 上海:华东师范大学出版社,2007.

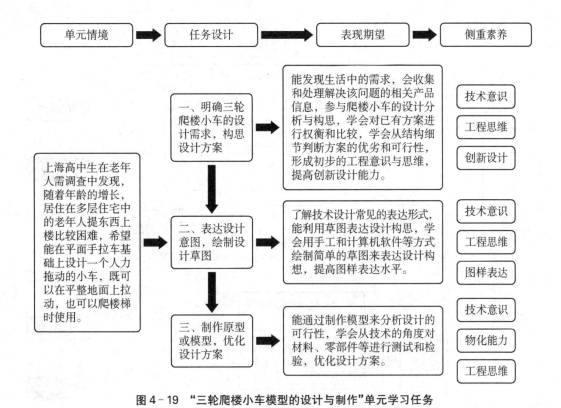

图 4-19 "三轮爬楼小车模型的设计与制作"单元学习任务

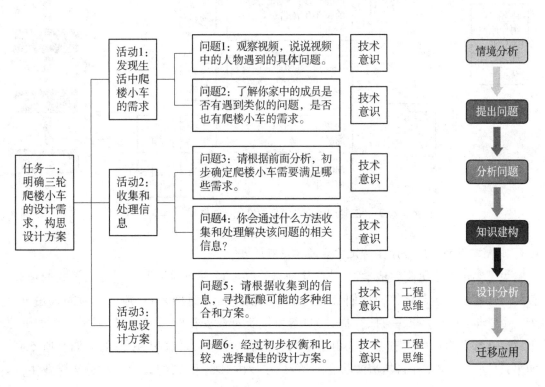

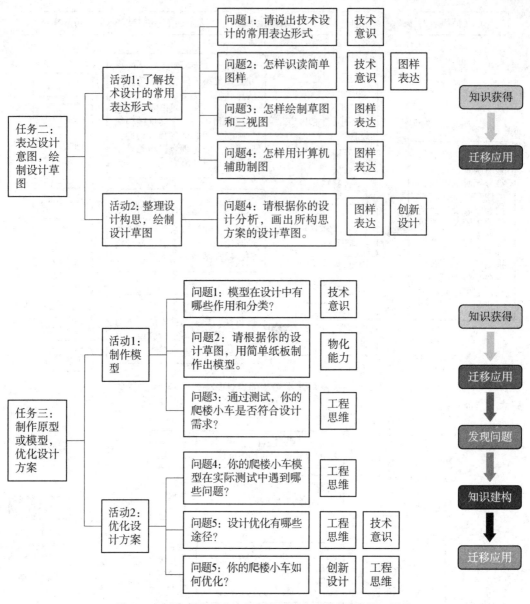

图 4-20 "三轮爬楼小车模型的设计与制作"单元学习活动

4. 制定并执行适合学生特定需要的学习时间表

为了实现学生更高效地学习,让学生对未来某一段时间的学习有较为全景式的把握,教师应当建议学生制定符合他们个性化学习需要的学习时间表,一般根据时间长短可分为一个学年、一个学期、一月、一周、一日等不同类型。安排学习时间时,需要遵循如下原则:第一,掌握自己的作息习惯。由于生物钟的影响,每个人清醒、疲倦的周期有所不同。如果条件允许,应该在自然清醒状态下学习、在疲倦时娱乐或休息。第二,分清课业主次,优先安排最重要的课业,保证按时完成最重要的任务。第三,分段使用时间,排除低效时间。设置1小时为一个学习阶段,其中50分钟学习、10分钟休息,以保证最高效率,让每一个小时都尽可能成为学习的高产单位。第四,日程安排不要过于详细、或者排得过满,留有一定余地才便于更好地执行。第五,考虑到学生身体和心理都在逐步成熟发展的过程中,每天的学习时间表都要留出充足的睡眠休息和吃饭时间,以及必要的身体锻炼和娱乐时间。

三、践行促进学习的评估——以"排球:'一传'技术"单元学习设计为例

(一) 样例描述[①]

1. 样例背景

本单元选自人教版体育与健康必修选学"排球运动"模块,授课对象是高二年级学生,单元主题为"排球:'一传'技术",共计18课时。排球运动既是一项综合性的游戏,也是一个现代竞技体育的运动项目。作为一项能够让每个人都参与其中的团队运动,所有参与的学生都需要掌握排球"一传"技术,排球一传是一攻中的接发球和反攻中防守的重要环节,也是组成进攻战术的基础。如失误或不到位,可造成直接失分或无法实现预定的进攻战术。一传质量的好坏,是决定比赛胜负的关键性因素之一。比赛中在本方场区接对方发球,为组成本队的进攻战术而进行有目的的垫击,其中以双手垫球技术运用最多。

2. 问题情境

对应三个单元学习目标:①掌握排球"一传"技术,通过接发球垫球技术动作的学习,基本掌握接发球准备姿势、移动步法、垫球动作要领和垫球的技战术运用能力,提高一传的到位率,将"一传"技术在比赛战术中灵活运用,并具备评价欣赏的能力;②在有一定强度和密度的体能练习情境中,掌握与技术相关的专项体能练习方法,根据自身情况及时调控练习强度、密度和情绪;③在复杂多变的学练情境中表现出主动学习,善于观察,逐步形成自信、勇于尝试、合作进取的优良品质及正确胜负观。教师应该遵循何种评价原则,依据哪些评价维度和具体要点,采用何种评价方式,对学生的学习过程和学习结果予以客观评价。

3. 问题解决

(1) 过程性评价

过程性评价围绕"运动能力""健康行为""体育品德"等评价维度,选择针对性的观测点,进行自评、互评或师评。

[①] 案例提供者:上海市杨浦高级中学徐玥颖。

表 4-7 "排球:'一传'技术"过程性评价表

评价维度	核心要素	观测点	评 价 标 准	评价方法 ☆多达成度高
运动能力	运动认知	认知力	能够准确说出"一传"接发球在比赛中的作用	☆☆☆☆☆
	判断思维	判断力	结合运动情境在实践进攻中,在判断和决策中体验垫球动作技能,激发自身潜能	☆☆☆☆☆
	评价欣赏	鉴赏力	通过教学反馈,对练习效果做出合理评价。并具备排球比赛的欣赏能力	☆☆☆☆☆
健康行为	适应能力	互动	主动回答教师问题,与同伴积极探讨,说出本单元关键技术要领,能将技战术实际运用到比赛中	☆☆☆☆☆
		合作	在技战术及体能练习中主动合作,共同提高	☆☆☆☆☆
体育品德	体育品格	顽强拼搏	面对"一般发球、大力发球"时,利用合理的方法与手段战胜困难	☆☆☆☆☆
	体育精神	遵守规则	在学练中遵循教学规则和比赛规则,服从裁判,有正确胜负观	☆☆☆☆☆

（2）终结性评价

根据动作技术标准,定性（40分）和定量（60分）检测学习的达成情况,采用自评、师评、互评的方式。

具体测试方法是:向2号位垫球。测试对象站于6号位,接对方中场发过来的球,垫至2号位。

测试要求是:测试对象6号位准备姿势站好,提前预判移动对准来球,将来球垫至2号位,在2号位安排一位二传。垫出球要有一定弧度,低于二传肩部的球不予计分。

表 4-8 "排球:'一传'技术"终结性评价表

单元终结性定性评价			
班级:	姓名:	评价者:	日期:
单元主题	排球:"一传"技术		
等级评价	评 价 标 准		
优秀 (35分—40分)	有准备姿势,对来球落点有准确的判断,移动迅速合理,垫球动作协调连贯,将"一传"技术在比赛战术中灵活运用,垫球到位率高		
良好 (29分—34分)	有准备姿势,对来球落点有较准确的判断,移动较迅速合理,垫球动作较协调连贯,将"一传"技术在比赛战术中较灵活运用,垫球到位率较高		
合格 (24分—28分)	有准备姿势,对来球落点有较准确的判断,移动较慢,垫球动作较协调连贯,有"一传"角色,但垫球到位率较低		
有待提高 (24分以下)	无法将球垫起,可根据准备姿势、移动、垫球动作酌情给分		

续 表

单元终结性定量评价									
学生姓名		评价者		日期			得分		
得分	60	55	50	45	40	35	30	25	20
次数	10	9	8	7	6	5	4	3	2

(二) 样例分析

评价是对学习过程和结果的价值判断,创智课堂追求的是促进学习的评估,即充分发挥评价的激励与引导功能,促进学生持续学习的动力;伴随学习过程开展学习评价,做到教、学、评的一致性和不间断性,体现过程性与发展性。

本案例中,教师对标单元学习目标,以高中体育学科核心素养为指引,综合运用过程性评价和终结性评价的方式,开展促进学生学习的评价。其中,过程性评价围绕运动能力、健康行为、体育品德等评价维度,确定下位的观测点和表现性评价指标,采用星级评价而非赋分的方式让学生对学习过程有实时了解并运用元认知尝试调整学习行为。终结性评价一方面为学生提供了评价任务的具体情境,即"向2号位垫球。测试对象站于6号位,接对方中场发过来的球,垫至2号位",为学生创设在真实情境中实践、反思并检测自己学会与否的机会;另一方面根据学生学习结果和学习表现赋予优秀、良好、合格、有待提高等几个等级以及每个等级相应的评价标准,让学生学习有依可循,教师也能以此为工具开展促进学习的评估。

(三) 拓展与思考

1. 创设在真实情境中的实践、反思和回顾的机会

卡利斯等认为"引导学生学习最有效的方式就是调整要求学生去做的学习任务,以及他们完成学习任务的方式。当学生完成评价任务的过程和学习过程是同一个过程的时候,即当评价任务作为学习任务时,最能发挥评价促进学习的强大力量"。[1] 所以教师在评价学生学习时,应当注重为学生创设在真实情境中的实践、反思和回顾的机会,让学习的成果得以在真实情境的问题解决过程中得到运用与发展。

2. 提供指向学习目标的、多样的、可选择的作业

评价关注的是学生"是否或在多大程度上实现了学习目标"[2],学习目标是评价任务设计

---

[1] Careless, D., Joughin, G., Liu, N. How Assessment Supports Learning: Learning-oriented Assessment in Action [M]. Hong Kong: Hong Kong University Press, 2007:9.
[2] 卢臻. 课堂评价与学生学习同构机制探秘:评价即学习——以中学语文为例[J]. 教育测量与评价:理论版,2014(2):28.

的依据,不同的学习目标需要匹配不同的评价任务,即教师在明确目标(知道学生要到哪里去)的前提下,要考虑如何评价、设计什么任务来评价(知道学生是否到了那里),为学生提供指向学习目标的、多样的、可选择的作业。

以上海科学技术出版社《物理必修二》中"万有引力定律"单元教学设计中的单元长作业为例,执教教师在第一课时布置作业,第四课时进行学生展示。作业具体内容为:观看教师编辑的嫦娥五号专题记录片,通过问题链串联整个单元的学习内容,引导学生组建学习小组,查找嫦娥五号从发射入轨到返回器再入回收全程的11个阶段飞行数据,运用本单元学习的知识进行解释和交流。在本单元学习结束时,各小组完成一篇微报告(可以重点研究嫦娥五号飞行中的某个阶段,根据数据做出分析和解释),并进行展示和交流。

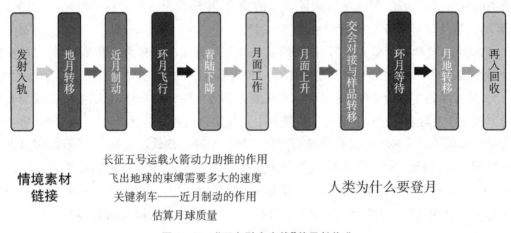

图4-21 "万有引力定律"单元长作业

3. 通过观察、轶事记录、等级量表等评估学生的态度、情感等

有些低阶目标可以通过观察量表、轶事记录、等级量表等工具,直接评估学生的知识、技能掌握情况或态度、情感等表现。有些更复杂的高阶目标需要设计相应的评价任务考查学生的迁移能力、问题解决能力、评价能力和创造能力。

以控江中学"社区摄影师"单元教学为例,教师将评价贯穿于项目准备、项目执行、项目完成等多个阶段,利用创意表达评价表、课堂文化理解评价表、问题解决能力评价表、团队协作能力评价表等工具,引导学生客观评价自己与同伴的表现,发现问题所在,找准改进方向,发展元认知能力。

表4-9 创意表达评价表

水平	创 意 表 达	评价
1	课程有选择性地引导学生掌握创意表达的基本知识技能,使学生在艺术活动中运用艺术要素、媒体材料进行设计和操作	

续 表

水平	创意表达	评价
2	课程从生活中提炼艺术创作的素材,根据不同情境进行艺术构思;引导学生选择适当的表现手段,进行新颖独特的创编、设计和实践,表达思想情感和意义	
3	在个性化的艺术创作实践中,培养合作意识和多艺术门类跨域关联的能力,并运用到其他学科和生活领域	

表4-10 课程文化理解评价表

水平	文 化 理 解	评价
1	课程能够主动参与艺术活动,能搜集与艺术语言、艺术作品、艺术观念相关的文化背景资料;使学生能认同中华优秀传统文化艺术和世界多元文化艺术	
2	课程能够引导学生在体验、讨论艺术作品、艺术活动中,能归纳艺术的形象塑造和情感表达与文化的关联,阐述自己的观点,与他人分享交流	
3	课程能够引导学生在参与艺术活动的体验和探究中,能从不同视角理解中华优秀传统文化艺术的精神及特征;能阐释中外文化艺术精品,并对文化内涵做出初步的辨析和评价	

表4-11 问题解决能力评价表(个人)

内容	高手	熟练	进阶	初学
识别已有信息	基于课程提供的信息,能准确识别到与解决问题相关的所有内容,包括对问题特性的相关理解	基于课程提供的信息,能准确识别到与解决问题相关的所有内容	基于课程提供的信息,能准确识别关于问题的已知背景。也可能会关注到一些与解决问题无关的信息	不能准确识别与问题相关的信息,或不能找到任何与问题相关的信息。包括识别的信息与解决问题毫不相关的情况
定义问题	能准确描述解决问题的核心问题并能提出有用的支撑性建议	能准确描述解决问题的核心问题	能够简化问题,找到核心问题,但对核心问题的复杂性缺乏理解	无法找到核心问题
找出可能解决方案	能够找到高效解决方案,且能够明确解决方案的步骤,并作出说明	能够找到合理的解决性方案,且能明确解决方案的步骤	能够找到可行性方案,但是对解决问题的步骤没有清晰的规划	无法找到可行性方案
使用解决问题步骤	能够完全使用解决问题的步骤和策略,能口头清楚表述这些步骤或策略对自己解决问题是否有帮助,并能针对上述评估过程对自己的应用过程做出相应的调整	能够完全使用解决问题的步骤和策略,并针对核心问题,作出适当调整,并描述过程	能够使用解决问题的步骤,但不能活用方法	不知从何处开始

续 表

内容	高手	熟练	进阶	初学
评估解决方案	能客观评估并分析解决方案,并能准确地描述其与问题之间的一些逻辑推理关系	能描述解决方案与问题之间的一些关键逻辑推理关系	能描述解决方案与问题之间的一些逻辑推理关系,但没有找到核心点	无法描述某解决方案与问题的逻辑推理关系

表4-12 团队协作能力评价表(团队自评)

序号	姓名 \ 标准	规则遵守 (1—5分)	组织工作 (1—5分)	分工合作 (1—5分)
		我们指定了详细的规则与分工,我们能够坦诚并准确地讨论约定的执行情况。我们约定规则后,不需要老师帮助执行	语言流利、穿着得体,演讲准备充分,肢体语言自然,能够保持眼神交流与接触	PPT制作水平优秀,能用图文方式展示观点,提高听众兴趣与注意力
1	组员1			
2	组员2			
3	组员3			

注:每项请在1—5分内进行评价,能够完全达到标准的给5分。对团队协作满意的总分应在12分以上,能够进行团队协作的总分应在9分以上,团队协作困难的,无法有效推进项目的,应在6分以下。对于6分以下的团队需要教师给予引导与干预。

四、持续反思与改进教学——以"让肥皂在水中化得快一些"课堂教学为例

(一) 样例描述①

1. 样例背景

"让肥皂在水中化得快一些"是上海教育出版社小学科学与技术教材第五册第二单元"有趣的肥皂泡"中的一课。本课围绕"溶解"现象,通过探究如何让肥皂化得快一些的对比实验,让学生知道肥皂块大小、水温高低、水量多少、搅拌与否等是影响溶解快慢的常见因素。

2. 问题情境

为解决传统小学科学与技术实验课教学中学生主动性和参与性偏低的问题,学校在"趣动"课堂文化理念引领下,以"基于项目式学习的创新实验室环境建设的研究"为主题,以《科学与技术》为试点学科,依托"硅谷小学院"这一创新实验室,以一堂具体实验课的教学研究为载体,尝试开展支持学生学习方式转型的学习环境建设,试图通过更灵活的座位摆放方式、更有效的学习活动设计与资源工具,帮助学生丰富学习经历、体验探究过程。

---

① 案例提供者:上海市杨浦区齐齐哈尔路第一小学胡圣凤。

3. 问题解决

(1) 第一次授课：变"被动"为"能动"

为激发学生学习兴趣，提高课堂参与度，实现让学生"动手"的目标，执教教师调整了原先以教师的演示实验为主的教学方法，旨在为学生提供实践动手的机会，从而在活动中培养学生发现问题、解决问题的能力。

具体做法有：首先，改变教室的座位布局，引导学生根据不同的实验预设分成几个小组，同一小组的学生围坐在一起。其次，根据实验预设结果分组，合作完成实验，在小组内每个人都有自己的任务，分工合作，共同完成实验，参与实践动手的全过程，每个人都能动起来。同时，为学生提供实验方案，作为学生活动支架，指导学生按要求进行操作。

"哪种方式使肥皂块在水中溶解得快一些"实验方案

问题：哪种方式使肥皂块溶解得快一些？
我的设想：肥皂块在_____情况下可能会溶解得快一些。
实验材料：肥皂块、热水、冷水、小匙、搅拌棒等。

实验记录	实验1		实验2	
	热水		大块	
	冷水		小块	
	实验3			
	搅拌			
	不搅拌			

图 4-22 实验方案 1.0

课堂实录

··········

师：(出示实验方案)请同学们读一读书上的实验方案，想一想具体需要怎么做？
生思考、讨论：
生：要把水倒进杯子里，再加肥皂块，搅拌后观察肥皂块是不是溶解了。
师：在倒水和加肥皂块的时候要注意什么呢？
生：水要倒得一样多。
师：怎样能保证水倒的一样多？
生：肥皂块也要一样大。

··········

师：刚才同学讨论了实验中要注意的地方，也就是水要倒得一样多，可以借助量杯的刻度;肥皂块要一样大;搅拌的时间也要一样……接下来请同学们根据实验方案和注意事项,合作进行实验。

 课后反思

教学后发现,动手参与实验在一定程度上激发了学生的兴趣,课堂观察显示,实验动手环节时间长达20分钟,学生课堂参与度明显提高。然而,课堂观察的相关记录也引起了大家的注意:在20分钟内,执教老师提出的各项实验指导或要求,诸如"水要倒得一样多""肥皂块要一样大""搅拌时间不要太长"等多达十几次,存在指导过细、把控过严的情况。

针对以上问题,课题组教师进行了反思。通过细致分析,认为把控较细是因为本节课的实验牵涉到"控制变量"的知识点,学生尚没有相关知识储备,在教师事无巨细、面面俱到的指导下,学生的实验过程符合了规范与要求,无形中也成为了教师的"提线木偶"。虽然学生动起来了,但学生从头至尾只是听命行事,缺乏主动思考,只动手,没动脑。此外,实验器材都是直接提供给学生的,对于"为什么选择这些器材、使用中有什么注意事项"等问题,学生没有进行主动思考。

(2) 第二次授课:变"能动"为"主动"

如何激发学生自主选择合适的方法进行实验,让学生实现既动手又动脑的目标? 教师通过讨论,决定要摆脱"实验怕失败"的心理,放手让学生去实践,并为学生提供可自由选择的实验材料区。因此,再次调整教学设计,在教师的必要指导后,鼓励学生小组为单位合作探究完成。

具体做法有:一是将实验室区域进行了具体划分,即"互动讨论区""实验操作区"和"实验材料区",学生可以根据需要在不同区域内进行走动,自由选择实验器具、材料。二是将原来的指令式的实验单改成了半开放式的引导性实验单。在课堂上,要求学生合作完成方案的补充,如实验的假设、所需器具的选择、实验步骤的补充等。努力呈现动脑先于动手,动脑贯穿于动手全过程之中的课堂,让学生主动思考,以促进学习方式变革。调整后实验单如下:

表4-13 "哪种方式使肥皂块溶解得快一些"实验单2.0

班级:_____ 小组:_____

	实验问题	哪种方式使肥皂块溶解得快一些?
互动讨论区	小组预设	_____比_____化得更快一些
工具材料区	实验工具及材料	玻璃杯( ) 量杯( ) 热水( ) 冷水( ) 搅拌棒( ) 肥皂小块( ) 肥皂大块( ) 其他:_____
实验操作区	实验步骤	1. 根据实验目标,设计实验方案,将"工具""步骤"与"记录"部分补齐; 2. 根据实验目标选取需要的实验工具; 3. _____; 4. 观察实验过程中杯中的情况,并做好记录。

续 表

		材料员	操作员	记录员	汇报员
	任务分工				
	实验记录	实验1		实验2	
		热水		大块	
		冷水		小块	
		实验3		实验4	
		搅拌			
		不搅拌			
互动讨论区	实验结论				
	实验反思	看一看实验过程,发现什么问题吗?或者,有什么好方法要分享给大家?			

 课堂实录 2

师:同学们,依据生活经验想一想,有哪些方法能让肥皂块融化得快一点?

生讨论、交流:

生:我认为可以用搅拌的方法。

生:我认为可以用加热水的方法,玩肥皂泡的时候我就试过。

生:我认为可以水多一些。

生:我认为可以用小一点的肥皂块。

师:大家都提出了自己的假设。老师把你们的想法都列在黑板上,是否可行,需要我们通过实验来探索结论。请小组讨论,选择一个你们最感兴趣的假设,选择合适的工具,通过实验搜集证据以验证小组的假设。为了方便大家的选取,老师布置了一个实验材料小超市,你们可以自己选取实验器材完成实验。

生选择材料,进行实验。

师:同学们,请大家来交流一下实验的结果哦。

生:我们小组选择的是水量多少会影响,我们发现放的水量多肥皂块溶解得快。

同组生:我不同意,刚才做实验我发现他放的肥皂块大小不一样。

师:刚才实验过程中你们都看清楚了吗?是不是放的肥皂块的大小不一样呢?

课后反思

课堂观察显示,第二次教学中教师的指导减少了,学生学习热情提升,实验主动性加强。

将动手和动脑贯穿于整个实验当中,此外学生合作机会增多,实验中不仅有合作动手,更多的是交流讨论、意见碰撞,有效激发学生的主动思考。

但是在此次教学中,也出现一些问题,如各小组的水平参差不齐,部分小组出现了操作的错误。同时,学生更多关注实验的结论,忽视实验的过程。有操作错误的小组误打误撞后,却得出了看似正确的结论;有小组发现结论与假设不一致,但找不到原因。动手也动脑了,但学生对于实验操作的规范性还不够重视,长此以往,难以达成科学与技术学科所要求的"科学思维"与"科学态度"。

(3) 第三次授课:变"主动"为"会动"

面对以上问题,课题组老师也逐渐意识到,课堂上充分的"动"既需要提供给学生"能动"的空间,又需要教师提供必要的指导,让学生"会动"。因此,课题组老师再次调整了教学设计,以活动评价为载体,让学生成为活动的主体,成为自我监督、自我成长的主人。

具体做法有:一方面,引入信息技术,在课堂中为每个小组提供联网的 iPad 设备,帮助监督员以视频形式记录整个实验过程。随后,将视频传输至教师电脑。可视化的实验过程一

《让肥皂在水中化得快一些》评价单			
评价维度		评 价 指 标	评价结果
学习兴趣		A. 我非常喜欢实验活动,积极参与,并期待课后继续。 B. 我对学习内容很感兴趣,能参与全过程。 C. 我参与了部分课堂活动。	
学习习惯	实验探究	A. 我能根据实验中的问题,指出实验操作中所注意的事项:_____ B. 我能按要求操作,并发现实验中的问题。 C. 我能读懂实验方案,并根据要求进行操作。	
	合作互助	A. 我能完成分工任务,并能为小组提供有帮助的建议。 B. 我能完成分工任务,并主动帮助同伴。 C. 我能根据要求,完成自己的分工任务。	
学业成果		A. 我懂得让肥皂在水中化得快一些的方法,懂得实验操作必须规范、正确,并尝试对实验过程做出评价。 B. 我懂得让肥皂在水中化得快一些的方法,并懂得实验操作必须规范、正确。 C. 我懂得让肥皂在水中化得快一些的方法。	
伙伴感言			
问卷调查		1. 你喜欢这节课吗?你觉得这节课有趣吗? A. 我很感兴趣,非常喜欢。 B. 我觉得这节课挺有意思。 C. 我觉得一般。 2. 这节课上,你学到了什么?有哪些成长?_____ 3. 上完这节课,你还有什么问题吗?_____	

图 4-23 "让肥皂在水中化得快一些"评价单

方面帮助小组成员更好地汇报,为学生发现反思实验中的问题提供了载体;同时,所有的实验操作视频,也放置在iPad中成为一个数字化学习资源包,便于教研组的资料收集与评价依据。另一方面,设置二次实验环节,引导学生进行自评:在学生第一次实验完成后,引导学生发现问题,提炼实验过程中所需要注意的部分,引导学生填写评价单,并通过二次实验的环节,要求学生带着这样的认知再次操作,从而改进自己的实验行为。

课堂实录

（前半部分与第二次相同）

师:实验需要同学们合作完成。请同学们阅读实验单中的实验步骤,了解每个同学的职责分工,然后开始实验。

生合作实验。

师:下面请同学们交流一下实验的结果。请汇报员结合实验记录和ipad拍摄的实验视频进行汇报。其他同学认真听,仔细看,不仅要了解这一组的实验结果,还要看一看实验过程是否规范,操作是否准确。

生:我们组完成了,我们选择的是搅拌与否,我们发现搅拌后肥皂块溶解得快。

师:看了实验过程,其他同学发现什么问题吗?

生:我发现他们两个杯子放的肥皂块大小不一样。

师:我注意到你们小组放肥皂块的时候,操作员做了一个动作,请问一下是为什么?

生:我检查了一下两块肥皂,保证大小一样。

师:这是一个好办法。所以肥皂块大小不一样,对最后的结果是有影响的。这个小组,你们能怎样改进你们的操作?

生:我们打算选取两块体积一样大小的肥皂块。

师:在交流中我们发现,实验的操作对实验结果至关重要。在这个实验中,水量、肥皂块大小、搅拌时间都是非常关键的因素。请各组结合各自的实验预设,总结一下需要注意的点。

（出示板书）

师:请各小组观看实验视频,思考实验过程中是否有问题,并针对问题改进自己的操作,进行第二次实验。

课后反思

课堂观察显示,开放的任务设计激发了学生很大的兴趣,将动手与动脑贯穿了实验前、中、后三个阶段。原本被学生忽视的实验操作在 iPad 视频的回放中被重新关注，在这个过程中，教师和学生共同交流反思，形成板书，归纳出实验时需要注意的问题，如"水量一致""肥皂块大小一致"等，学生初步理解"控制变量"的思想。

表4-14 "让肥皂在水中化得快一些"板书设计

	冷水/热水	肥皂快大/小	搅拌/不搅拌
水量	√	√	√
肥皂块大/小	√	☆	√
水温(冷/热)	☆	√	√
搅拌	√	√	☆

两次实验的对比观察中，也能明显发现学生在第二次操作时的"小心翼翼"。科学实验所需要的严谨、认真的态度在无形中被学生所意识、所重视。当然上完课后，仍有遗憾，最重要的问题是耗时较长，这直接导致要对整个单元的设计做出调整，在有效达成教学目标的情况下，在其他几课时中整合内容，以分配出一节课的时间让实验活动充分进行。

（二）样例分析

案例中教师为了提高学生动手实践的能力，让学生更好地经历科学探究的学习过程，呈现了先后三次授课过程及课后反思，清晰直观地显现学校教师在学习环境建设和学习工具支持方面进行的先期探索，也能明显看到数次教学设计的迭代升级和教学效果的不断优化。

教师通过将实验室划分区域规范学生实验操作、丰富实验器材和资料、提供学生选择空间、制定学生实验单引导学生合作探究学习等有效的手段，创设了促进教学方式改革的物理和社会环境。其中，教师对学习单的设计尤其值得借鉴，其要素和结构与探究学习各个步骤形成联系，引导学生经历从问题澄清、到假设枚举、到方案设计、到操作注意、再到结果分析等的探究学习过程，无形中培养了学生进行探究学习的习惯。此外，教师引导学生主动思考的做法也有可借鉴之处，通过教研团队的合作攻关和多轮实践，教师借助信息技术手段，辅以学生自评的操作，强化了学生对实验结果的主动反思，克服了"控制变量"这一教学难点，也培养了学生的思维习惯。

（三）拓展与思考

1. 精确完整地记录学生的作业完成、学习进步、非教学性活动等，借助工具观察教学，开展行动研究

教学过程中涉及的教学各要素是教学反思的主要内容。教师可以是对其中的某个方面，甚至是某个片断或细节进行反思，也可以是对其中的几个方面甚至全部内容进行反思，

以达到对教学过程的优化和改进。① 教师进行教学反思的基础是对课堂发生的真实事件和学生学习历程有尽可能客观全面的认识,这就需要教师精确完整地记录学生的作业完成、学习进步、非教学性活动等,借助工具开展课堂观察。

在上海市三门中学语文教师邓清执教六年级上册第四单元"穷人"一课时,学校教研团队聚焦关键问题及其追问,利用具有学校特色的"三研修、两观察"方式,带着观察和分析工具走进课堂,先后经过三次组内研讨和两次课堂教学实践,探索优化关键问题设计与应用的路径与操作要点。

表 4-15 观课记录表

关键事件	关键问题	具体追问	问题解决方式及效果
对思维培育的评价与建议			

2. 反思创智课堂的依据及其实施过程,反思自身的教学立场

反思也是一种思考,教师主体对自身、教学实践、教育观念、教育经验和教育行为等进行思考、审视、批判以及自我调控的一种积极的认知加工过程。它是一个动态的过程,包括以下几个方面:用新的理论重新认识自己的过程;用社会的他人的认识与自己的认识、行为做比较的过程;不断收集寻求他人对自己的认识、评价的过程;将自己转化为他人,站在他人的角度反过来分析、认识自己的过程;在解构之后又重构的过程,一个在重构的基础上处于更高水平上行动的过程。② 所以教师在进行教学反思时,也要以课堂上学生的学习表现为实证证据,反思自身的教学行为、教学立场和教学观念等,从而让反思更好地为自身专业发展服务,为学生学习服务。

3. 在随后的教学中运用反思的结果

教学反思不是一般意义上的"回顾",而是反省、思考、探索和解决教学过程中各个方面存在的问题,具有研究性质。③ 反思与教学无分先后,反思贯穿于整个教学活动全过程,是教学活动中非常重要的、不可或缺的一环。什么时候都可以反思,并不仅仅是在课后才进行反思,课前基于学情的设计、课中基于学情观察的实施,都属于教师反思的历程。具体地讲,教学过程前、教学过程中、教学过程后,教师都可以进行反思。④

而反思与改进之间,光有头脑上的反思是不够的,还需要有行为跟进。反思的最终目的是改进教学。从这个角度讲,教学反思是指教师立足于教学实践,以提高教学效果和教学质

---

① 付伟. 教学反思简论[J]. 教学与管理,2004(7):45-46.
② 胡惠闵,王建军主编. 教师专业发展[M]. 上海:华东师范大学出版社,2014:156-164.
③ 余文森. 校本教学研究新内涵[J]. 中小学教育,2003(7):38-39.
④ 刘庆昌. 反思性教学的两个问题链[J]. 课程教材教法,2006(8):13-17.

量为目的,以自己的教学活动过程为思考对象,对教学过程本身以及与教学相关的活动进行理性的审视和分析,反思教学中存在的问题与不足,进而采取相应的改进措施。[①]

4. 梳理教学的实践智慧,建构自我的专业档案

通过反思,教师对教学逐渐从感性认识转变为理性认识,教师从反思逐渐深入进去开展教学研究,有利于教师提升理论水平和拓展知识面。反思与改进教学一体化的过程,有利于教师在反思中及时更新教学理念,改进教学活动及其行为,提升课堂教学的水平,同时形成自己对教学现象及教学问题的独立思考和创造性见解,而且通过反思使自己成为教学和教学研究的主人,提升教学工作的自主性和目的性。在这个过程中,教师逐步梳理课堂教学中的实践智慧,建构自身的专业档案。

第三节 学习环境创新的表现样例

在学习环境创新板块,之前我们尤其强调正式学习环境与非正式学习环境的整合,并在少年宫、博物馆、科技馆等社会资源的运用及其与校内学习资源的整合方面取得一定成效。在素养时代,核心素养区别于应试学力的最大特质在于真实性,即"超越学校价值"的知识成果,指向学生解决实践情境中真实问题的能力。因此,现阶段我们更加强调**支持学习方式转型的学习环境建设**,以学生解决真实问题的能力为实践切入点反思学习环境建设应走向何方,尤其是信息时代如何开展线上线下的混合式学习、如何利用大数据创设情境、推送资源以支撑学生的个性化学习等,并围绕"资源、情境、学习支架、工具"等维度建构框架。

表4-16 支持学习方式转型的学习环境建设的基本框架

维度	描述
资源	1. 静态资源:提供文本、图片、视频等多样化资源,组建资源库; 2. 动态资源:互动与交流中生成的资源。
情境	1. 物理情境:通过物理要素的调整和改变契合问题解决的需求; 2. 心理情境:创设安全的心理环境,激发学生解决真实问题的内在动力; 3. 信息情境:利用现代技术创设与学习内容相关的情境,打破时空的限制。
学习支架	1. 认知支架:提供概念理解等相关支架支持,辅助学生理解学科内涵,构建学科结构; 2. 策略支架:提供多样的问题解决策略,辅助学生破解学习过程中的难题; 3. 元认知支架:提供规划、检测、反思支架,帮助学生调整学习过程。
工具	1. 检索工具:为学生查找、获取资源提供搜索工具; 2. 处理工具:为学生操作资源提供处理工具; 3. 交流工具:整合现代技术,实现线上线下混合学习,提供多样化交流途径。

---

① 李红玲.论教学反思[D].太原:山西大学,2007.

一、整合多样化的学习环境——以"基于知识图谱的高中语文学科古诗词'智慧学习环境'建设与实践"为例

(一) 样例描述[①]

1. 样例背景

高中语文古诗词教学中,学生个体之间往往存在较大的学情基础差异。学生古诗词学习发展水平的不平衡,以及在此基础上产生的学习力不同,与有限的可分配教学时间、有限且相对固化的线下学习资源之间,形成了较为突出的矛盾。传统的线下古诗词语文教学,难以满足学生差异需求,矛盾造成学生被动的学习反应、有限的学力反思力,最终归于不乐学不善学的整体学习状态。上述现象的产生与传统线下教学方式中相对资源不丰、自主不足、反馈不及的情形存在密切相关,而相对于此,线上学习所具备的丰富资源、延展时空和多元反馈,则为学生弥补差距、满足个性的自主学习提供可能。

2. 问题情境

如何通过提供资源、构建机制,实现学习方式和教学方式的转变,从而助力学生古诗词阅读能力的提升?

3. 问题解决

(1) 确定基于学生认知特点的古诗词知识图谱结构

同济大学第一附中作为教育信息化应用培育标杆校,已形成自主研发的信息化教学平台,并储备大量线上学习资源。但从已有的教学实践来看,平台古诗词相关资源的主要问题是:分布散、关联弱,搜索困难,应用有限,且数量尚不足以支持大规模在线学习。因此,我们为使相关资源形成有序体系,便于依照学生自身基础及学习力之深浅而针对性使用,教师在积极钻研教材与课程标准的基础上,结合已有教学经验,拟为古诗词板块的知识体系进行统一的身份认证,即"定标",以三级目录(附模糊关键词)的层级形式,探索确立统一的学科知识图谱。需要强调的是,本学科知识图谱有别于传统学科知识点,系由学生视角出发,遵循学生学习认知过程中由浅而深、由粗而细、由点及面的认知特点而分类归纳的学习认知要点体系。

在初步锚定知识图谱初结构后,学校充分听取学生反馈意见,结果显示:上述图谱中二至三级部分目录所指相近,易致其认知混淆,难以归类匹配。同样的"基础知识"和内蕴"解意",不同体裁间边际不明,以之建立的分类资源库将无法细化明辨学生知识疏漏并做到主动"推送"。基于此,学校教师积极转换视角,立足学生,反复研讨,最终二次形成的知识图谱则更多立足于学生能力层级(识记理解→分析运用→鉴赏评价)之深浅。

[①] 案例提供者:同济大学第一附属中学周琳、刘育蓓、黄珊。

单元/主题	一级目录	二级目录	三级目录	其他模糊匹配关键词
诗词鉴赏	古诗	古诗之基础知识	古诗名家	
	古诗	古诗之基础知识	古诗体裁	
	古诗	古诗之基础知识	古诗题材	
	古诗	古诗之基础知识	古诗音韵	
	古诗	古诗解意	古诗语言风格	
	古诗	古诗解意	古诗情感内涵	
	词	词基础知识	宋词名家	
	词	词基础知识	词牌	
	词	词基础知识	词的分类	
	词	词基础知识	词的音韵	
	词	词解意	词的语言风格	
	词	词解意	词的情感内涵	
	曲	元曲基础知识	元曲名家	
	曲	元曲基础知识	元曲类别	
	曲	元曲基础知识	元曲音韵	
	曲	元曲解意	元曲语言风格	
	曲	元曲解意	元曲情感内蕴	

图 4-24　古诗词鉴赏"定标"初结构

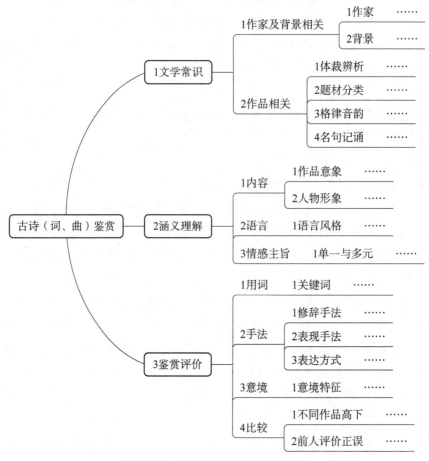

图 4-25　古诗词鉴赏"定标"再结构

(2) 建设基于知识图谱的古诗词网络学习资源库

在"定标"基础上,学校积极"对标",或重命名平台已有资源,或查漏补缺,研制、上传新的学习资源，在原有平台资源基础上开展基于知识图谱的古诗词单元学习资源再建设。例如，为上述三级目录添加“模糊匹配关键词”，并据此为每一目录充填检测练习题以及解说微辅导视频。同时调整教学目标设置，如将高一统编教材必修上第二单元“文氏外孙入村收麦”的教学目标之一定为“侧面烘托”，对应上述一级目录“3 鉴赏评价”——二级目录“2 手法”——三级目录“2 表现手法”，标记资源为“3－2－2”。平台上关联“3－2－2”之微辅导视频及自测练习即可于课堂前后供学生自择或教师推送。目前学校已形成古诗词单元“对标”设计、古诗词学习成果自查检测专项题库、对标处理及新开发微辅导视频资源等三大类成果。

D1 古诗词曲

	B	C	D	E
1			古诗词曲	
2				
3	一级目录	二级目录	三级目录	其他模糊匹配关键词
4	1古诗（词、曲）文学常识	1文学常识之作家及背景相关	1作家相关（诗、词、曲）	姓名字号、谥号世称、人物评价、名家并称、代表作品
5	1古诗（词、曲）文学常识	1文学常识之作家及背景相关	2背景相关（诗、词、曲）	朝代时期、风格流派、作品评价、原名别称、传统文化典故、内容归类
6	1古诗（词、曲）文学常识	2文学常识之作品相关	1体裁分类辨析1（古体诗与近体诗）	诗经；楚辞；汉乐府；歌行体；古体诗；近体诗；今体诗；格律诗；律诗；绝句；拟古
7	1古诗（词、曲）文学常识	2文学常识之作品相关	2体裁分类辨析2（词类辨析）	小令、中调、长调、单调、双调、三叠、四叠；上阕；下阕；
8	1古诗（词、曲）文学常识	2文学常识之作品相关	3体裁分类辨析3（散曲与杂剧）	散曲；杂剧；小令；套数；套曲
9	1古诗（词、曲）文学常识	2文学常识之作品相关	4题材分类辨析1（诗）	叙事诗；抒情诗；咏怀诗；送别诗；边塞诗；山水田园诗；怀古诗；咏史诗；咏物诗；
10	1古诗（词、曲）文学常识	2文学常识之作品相关	5题材分类辨析2（词）	婉约；豪放
11	1古诗（词、曲）文学常识	2文学常识之作品相关	6格律音韵辨析	对仗、押韵、平仄、韵脚字、首联、颔联、颈联、尾联、
12	1古诗（词、曲）文学常识	2文学常识之作品相关	7名句记诵	默写、理解性默写、名句填空
13	2古诗（词、曲）理解	1作品理解之内容	1作品意象	自然景物、社会环境
14	2古诗（词、曲）理解	1作品理解之内容	2人物形象	性格、品质、心理、追求、哲思
15	2古诗（词、曲）理解	2作品理解之语言	1语言风格	刚健；柔婉；豪放；婉约；明快；含蓄；朴素；华美；庄重；典雅；平实；气势磅礴；
16	2古诗（词、曲）理解	3作品理解之情感主旨	1单一情感主旨与多元情感主旨	
17	3古诗（词、曲）鉴赏与评价	1作品鉴赏之字词	1关键字赏析（炼字）	动词、形容词、副词、数量词、语气词
18	3古诗（词、曲）鉴赏与评价	1作品鉴赏之字词	2关键词赏析	口语、叠词
19	3古诗（词、曲）鉴赏与评价	2作品鉴赏之手法	1修辞手法	用典；比喻；比拟；拟人；拟物；借代；设问；反问；夸张；对偶；排比；双关；互文
20	3古诗（词、曲）鉴赏与评价	2作品鉴赏之手法	2表现手法	动静、虚实、情景、抑扬、意象叠加、直抒胸臆、借古讽今、对比、反衬、侧面烘托
21	3古诗（词、曲）鉴赏与评价	2作品鉴赏之手法	3表达方式	记叙（叙述）、议论、抒情、描写和说明
22	3古诗（词、曲）鉴赏与评价	3作品鉴赏之意境	1作品意境特征	雄浑阔大，深邃悠远等
23	3古诗（词、曲）鉴赏与评价	4作品评价之比较分析	1评价不同作品高下	
24	3古诗（词、曲）鉴赏与评价	4作品评价之比较分析	2评价前人评价正误	

图 4－26　古诗词鉴赏“定标”图谱示例

(3) 构建基于智慧学习环境的古诗词自主学习模型

借助学校信息化教学平台和知识图谱视角的学习资源构建，以助力学生构建完整知识体系为目标，立足对文学常识的认知、对作品涵义的理解和对作品表达特点的评价与运用这三个思维层次，学校探索建构了“自我评估—自主选择—线上评估—自主学习—线下学习”的古诗词自主学习模型。学生首先启动自我评估，自主选择任一资源点进行线上评估(或由教师引导指定)。评估不合格，平台将推送相关资源以供学生自主学习；若评估结果合格，则学生可选择其他资源点继续学习。自主学习后进行二次在线检测。学习存疑则可在线提问由教师答疑。检测合格表明学生具备一定基础，可于课堂进行更高一级学习。检测不合格，教师协助学生判断问题所在：若因本资源点尚未掌握，可进行再次学习；若涉及其他资源点，则勾选相关项进行拓展学习；如为平台资源未覆盖知识，则可在线留言，教师将疑点纳入课堂教学。如此，师、生、平台三方互动，线上线下学习融合，形成“智慧学习环境”。由于知识图谱的存在，检测推送的针对性与不重复，均可由信息系统依据题目所属进行提取保证。

(二) 样例分析

本样例围绕“如何提供资源并构建线上教学环境以提高学生对古诗词阅读理解的自主学习效果”这一核心问题，借助自主开发的语文学科古诗词网络学习资源库，运作基于智慧

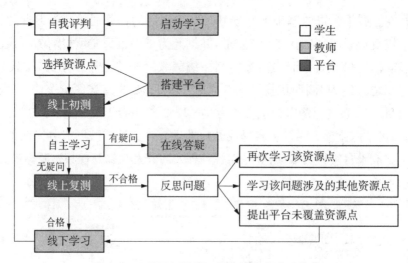

图 4-27 基于智慧学习环境的自主学习模型

学习环境的自主学习模型。学校致力于创建一个高中语文古诗词的网络学习"超市",一个让学习者能够自主选择学习内容,自主支配学习时间,自我评价学习效果乃至自觉调控学习策略与方法的"智慧学习环境",实现平台学习资源的智能匹配与推送,引导学生主动选取最适合自己的学习内容、难度、活动、步骤与方式,并由此达成由外在环境入手,促成学生内在自我管理变革之目的。与此同时,该网络学习"超市"同时能够支持教师运用数据分析即时调整教学,针对辅导,为学生提供自主学习指导,形成智慧学习模式。

学校从基于课程标准、教材和学生认知需求特点的学科知识图谱建设为起点,同时充分考虑学生的认知规律和意见反馈对其进行内容表述的迭代升级;在此基础上建设基于知识图谱的古诗词网络学习资源库,为学生后续开展古诗词学习提供资源保障和学习环境支持;在多轮实践过程中提炼形成了促进学生自主学习的网络学习"超市"建设与实践的具体路径和实施经验,展现了学校充分利用数字化学习环境支持学生混合式学习的努力。

学校借助信息技术所提供的资源储存、传输、加工等功能,进行了转变语文文言文学习方式的尝试,并从自主学习、师生交互、教学反馈、探究学习、档案积累等方面思考,发挥了信息技术的优势。值得注意的是,在信息环境提供的各种便利条件下,融合技术的教学处理是关键,其中特别需要关注传统教学流程的重组,关注教学重难点的有效解决。在此方面,学校探索构建的基于智慧学习环境的自主学习模型值得借鉴,可以尝试在学校其他学科的教学实践中进一步推广,积累更多实践样例,提炼更具普遍性和操作性的教学模式和教学经验。

(三) 拓展与思考

1. 创建灵活的、富有美感的、激发创新可能的课堂物理环境

创智课堂提出"整合多样化的学习环境",无疑是强调学习环境并不是单一的而是多样

化的,但不能将其理解为一味地倡导教师发掘课堂之外的学习环境资源,而忽视了对传统课堂的设计。当下学校课堂作为学生主要的学习环境,其主体地位依然是不言而喻的,因此对课堂环境的创建是相当重要。创生智慧的课堂有赖于创建灵活的、富有美感的、激发创新可能的课堂物理环境。

当前学校课堂物理环境存在着布置过于简单化,教师权威意识过重、学生主体性缺失的问题。学生的座位编排方式还是以"秧田式"为主,教师站在最前面的讲台上,学生整齐地看向老师,同时要求学生遵守传统的课堂行为规范。显然这种排列方式阻碍了师生之间和生生之间的有效互动,不利于学生自主性的发挥。因此,积极创建学习者为中心的课堂物理环境,是发挥学生学习自主性的基础一步。

比如,上海市惠民中学以"惠学空间"建设为载体,包括学校阅览室、图书角、阅读长廊、小剧场、朗读亭等,为学生自主学习插上空间的翅膀。在考虑"惠学空间"内部阅读资源的书目选取与书籍摆放时,充分征求学生和教师意见,运用调查研究了解现状和问题,主要体现在:图书馆的书籍更新速度慢、藏书较少;虽然图书馆设置了电子查阅图书机器,但过于繁琐;有时阅读空间的使用气氛不太好、比较吵等。基于此,学校积极创建阅读环境,将图书馆内部的座椅重新编排布置,使用圆桌式,另外也优化电子查阅图书机器的系统。将图书的具体位置表达得更加合理,通俗易懂,便于同学的理解,以及方便查找。另外根据学科要求,改善图书馆环境建设,招标购买电子借阅机、朗读亭,在硬件方面加大力度,创造良好的学习环境;征集学生与教师意见,设计、改造阅读走廊;打造出了以阅读与分享为基本手段的学习环境。

图4-28 惠民中学"惠学空间"

2. 借助家庭、科技馆、博物馆、实地场景等校外非正式学习环境开展学习活动

创智课堂致力于整合课堂、学校等正式学习环境与家庭、科技馆、博物馆、实地场景等校

外非正式学习环境,以此实现学生素养培育的价值追求。"杨浦滨江"作为中国近代工业文明的发源地,注视着杨浦区的沧桑巨变,感受着历史百年的峥嵘岁月,成为杨浦"百年工业"的见证者。上海同济大学附属存志学校就以此为切入口,尝试开发"杨浦滨江创意地图的绘制"这一跨学科课程,带领学生走出校门,走进杨浦滨江,参观杨浦区规划展示馆,再根据地图中的点线面、地图中的特殊符号、近代工业场所的变迁、现代化城市的保障者、乡土草本植物与水中微生物的观察、木本景观植物的观察等不同内容主题,选择杨浦滨江的绿之丘、宁国路渡口、船厂旧址、自来水厂、东方渔人码头、秦皇岛路渡口等作为实践站点,让学生在校外的非正式学习环境中自主学习成长。这些活动既可以放在校内时间进行,也可以放在节假日、寒暑假进行,既可以由教师引导进行,也可以由家长志愿者引导进行。如此一来,更是打破了传统的课堂物理空间和固有的课时设置,真正实现了课堂由物理空间向意义空间的转型。

需要注意的是,校外非正式学习环境由于其开放性、灵活性,有利于学生自主性的发挥,但在实际的学习活动开展过程中也存在着耗时耗力、不易管理等问题,这就需要教师和学生共同设计活动方案,做好充分的准备。具体来说,进行非正式学习环境下的学习活动设计主要有以下几个环节。首先是确定清晰明确的目标,教师需要根据课标、教材等确定活动的目标作为活动设计的依据,指导学习活动的开展;接着选择合适的校外学习地点,不同的学习内容需要借助不同的学习场所,如在教授科学知识时可以带学生去相应的科技馆参观学习,或者借助博物馆开展历史知识的学习活动等;在选定地点后设计学习任务与学习过程,制定完善的计划。

3. 充分利用支持混合式学习的数字化学习环境

乔纳森在《学会用技术解决问题》一书的序言中说:"教育的未来应该把焦点放在有意义的学习上,在环境中构建的知识更有意义、更整合、更能保持和迁移。而技术的重要用法之一,就是用技术建构有意义的学习环境。"随着时代的发展,学习环境设计越来越重视信息技术的作用,信息技术与课程整合成为国际发展趋势。用技术学习,让技术作为学习者能够把控的、支持学习发展的工具,这不仅能充分发挥技术的优势功能,而且使学习者回归主体地位。[1] 创智课堂提倡充分利用支持混合式学习的数字化学习环境,它为学生自主、可选择的个性化学习提供充分可能,对学生情境化、互动式的学习开展以及学习结果评估都大有裨益,尤其是在全球新冠疫情席卷的当下,在线学习更是刻不容缓的未来发展趋势。

上海市控江中学就尝试聚焦适合线上线下混合式学习的资源、工具、平台开发,通过技术嵌入和工具开发优化学习流程、合理安排学习时间、分享学习资源、评价和检测学习效果,为学生深度学习提供更多可能。2020年2月17日,学校率先按下了在线教学的启动键,在学校自主开发的MOOC平台上,组织开展"教师培训—学科方案提交—课程上线—学案辅助—作业开发—答疑反馈"的线上教学运行。要求各学部、各学科充分考虑线上学习与传统

---

[1] 钟志贤.学习环境设计的理论基础:心理学视角[J].中国电化教育,2011(6):30-38.

教学方式的差异,根据实际需求调整教学内容和教学形式,明确分工,积极合作,在实际教学中积累线上教学经验,根据学生的反馈改进教学,形成与学情相适应的线上教学模式。其间,特别重视学生的居家体育锻炼以及心理保健,由生涯辅导中心对疫情期间学生心理情况进行关注和疏导,同时指导班主任对于特殊学生提供心理关怀的方法与措施,例如滞留疫区的学生、家长支援湖北抗疫的学生。

二、提供有效的学习支撑——以"洋流"课堂教学为例

(一)样例描述①

1. 样例背景

"洋流"是中图版高一地理专题15"海洋"的第一课时。作为高一上学期地理的压轴篇章,洋流既与教材前面的其他篇章自然衔接,又与下学期人文地理教学内容相互呼应,是需要学生在原有知识与技能的基础上温故知新、不断构建与发展新知的过程。

2. 问题情境

为了凸显学生勾连旧知、发展新知的探究过程,教师如何尝试脱离原本固有的演绎式教学模式,改变原有的教学顺序,为学生提供有效的学习支撑,让学生经历问题发现与探究的过程,从而形成富有创造性的思考?

3. 问题解决

(1)创设基于真实问题的学习情境

新课导入:上课前,老师想先和大家一起来分享一则新闻报道。Trash Isles(垃圾岛),它位于美国加州与夏威夷岛之间的洋面上。这个岛简直就是个联合国,来自美国的球鞋、中国的塑料袋、加拿大的集装箱外壳、来自日本的渔网和"3·11"海啸之后留下的各种碎片,都聚集在了这里。而且,这个岛的面积还在不断扩大。为了引起人们的重视,近日就有英国媒体和海洋基金会共同向联合国提出了这个"希望将垃圾岛认证为世界第196个合法国家"的申请,并且有支持者为它设计了国旗、货币、护照等一系列要素。那么问题来了,这些各国的垃圾是如何聚集到这里,又为什么聚集在这片海域呢?让我们一起进入今天的主题——洋流。

图4-29 "垃圾岛"新闻报道

---

① 案例提供者:上海市杨浦区教育学院刘宇桦。

结课：(板书小结完毕)现在我们回到最初的问题：你觉得规模巨大的"垃圾岛"为什么形成于美国加州与夏威夷岛之间的洋面上？试据图从行星风系与洋流的角度加以分析。

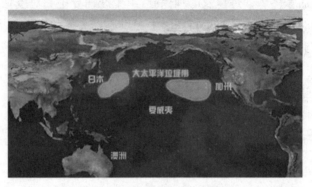

图4-30　从行星风系与洋流的角度加以分析"垃圾岛"成因

（2）提供多样化的学习资源

一是纸质的学习任务单。本节课主要以"发现洋流规律—归纳洋流模式—探寻洋流成因"的"由现象到本质"的教学思路展开教学。每一环节设计一个学习任务，采用纸质版的学习任务单作为载体。其中最能体现创新性实践的是"发现洋流规律"环节：

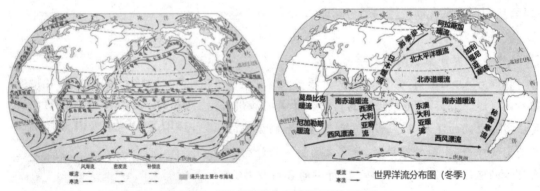

图4-31　"世界洋流分布图"处理前后对比

教师：那么世界洋流是如何分布的呢？我们把书本翻过来，137页"世界洋流分布图"，乍一看，这张图是不是比较复杂，所以老师给大家做了一些简化，请大家把学习任务单拿出来。我们发现这张图与教材中的图一样有个问题，就是如果我要看大西洋的洋流是不是比较麻烦？因为我必须把两边的大西洋洋流拼起来是不是？所以为了我们后续探究的方便，请同学们先跟老师一起做一件事情，就是先把大西洋两边的洋流拼到一起。

（师生共同完成大西洋洋流的绘制）

二是实验视频资料。以"密度流"实验视频资料为例：

教师：还有一种洋流叫作"密度流"。是由于海水的密度差异而形成的海水运动。

其中最典型的海域出现在直布罗陀海峡。直布罗陀海峡西临大西洋,东临地中海。大西洋密度为36″,地中海为38″,思考一下,你觉得表层海水是由大西洋流向地中海,还是由地中海流向大西洋呢?

(学生讨论,各抒己见)教师:大家讨论得非常热闹哦,那要不我们来看个实验,看看到底是怎么流的吧!

图4-32 "密度流"实验

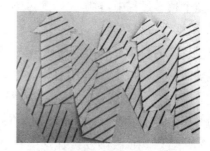
图4-33 洋流模式简易教具

三是简易教具。在学生绘制"洋流模式图"的交流环节中,教师让学生上台以贴箭头的方式交流,关注大洋东西两岸寒暖流的分布情况。

(3)为学生提供过程支架

师生共同完成大西洋洋流的绘制之后,教师引导学生:

教师:现在我们拥有了印度洋、太平洋和大西洋的洋流,请同学们仔细观察这张洋流分布图,你能找到什么规律吗?

学生1:暖流都是由低纬流向高纬,寒流都是由高纬流向低纬。

教师:结合水温,低纬即水温相对高,高纬水温相对低,所以我们得到了寒暖流的概念。比流经海区水温高的是暖流,水温低的是寒流。

教师继续引导:既然提到了寒暖流,那你们再比较一下寒暖流在各大洋的分布位置,看看有什么规律?

学生2:中低纬度寒流都在大洋东岸,暖流均在西岸。

教师:很好。还有吗?从流向角度看看?

学生3:自北向南三个环流均为逆顺逆(除北印度洋海区)。

教师:大家都说得很好,洋流中的奥秘都被大家揭晓了,那现在你们能不能根据洋流流向和寒暖流分布的一致性,尝试着归纳成一张洋流模式图呢?

学生绘制洋流模式图。

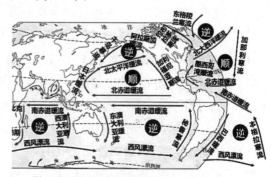
图4-34 世界洋流分布规律

(二) 样例分析

本案例中,教师打破了原本的演绎式教学法,即先讲洋流模式图,再到实际洋流分布图的对应。而是由现象到本质,由"实际洋流分布图"先发现规律,再归纳为洋流模式图的发现式教学法。这一教学顺序的改变对学生的发现、归纳思维的培养无疑是十分有益的。

在整个教学过程中,教师先后通过创设基于真实问题的学习情境、提供多样化的学习资源、为学生提供过程支架等方式,为学生提供有效的学习支撑。具体来看,教师首先以一则关于"垃圾岛"的新闻报道作为情境导入,既有一定的时效性,又是关于环保的话题,更重要的是能够做到首尾呼应,让学生在学完今天的内容后,能够运用所学知识解释"垃圾岛"的分布问题。同时,在课堂教学实施过程中,教师通过为学生提供纸质的学习任务单、简易教具、实验视频等多种学习资源,辅助学生的有效学习。此外,在由"发现洋流规律"到"归纳洋流模式"的教学过程中,教师发现让学生自己发现规律并绘制洋流模式图对学生而言较为困难。因此,在师生共同完成大西洋洋流的绘制之后,由教师先行带领学生发现规律,并根据学生的实际情况做适当引导。这中间则是为学生提供了一个过程支架,在学生发现规律也产生困难时,教师通过进一步指图来提醒学生,学生基本能够阐述清楚,由此,根据学生自己发现的规律,归纳一张洋流模式图,相对较为容易,学生也基本能够跟上教师的节奏。

(三) 拓展与思考

1. 提供纸质的、电子的资源和人力资源等多样化学习资源

传统课堂上教师为学生提供的学习资源以纸质资源为主,诸如学习单、导学案等。随着信息技术的不断发展,教师和学生的信息获取渠道都变得愈发多元和开放,教师为学生提供的学习资源也需要与时俱进不断优化,拓展为包括纸质的、电子的资源和人力资源在内的多样化的学习资源。本案例中,纸质的学习任务单之"世界洋流分布图"处理前后对比、"密度流"实验视频资料、洋流模式简易教具等都是教师为学生提供的学习资源,以此激发学生的学习兴趣,也为学生学习提供思考支架,有力保障了教师的课堂教学效果。

再如在人教版《历史》统编教材纲要上第四单元"明清中国版图的奠定与面临的挑战"教学设计中,执教教师就充分发挥学校信息化特色,在学校平台上提供一些学生可以阅读或观看的视频、文献资料;推荐学生去上海博物馆带着导学案查找相关的史料,完成相关作业的撰写等。这都是教师为学生提供多样化学习资源的有力体现。

2. 为学生查找、获取、处理、解释和评价资源提供搜索工具、处理工具和交流工具

除了直接为学生提供各类学习资源外,教师还需要为学生提供查找、获取、处理、解释和评价资源的各类工具,诸如搜索类工具、数据处理类工具、交流协作类工具等。常用的搜索类工具主要有百度、谷歌、必应等,其特点是方便快捷、不受时空限制,学生只需一台联网的手机或电脑,就可以登录相关网站随时随地查询到任何想要了解的资料。但是这些资料需

要学生加以进一步的筛选,在此过程中也需要教师的及时引导,不然学生很容易被信息海洋所充斥而感到迷茫。数据处理类工具包括可以方便快捷地创建、发放和回收问卷,并自行统计结果的问卷星、问卷网;还有XMind、Mindmanger等思维可视化工具等。交流协作类工具如微信、腾讯会议、腾讯课堂等已经越来越多地承担起了师生互动、生生活动的功能,教师和学生在这些平台上进行交流活动,分享学习资源;其他诸如作业帮、一起作业吧、荔枝电台、蜻蜓电台等也成为了学生学习的工具,可以适当地用到适用的学科中。

3. 提供概念支架、元认知支架、过程支架和策略支架

学生在面对新的问题和任务时,往往不能很快入手,或者在处理问题的过程中会遇到困难,这就需要教师适时地为学生提供支持学生学习的支架,包括概念支架、元认知支架、过程支架、策略支架等。概念支架是指设计相应的方法,以帮助学习者定义或详细说明所要考虑的问题;元认知支架能帮助学习者评价他们所掌握的内容,评价他们在学习过程中的表现;过程支架是指帮助学习者掌握使用某种资源的方法;策略支架是指帮助学习者掌握完成某一种或解决某一问题的多种方法。教师需要在适宜的时机为学生提供学习支架,学习支架可以促进学生提取已有的经验解决当前的问题。但要注意随着学生对问题理解的深入,教师提供的支架可以慢慢减少或拆除,以便能够让学生进行自主思考,独立完成任务。

例如,上海市三门中学语文教师邓清在执教六年级上册第四单元"穷人"一课时,便通过"作者为什么要塑造桑娜夫妇这两位人物形象?"这个关键问题,以及"桑娜夫妇是怎样的人?""极度贫穷的他们为什么要收养邻居的两个孩子?"这两个下位问题为学生提供学习支架,使得学生的学习过程更加聚焦于课文的重点难点,避免陷入简单事实的重复与细枝末节的争论。这些问题都具有开放性,学生的回答可以体现多样性,但需要联系课文内容进行解释说明,这有助于学生经历分析、论证、质疑、评价的过程,从而增加思维深度。与此同时,邓老师设计的追问是对关键问题及其下位问题的进一步细化,指向清晰明确,与具体内容紧密联系,体现出系列化特征。这为学生形成对关键问题的理解铺设阶梯,降低了学生的认知难度,促进学生思维逐步深化。设计的"有不同意见吗?""你们怎么看?""还有谁来说说?"等追问,用于反映学生的不同理解,有助于增进师生交流,发展学生的评价反思能力。

4. 建立学习社群,促进学习者互动、协作和交流,引导学生与教师共同创建学习资源

一般来说,学习社群的构成要素包括学习主体、学习目标、学科知识、工具及资源、活动规则、活动分工、学习情境等。建立学习社群是满足学习者的自尊和归属需要的重要途径。在学习社群中,学习者感到自己和其他学习者同属于一个团体,在进行共同的学习活动,遵守共同的规则,具有一致的价值取向和偏好。学习者对共同体的归属感、认同感以及从其他成员身上所得到的尊重感有利于增强学习者对共同体的参与程度,维持他们持续、努力的学习活动。在沟通交流中,学习者可以看到不同的信息,看到理解问题的不同角度,而这又会促使他们进一步反思自己的想法,重新组织自己的理解和思路。

目前教师在课堂中构建学习社群最常见的形式是建立异质学习小组,鼓励学生开展合

作学习。但实际上,随着信息技术的不断发展,除了在真实课堂上的学习小组,基于网络的学习社群的创建也成为大势所趋,如QQ群、微信等。在网络学习共同体中,成员可以借助通讯工具,在学习过程中进行沟通、交流,分享学习资源和彼此的观点、创意等。在网络社群中,学生可能不会在同一时间、同一地点学习同样的内容,学习场所不限于课堂,学习时间不限于课时,学生可以在最需要的时候,获取最需要的学习资源。

三、创建安全的心理环境——以"烃的衍生物"单元学习设计为例

(一) 样例描述[①]

1. 样例背景

"烃的衍生物"选自沪科版《化学》教材必修课程主题4第七章"常见的有机化合物"第3节"乙醇和乙酸",课时数为3课时。本单元主题主要围绕官能团结构和烃的衍生物化学性质两个核心概念,前者注重官能团的微观结构特点,注重描述有机化学反应化学键变化的本质,通过搭建球棍模型认识有机化合物分子结构的特点,更好地服务于学生对于微观视角的认知。后者注重化学实验现象的分析,让学生围绕问题开展以实验为基础的多样化的科学探究活动,通过活动建构知识,深化从官能团角度研究有机化合物性质的认识思路,发展学科核心素养。

学生在本主题下已经学习了最简单的有机物——甲烷,两种基本化工原料——乙烯和苯,初步认识了有机化合物的基本概念:电子式、结构式、同系物、同分异构、有机反应类型以及对有机化合物的结构、性质实验有了一定的了解。学生学习中可能存在的学习障碍有:①学生可以从乙烯的性质理解乙烯与水加成得出乙醇,但是通过实验和定量计算确定乙醇的分子结构可能不太理解。②学生对乙烯和乙炔的加成反应有所了解,但对乙醇催化氧化反应的机理较难从实验现象上理解。③学生能从初中所学的酸的通性上理解乙酸的酸性,但对乙酸是一元弱酸从实验上来验证需要教师的帮助。④学生对有机化合物同分异构有一定了解,但对乙醇和乙酸的具体应用并不熟悉。⑤学生对官能团有了一定的认识,但对官能团决定物质的性质还需要加强认识。

2. 问题情境

在3个课时的单元学习中,学生需要达成如下素养表现性目标:①形成"结构决定性质,性质决定用途"的观念,从用途、性质、结构三个方面认识乙醇和乙酸及相互的反应。②依据"结构决定性质"的观念,理解羟基、羧基两种官能团对醇和酸的性质影响。③能通过定性分析和定量计算推出乙醇的结构模型。④根据教材中给出的问题设计简单的实验方案,完成实验操作,观察现象,客观记录,解释现象,理解乙酸的性质。为使上述目标有机整合并如期

[①] 案例提供者:复旦大学附属中学鲍文亮、上海市同济中学莫英、上海市民星中学吴虹颖、上海市杨浦高级中学胡中宇、上海市中原中学朱焱、上海市市东实验学校(上海市市东中学)柳懿桓。

达成,让学生经历化学实验和问题解决的过程,体验探究的艰辛与乐趣,教师需要如何为学生创建安全的心理环境?

3. 问题解决

为了给学生提供开放、安全的课堂环境,执教教师在课前已做好充分准备:包括"乙醇的催化氧化、乙酸的酸性、球棍模型、比例球模型"等相关实验器材,"乙醇与金属钠、水与金属钠、乙酸乙酯的制备"等相关实验视频,以及课堂学生学习活动所需的电子白板、智能终端等。

与此同时,在以大概念为引领的3课时单元教学中,以情境主线——生活中常见的含氧衍生物和大概念主线——结构性质用途这两条线为主轴,以"情境—问题—活动或任务"为主要教学模式,第一课时的知识载体是乙醇,第二课时是乙酸,第三课时是烃的衍生物的应用。以下为三个课时具体的学习任务和学习活动设计一览。

(1) 第1课时:乙醇的结构与性质

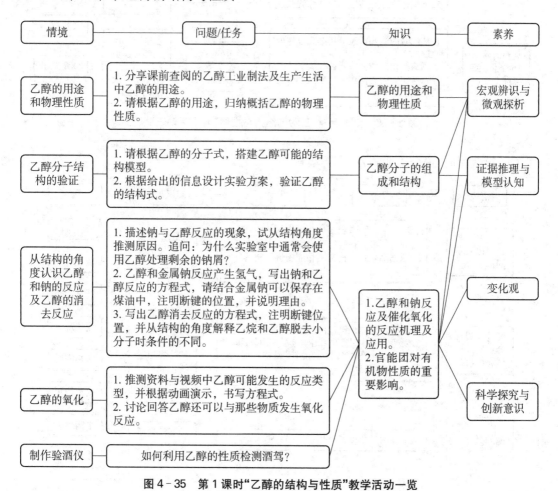

图 4-35 第1课时"乙醇的结构与性质"教学活动一览

(2) 第2课时:乙酸的结构与性质

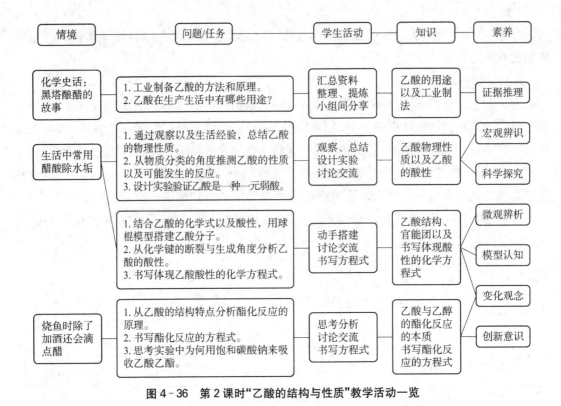

图 4-36 第 2 课时"乙酸的结构与性质"教学活动一览

(3) 第 3 课时:探究工业制备 PET 塑料

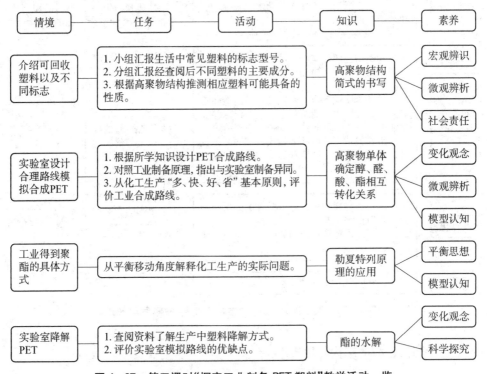

图 4-37 第三课时"探究工业制备 PET 塑料"教学活动一览

(二) 样例分析

为学生创建安全的心理环境是一种教学理念,它在具体的教学行为中得以体现,于细节处得以彰显。具体来看:教师充分关照学生的已有学习基础,尊重学生的先前知识经验,设置合理适切的教学情境。本单元是关于烃的衍生物的新授课,学生的学习能力层次处于初始接触水平,此时学生对有机化学的知识网络是非常模糊的,因此教师运用多种教学情境来让学生尝试面临新的认知冲突,引导学生尝试用自己的思维方式来解决新的问题。在典型有机物的结构和性质的比较中,让学生构建有机化学反应类型的新图式,既学习了反应机理,又掌握了有机化合物的特征性质。此外,在烃的衍生物教学过程中,从实验设计情境入手,启发学生质疑解疑,从而激发他们学习的兴趣和需要,帮助学生不断对之前课堂内容认识图式进行同化与顺应,促进意识形态不断发展。同时本单元还运用了电子白板、模型搭建演示等教学途径,让学生在教师构建的学习框架中帮助学生学得更顺利,理解更深刻,知识掌握更严谨。

此外,通过设计符合学生认知发展规律和"最近发展区"、指向学生素养目标达成的学习活动,也成为促进学生学习的有力助推。本单元每节课均包括若干个主要学习任务,使学生在完成任务、经历活动的过程中实现化学学科核心素养的发展。以"证据推理与模型认知"的化学学科核心素养为例,在本案例中,教师请学生课前设计实验方案,诊断学生对所学的代表性有机化合物相关性质的认知水平;课上请学生对设计方案进行解释和说明,使学生在方案设计方面能发展到系统水平;请学生设计实验并实施实验获得结论,发展学生依据实验现象推论物质性质和反应实质的推理能力。

(三) 拓展与思考

1. 尊重并理解学生的观念和体验

创智课堂要求教师尊重学生的个性和自我意识,尊重并理解学生的观念和体验,以平等、宽容和友好的心态对待每一位学生,为学生创建一个安全、舒适、愿意且乐于分享交流彼此观点的课堂环境。传统课堂上经常出现教师"一言堂"的现象,只有少数个别学生参与课堂讨论,分享个人思考。尽管随着课改的不断推进,教师虽然在认识层面上知晓课堂应以学生为中心,尊重学生的已有知识经验和课堂情感体验,但是在真实的课堂教学实践中却常常陷入封闭式的盲区,试图以封闭的问题来维持教学活动的"有序"开展,害怕在开放的学习活动面前学生学习表现会使得教师失去控制。

本案例中,教师的学习活动设计始终以学生对该主题的认知冲突为逻辑线索,以问题链的方式设计挑战性学习活动,并匹配持续的学习评价反馈,鼓励学生在课堂合作学习、勤于思考、勇于表达、敢于质疑。如此一来,学生与学生之间、教师和学生之间共同分享彼此的思考,交流彼此的情感、体验和观念,实现共同发展。

表 4-17 第 2 课时"乙酸的结构与性质"教学过程

环节	问题链	任务活动	任务评价	设计意图
课前环节	醋的主要成分？食醋工业生产的化学原理？乙酸在生活中的用途？乙酸在工业生产中的用途？	分小组利用各种资源渠道，搜索乙酸相关资料，汇总整理，提炼信息和数据，形成小组主要观点	1.根据学生所使用的获取信息渠道，评价学生获取信息的能力；2.根据学生汇总的资料和提出的观点，评价学生汇总、处理、并进行科学分析信息的能力。	通过查阅资料，能使学生科学认识乙酸的性质及其变化，了解乙酸的广泛用途，形成化学价值观。培养学生多渠道查阅资料，汇总、处理信息的能力
环节一	【情境】黑塔酿醋的原理是什么？	分组展示、分享研究成果	根据学生所使用的汇报形式以及交流的内容逻辑，评价学生表达观点的能力。	鼓励、肯定学生的汇报成果，培养学生处理信息、合作学习、分析和表达的能力，激励学生勤于思考、勇于表达、敢于质疑
环节二	根据观察，你能描述乙酸的物理性质吗？	观察试剂瓶中的乙酸的状态、扇闻气味，并进行水溶性、醇溶性的实验	根据学生对乙酸各方面物理性质的描述，评价学生观察、总结以及全面分析物质物理性质的能力。	通过观察和简单的实验切身感受乙酸的物理性质，形成最感性的认识
环节三	【情境】水池里的水垢要如何清除？从物质的分类角度，分析乙酸可能具有怎样的性质？如何结合所提供的试剂来设计实验验证乙酸的酸性？如何实验验证乙酸是个一元弱酸？	从酸的通性的角度，分析乙酸可能发生的反应，并利用所提供的的试剂进行实验设计，完成实验报告	1.根据学生的实验设计，评价学生从物质的类别角度认识物质性质的能力；2.根据学生提出的实验方案，评价学生的实验探究能力；3.根据学生的实验方案，评价学生综合运用定性、定量的实验方法分析物质结构与性质的能力。	引导学生从物质类别的视角，借助已有酸的通性知识，通过实验现象验证乙酸的酸性，形成乙酸是一个一元弱酸的结论
环节四	如何从乙酸的化学式，结合乙酸的性质，推断乙酸的结构？在乙酸体现酸性的过程中，哪个化学键发生了断裂？	推断乙酸的结构，用球棍模型搭建出乙酸分子，并书写体现乙酸酸性的化学方程式	1.根据学生搭建的模型，评价学生分析结合物质性质推断物质结构的能力；2.根据学生书写的相关方程式，评价学生对体现乙酸酸性方程式的书写能力。	引导学生利用乙酸的酸性，推断乙酸的结构，进一步体现"结构决定性质"的理论，并运用符号表征乙酸的化学变化
环节五	乙酸中也存在羟基，在特定的条件下它与乙醇会发生怎样的变化？本实验中你将采用哪种加热方式？为什么用饱和碳酸钠溶液来吸收乙酸乙酯？	观察乙酸乙酯反应的实验现象，推测反应的原理，书写酯化反应方程式并思考实验相关问题	1.根据学生推测的反应原理，评价学生预测物质性质的能力；2.根据学生书写的酯化反应方程式，评价学生掌握反应原理的情况；3.根据学生提出的方案，评价学生分析微观反应原理的能力。	引导学生从物质的微观结构预测物质在特定条件下可能具有的性质和可能发生的变化，真正实现"结构决定性质"的理念

再如上海市杨浦区齐齐哈尔路第一小学提出的"趣动"课堂文化理念,也充分彰显了学校为学生构建民主、积极的心理学习环境所作出的努力。趣,是指童趣、兴趣、乐趣、情趣;动,是指动心、动手、动脑、动情。课堂教学追求"以趣促动、以动激趣",即在兴趣的激发中,通过活动的探究、实践、合作与创新,实现思维提升与智慧创生,共同培育学生的价值观念、必备品格和关键能力。课堂心理建设是学习环境的重要组成部分,通过探索提炼"趣动课堂"师生行为准则,进一步为学生主动学习营造宽松、民主、积极向上的心理学习环境,鼓励学生主动学习、合作探究。

2. 发展激励策略,提供心理支持

第斯多惠曾说过:"教学的艺术不在于传授本领,而在于激励、唤醒和鼓舞。"创智课堂中安全心理环境的创建需要教师发展激励策略,激励、唤醒和鼓舞学生,给学生以积极参与课堂的心理支持。这种激励首先体现在课堂中出现频率最高的评价语言上。当前教师在评价语言上存在着语言单调,重诊断而轻视引导与激励;注重言语性评价而忽视非言语性评价语言即体态语等问题。教师要把握好评价语言使用的时机:对于那些大部分同学都能回答正确的问题,教师可以采用积极的肯定的评价语言做出回应,诸如"你回答得真棒"等;对于学生富有创造性的思考与观点的迸发,教师则除了肯定之外,还需要具体地分析学生的回答究竟精彩在哪里,既能鼓励当事人更积极更大胆地分享自身观点,也为全班其他学生树立勇于思考、大胆表达的学习榜样;对那些回答不够完整的学生,教师则应该用启发性的语言进行指导,用委婉的语句指出不足,诸如"如果……会更……"等;遇到回答错误或者答非所问的情况,教师更要掌握评价的分寸,可以先从其他细节处给予肯定,比如声音响亮或是为他/她举手的勇气鼓掌等,鼓励学生踊跃发言,而后再指出不足。这样不仅不会伤害学生的自尊心,还能让学生扬长避短,增强学生的自信心。同时教师要注重体态语的使用,学生回答问题时走到学生旁边表现出倾听的姿态,给学生以微笑的鼓励或点头示意,在学生遇到困难时轻轻地拍拍学生的肩膀等,这些细微的动作都是对学生极大的鼓舞,让他们更加淡定从容地思考。

此外,教师还可以采用创新性的激励策略以激发学生的学习兴趣,满足学生内心深处的心理需求,激发学生的内在动力,促使学生努力挖掘自身潜能,从而进行创造性地学习。例如,在《信息系统与社会》(华师大版)必修模块2《信息系统与社会》中"搭建小型的信息系统(信息系统的组成与应用)"单元学习设计中,教师以"搭建小型跨校物流信息系统"为学习情境,整个学习过程以活动贯穿,从观察分析日常生活中的物流信息系统出发,从"系统分析—系统设计—系统实施—系统运行维护"让学生完整体验信息系统的设计过程,学生在问题解决的过程中既能立足学科大概念"信息系统",对信息系统具有整体性和全局性的认识,同时又对他们的学习充满挑战,激起他们对学习的强烈期待。在学习评价方面,更是通过单元评价、课时评价、项目日志表等多种评价工具的开发与应用,自评、他评相结合的方式,使得学生不仅能从整体性上考量自己在项目学习过程中的学习情况,更是以此来引导学生每节课都能时时关注到自己的学习成效和学习过程。

搭建小型跨校物流信息系统

项目流程图	系统分析 1课时	系统设计 1课时	系统设计 1课时	系统实施 1课时	系统实施 1课时	系统运行维护 1课时
	• 观察、分析常用物流信息系统 • 抽象系统功能模块 • 绘制本项目物流系统工作流程图	• 描述物流系统模块功能 • 明晰物流系统中数据及其相关关系	• 认识物流系统中输入设备、传输过程中所需网络设备 • 绘制物流系统传输拓扑图	• 观察日常物流系统中输入模块 • 搭建物流系统的输入模块	• 理解物流系统中软件的工作原理 • 体验物流系统软件的整个运作流程	• 小组展示项目成果 • 认识物流系统中优势和不足 • 讨论物流系统的数据安全

图 4-38 项目流程图

评价内容	评价指标			自评	他评	师评
	★～★★	★★★～★★★★	★★★★★			
系统分析 ——方案规划	项目方案简单，系统功能模块缺失，人员分工不明确	项目方案相对合理，系统功能模块较完整，人员有分工	项目方案合理，系统功能完整，人员分工明确	☆☆☆☆☆	☆☆☆☆☆	☆☆☆☆☆
系统设计 ——数据库设计	仅完成少部分系统所需的数据架构，在指导下完成数据库搭建	能设计出大部分系统所需数据架构，使用相关软件完成数据库搭建	合理设计系统所需的数据架构，使用相关软件完成数据库搭建	☆☆☆☆☆	☆☆☆☆☆	☆☆☆☆☆
系统设计 ——硬件搭建	对于传感与传输机制了解不够清晰，没有完成系统硬件环境搭建	理解部分传感与传输机制，在指导下完成系统硬件环境搭建	理解常见的传感与传输机制，能熟练使用相关硬件设备，成功搭建系统硬件环境	☆☆☆☆☆	☆☆☆☆☆	☆☆☆☆☆
系统实施 ——软件设计	系统模块仅完成1~2个功能的运行	系统模块大部分功能能正常运行	系统模块功能均能正常运行	☆☆☆☆☆	☆☆☆☆☆	☆☆☆☆☆
系统运行 ——安全意识	较难发现信息系统中安全隐患	能指出信息系统中存在部分安全隐患，并提供解决方案	能清晰指出信息系统中存在大部分安全隐患，并提供合理解决方案	☆☆☆☆☆	☆☆☆☆☆	☆☆☆☆☆
交流展示	表达不完整，系统展示缺少完整性	表达较清晰，能较清晰地进行讲解与系统展示，有一定条理	表达清晰，声音响亮，讲解与系统展示配合到位，条理性强，有感染力	☆☆☆☆☆	☆☆☆☆☆	☆☆☆☆☆
项目进展	完成了部分活动任务，项目实施日志表填写不完整	大部分活动按时完成，项目实施日志表填写较完整	各项活动按时按计划高效高质完成，项目实施日志表填写完整清晰	☆☆☆☆☆	☆☆☆☆☆	☆☆☆☆☆

图 4-39 单元评价量表

项目日志表1：_____

活动	实施情况	遇到的问题	解决的方法
观察常用物流信息系统	观察顺丰速运物流系统，归纳该系统的工作流程（样例）	归纳的物流工作流程不完整（样例）	组间交流分享，完善工作流程组成（样例）
绘制本项目物流系统功能模块			
成果分享	□现场展示 □网络平台展示 □其他：____		
小组活动掠影	（说明：可采用视频、照片、音频、文字……记录学习过程中的精彩瞬间）		
自评： ☆☆☆☆☆ 活动之星：_____		他评 ☆☆☆☆☆	师评 ☆☆☆☆☆

图 4-40 项目日志表

第五章　创智课堂的区域推进机制

杨浦的创智课堂建设绝不仅仅停留于项目试点校实验校的先试先行,更关键的是如何将试点校实验校的先进经验辐射推广至全区更多的学校,进而形成"星星之火可以燎原"的变革态势。为此,杨浦展开了对创智课堂区域推进机制的相关研究,并将其提炼概括为:变革启动机制、信念感召机制、实践推广机制和评估完善机制,其中实践推广机制又可细分为教研机制和示范机制。

第一节　变革启动机制

一、变革启动机制为何与何为

所谓变革启动机制,即触发变革主体对变革的内生动力。在本研究中,区教育局、教育学院相关职能科室、学校校长、一线教师意识到杨浦课堂教学存在的问题所在并激发其推进课堂变革与教学转型的内部需要,根据社会、学校、学生和家长对课堂转型的新要求和新需要同现有课堂教学实践水平的矛盾,引发其对变革的内生动力。

没有动力,就无法引发变革。以往更多依靠外部行政命令的推进方式,只会让学校校长和教师对创智课堂愈发反感,感觉是工作任务的不停叠加,而无法让他们正视目前杨浦课堂教学中存在的现实问题。众所周知,改革的启动和推进常常受着许多动力的影响。在诸多动力中,人是最重要的因素。每一个人都是改革的动力,只有每一个人都采取行动,改变自己的环境,才能导致真正的改革。[①] 只有启动相关主体对杨浦课堂变革与教学转型的内在需

---

① 欧用生.新世纪的课程改革[M].台北:五南图书出版有限公司,1998:82.

要,变革才有可能发生。就学校教育变革而言,一线教师作为变革动力的调动和激发是促使变革成功的前提条件。因为教师的价值、信念、参与水平直接影响着教育变革的发生。只有通过教师,教育变革才可能落到实处,将变革的设想转化为现实,让学生获得发展,让社会发生变化。富兰曾说过:"教育改革的成败取决于教师的所思所为,事实就是如此简单,也是如此复杂。"[1]同样地,校长和区域研究人员作为杨浦创智课堂建设的重要参与主体,也需要调动其主动参与变革的内生动力,方可支撑其解决在变革过程中可能遇到的现实问题。所以说,变革启动机制的建立是创智课堂研究和建设得以推进的基本前提。

二、变革启动机制的杨浦运作

变革启动机制需要外部力量与内生动力的相互作用,具体来说,杨浦推进创智课堂建设的变革启动机制建立主要依靠以下几个方面。

(一) 实证调研数据显示

区教研室通过组织走访学校、听课、与校长教师座谈、问卷调查等方式了解学校课堂教学的现状情况,通过对上海市绿色指标的理念宣传以及一年一度的绿色指标调研结果的反馈,通过学生、家长对教师课堂教学的满意度调研等多种调研方式,搜集相关的实证数据,以真实反映当前杨浦课堂教学中存在的问题,这些实证性的数据作为一种危机论述,让校长教师体会到问题的紧迫性和改革的必要性。

(二) 教师内在实践自觉

当校长和教师通过调研数据的反馈发现在目前的课堂教学实践中存在问题,与学生、家长的需求产生冲突,或者与目前推崇的课堂教学先进理念存在冲突时,很多教师并不能意识到自己的课堂教学观念存在问题,反而将问题出现的原因归于外部评估或者学生家长的要求过高等。基于此,教师内在的实践自觉就显得尤为重要,引发教师产生转变并更新原有观念的动力即其变革的内生动力、内部需要,而这种观念重构过程的基点需要落在教师的自我知觉水平上。只有当教师自我知觉到原有教育观念和课堂教学方式与社会发展和儿童健康成长不相适应,并渴望去解决两者之间的矛盾时,课堂变革才能启动。

(三) 外部行政力量助推

"区域推进创智课堂建设的实践研究"立项为2014年上海市教育科学研究一般项目,由时任区教育学院中学教研室主任领衔,从区域层面来看自然少不了行政力量的有力支持,这

---

[1] 迈克尔·富兰.教育变革新意义[M].北京:教育科学出版社,2007:121.

来自于区教育局、教育学院相关科室的通力合作和鼎力支持,为杨浦课堂转型的发生贡献力量。

第二节 信念感召机制

一、信念感召机制为何与何为

信念感召机制实际上是建构框架并逐步达成共识的过程。课堂变革与教学转型的推进在变革启动后,紧随其后的应该是建立一套为更新教师的教育教学理念和对课堂的重新认识而建构的框架结构。在意识到课堂变革的迫切需要后,就不得不思考变革应走向何处,即对"好的课堂样态是怎样的"基本描述,这也是项目组对创智课堂理论框架的建构过程,旨在通过借助框架用新的视角看待当前的课堂教学,动摇教师的传统观念。然后,借助人际互动引发相近的情绪和相似的行为,通过多种方式使教师能够对创智课堂的理论框架由不认识到认识、由认识到了解、由了解到接受并认同,进而使其成为杨浦课堂转型的崭新名片。

如果没有对何为好的课堂有较为明确合理且有理论支撑的框架设计,那么即便教师意识到课堂教学存在的问题,也对如何改进无从下手。创智课堂理论框架的构建帮助教师从理论上认识到原有陈旧的课堂教学观念错在什么地方、目前杨浦课堂教学的问题产生的原因何在、正确的观念是怎样的、好的课堂应呈现何种样态……经过这一过程,教师用创智课堂的理论框架去解构原有观念,使实践行为的转变建立于理性的层面。但是,光有理论认识并不足以引发教师自觉自愿的实践探索。通过信念确立与感召的过程,使教师、教研员和大学研究人员等不同主体之间就创智课堂实现观念碰撞、智慧共享,达到观点相互交流、情绪相互感染的状态,从而加深对理论的理解和印证,才能使创智课堂成为变革的公共话语,促其行为发生改变。因而,信念感召机制是教师由认识向行为阶段转化的中间环节。

二、信念感召机制的杨浦运作

信念感召机制的建立主要指向创智课堂理论框架的构建过程及其在全区范围内区域、学校校长、教师等达成共识并逐步成为杨浦课堂变革与教学转型的公共话语的过程,这需要实践与理论的有机互动、交互生成方可实现,这也需要项目组的不同参与主体自主地多方对话方可达成,具体来看创智课堂项目组采取了如下途径。

（一）萃取优秀实践经验

项目组在创智课堂理论框架构建时非常注重将基层学校实践经验中的草根智慧萃取出来并将其放大化、显性化，主要通过以下方式得以实现：第一，杨浦部分学校率先尝试探索如何实现学校课堂变革与教学转型，展开了相关研究也积累了一定经验，课题组将这些学校的优秀经验加以提炼、概括，比如活力课堂、灵动课堂、自主合作探究课堂等提法和具体研究实践，从而试图将区域内零星的学校经验整合起来，初步形成何为好的课堂的基本假设；第二，通过对一线教师"创智课堂之我见"的关键词征集，聆听教师对课堂教学变革的真实声音，倾听他们站在实践视角下所希望呈现的课堂形态究竟是怎样的，在课堂变革的过程中对教师心声的了解颇有点类似教师在课堂教学设计时的学情分析，而在最后的框架设计上对教师诉求的呈现与反馈也在一定程度上影响了后续对框架能否形成区域共识以及能否在全区范围内真正落地；第三，通过搜集各学科教研员对创智课堂的内涵理解，不断丰富创智课堂的意义，并站在中观层面上对教师的点滴想法做出适度提炼，进而更好地将其融入到框架设计中来。

（二）理论演绎建构框架

任何变革都需要有变革的方向，但是它不是固化僵死的，而是需要不断打破和更新的动态开放体系，是一个持续生成的过程。杨浦创智课堂课题组借助上海市教委教研室的领导专家，上师大、华师大的专业研究人员等通过国内外相关研究述评的方式了解已有研究中对"智慧"和"课堂"的基本认识，对如何打造智慧课堂的可能途径、策略、方法等都有基本了解，在对文献进行思考、提炼、总结、归纳的基础上进行立足杨浦区情的适当演绎，进而从理论层面尝试构建初步的创智课堂理论框架。前文已经提到，创智课堂理论框架基于学习环境创新、教学创新、学习创新三大核心要素及其下位的十大指标维度，细化生成了具体的描述性指标。

（三）理论与实践的双向匡正

在杨浦推进创智课堂建设的实践研究中，在构建创智课堂理论框架的过程中，仅凭单纯的实践经验萃取或单纯的专家学者理论演绎都是不够的，更关键的是要实现理论与实践的相互勾连、持续对话，进而形塑既立足区情又具有理论支撑的课堂变革愿景，从而为教师提供科学的理论去解构旧有观念，使观念转变建立于理性的层面，提高教师的认识水平。因而，在项目研究过程中，创智课堂项目组经常召开不同层面变革主体的研讨会，有特级校长特级教师联谊会活动、党性实践共同体活动、学校走访和学校中层与一线教师面对面座谈活动等等。只有让专业研究人员能够在保持对前沿理论的前瞻性思考基础上始终保有对杨浦课堂教学实践田野的基本了解和持续变化的真实观感，才能不断地调整完善杨浦的课堂变革的基本蓝图和可能设想;只有让学校校长教师能够通过各种讲座座谈会的机会倾听了解专业研究人员的直观阐述,才能对框架有更深入透彻地解读,才有可能在日常课堂教学实践中加以运用并将其真实落地。

(四)专家讲座解读框架

为使教研员和一线教师能更好地理解创智课堂理论框架的基本理念与内涵,项目组多次邀请专家就创智课堂理论构想进行解读,让部分校长和教师对创智课堂的理论框架实现从不认识到认识、认识到理解、理解到认同接受的过程转变,并以此形成群体效应,使创智课堂能够成为杨浦课堂变革的公共话语。

表5-1 创智课堂建设项目专家讲座一览表

时间	讲座题目	主讲人	所在单位	讲座对象
2013年6月9日	课堂观察与分析	王月芬	上海市教育委员会教学研究室	项目组成员及专家试点学校教师代表
2013年8月21日	"创智课堂"建设——基础教育创新试验区建设的深水区	康士凯	上海市杨浦高级中学	项目组成员试点学校负责人
2013年10月18日	与现实面对面——"深度卷入创智课堂建设"之杂谈	王白云	上海市杨浦区教育学院	项目组成员学科教研员
2013年12月9日	创智课堂:理解与实施	郑桂华	上海师范大学	项目组成员及专家试点学校负责人
2014年2月17日	学习即创造 教学即研究——创智课堂理论构想与指标体系	郑桂华 安桂清	上海师范大学 华东师范大学	项目组成员及专家初高中教师代表
2014年2月17日	创智课堂的理论构想	康士凯	上海市杨浦高级中学	项目组成员试点学校负责人
2014年4月1日	从学与教层面促进不同潜能学生的学习	谢锡金	香港大学	项目组成员及专家初高中教师代表
2014年5月22日	创智课堂思与行——课堂转型:意涵与课题	钟启泉	华东师范大学	项目组成员及专家初高中教师代表
2014年5月27日	课程与教学——从去魅到返魅	谭轶斌	上海市教育委员会教学研究室	项目组成员工作坊培训成员
2014年9月18日	从当前教育变革看创智课堂理论构想	谭轶斌	上海市教育委员会教学研究室	项目组成员及专家初高中教师代表
2015年10月16日	基于学习目标的学生学习活动设计	郑桂华	上海师范大学	项目组成员及专家初高中教师代表

续表

时间	讲座题目	主讲人	所在单位	讲座对象
2016年11月18日	深化课程改革之思考	徐淀芳	上海市教育委员会教学研究室	项目组成员 学科教研员
2017年5月26日	文化经典和基础教育	鲍鹏山	上海开放大学	项目组成员及专家 试点学校教师代表
2018年10月19日	人工智能大数据与教育	王元元	中国人工智能学会	项目组成员 试点学校负责人
2019年10月18日	学科核心素养与教学变革	崔允漷	华东师范大学	项目组成员 试点学校负责人
2019年11月29日	深入开展课程德育的研究与实践	徐淀芳	上海市教育委员会教学研究室	项目组成员 学科教研员
2020年4月24日	五育融合，唤醒劳动教育的灵魂和力量	宁本涛	华东师范大学	项目组成员 学科教研员
2020年10月16日	基于核心素养落实的课程与教学问题思考	徐淀芳	上海市教育委员会教学研究室	项目组成员 试点学校负责人
2021年1月18日	学校践行"新课程新教材"的思考与思路	周彬	华东师范大学	项目组成员 学科教研员
2021年3月26日	技术赋能教与学创新	李宝敏	华东师范大学	项目组成员 试点学校负责人
2021年5月28日	指向核心素养的学校课程设计	王涛	华东师范大学	项目组成员及专家 试点学校教师代表

（五）工作坊培训研讨框架

专家讲座可能更多是专家知识输出而教师知识输入的过程，为此，项目组还于2014年5月27日和28日两天对教研员和一线教师在杨教院进行工作坊培训，并邀请10余位博士和大学研究人员在旁提供专业意见和理论支持，借此机会能够让教研员和教师在参与式培训的过程中灵活思考、观念交流、智慧分享、情绪感染，从而为其形成对创智课堂的深入理解奠定坚实基础。工作坊培训的学习手册主要分为三个模块：创智课堂理论框架解读、创智课堂案例分析、创智课堂课题设计。每个模块又包括学习目标、知识要点、课堂活动、教学应用、我的笔记与我的反思、实际案例和拓展阅读几个板块。以下两图是工作坊培训时COOL6小组和FLYER小组对创智课堂的理解与思考，从中可以看出教师智慧的显现。

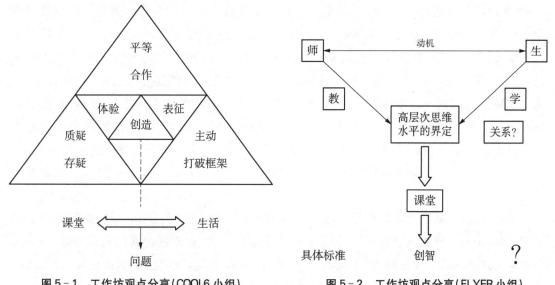

图 5-1　工作坊观点分享(COOL6 小组)　　　　图 5-2　工作坊观点分享(FLYER 小组)

第三节　实践推广机制

一、实践推广机制为何与何为

观念的转变只有付诸行动才能实现,项目组利用实践推广机制的建立来巩固并完善教师的认识与行为,帮助创智课堂的理论框架能够转化落实到基层学校教师的具体课堂教学实践,真正引领杨浦的课堂变革与教学转型。实践推广机制其实在杨浦创智课堂的建设过程中内含两大机制:教研机制和示范机制。实践推广机制能够对教师如何实践创智课堂提供具体行为指导,同时借助变革参与主体的即时反馈和不断反思实现持续更新和螺旋上升的真实变革路径。

二、实践推广机制的杨浦运作

(一) 教研机制

1. 教研联合体的运作

教研联合体是区域间各学校组织合作建立的教学研究共同体,是校本教研的有益补充和辅助,可以有效整合区域教研力量,促进学校之间的合作与交流,从而实现互利共赢、均衡发展,现已成为区域间学科教学与研究交流的重要平台。教研联合体作为促进区域教师专业成长、推动课堂教学转型的重要助推器,拓宽了教研活动的内涵,在全面推进创智课堂的过程中发挥了基础性的作用。教研联合体,为区域教育打造了学科教学与研究交流的平台,打破了各学校之间学科壁垒局面,实现了不同学校之间的相互开放、相互联合,由闭关保守的单兵作战到现在集体研究备课、整合资源,从个体和单体走向学科群体,避免了低层次开发研究和简单重复劳动,形成了真正意义的资源共享。教研联合体将个人智慧逐渐转变为团队智慧与力量,使教研指导工作在研训一体中整体上产生效益最大化的成果,进而创造出显著的带动效应和可普及的经验,从真正意义上促进区域整体推进创智课堂发展。

　　具体来说,杨浦的教研联合体呈现形式有五类:问题解决式的研训一体、课题驱动式的研训一体、项目引领式的研训一体、校本研修式的研训一体、教研联合式的研训一体。第一,问题解决式的研训一体按照"需求问题化、问题专业化、专题课程化"的研训思路,以发现问题、结合需要、形成课程、开展培训、实践检验为主线,旨在促使研训工作由单一指导型向研训互通型转变。通过教研员走进学校听课、实地调研、问卷访谈等多种方式发现教师在技术上和知识上存在的问题,有针对性地开发50余门培训课程,通过培训从源头上解决教师课堂教学转型中遇到的棘手难题。第二,课题驱动式的研训一体以提炼课题、团队研究、形成成果、实践检验为主线,旨在促使研训工作由文本审读型向行动研究型转变。通过调研或借用教研所收集到的教育教学问题,进行筛选、提炼,将典型问题形成研究课题,各教研联合体充分发挥团队研究和行动研究优势,抓实研究过程,促进成果快速转化为实际效益,并有效提升教师反思、提炼、研究、改进的专业能力,推动创智课堂的智慧创生。调查中有老师表示:联盟是大于学校而小于区域的一个概念,在学校联盟这个平台上加深了联盟内部各个学校之间的沟通与交流,而教师们则在这个平台上得到了更多的锻炼和发挥。许多原本局限于学校范围的课题,经过联盟这个平台的交流与学习之后,在效率方面和课题的深度广度方面得到了进一步发展。第三,项目引领式的研训一体以区域规划、项目设计、课程开发、组织实施、实践检验为主线,旨在促使研训工作由规模数量型向集约精细型转变,并通过经典项目的实施,传播教育教学先进理念,引领学校办学及教师发展方向,顺应教育发展趋势,满足教育教学现实需求,推进课程改革向纵深发展。结合杨浦教育教学工作需求,通过集中培训和训后实践跟踪相结合的各种培训班进行实施。第四,校本教研是多种教研活动方式之一,是促进教师专业发展、推动创智课堂建设的重要方式之一。校本研修式的研训一体是以学校为阵地,以教师为主体,以学校教育教学过程当中存在的问题作为研究对象。我区校本培训分"平时校本培训"和"暑期校本培训"两种形式,由学校上报培训计划,教育学院审核,教研员巡视、访谈,区教育局组织交流,登记学分,形成了校本培训工作流程。校长直接负责培训,服务学校,送教上门并配发专家报告音像资料。第五,多校合作的教研联合研训一体可以拓宽教研活动的内涵,成为促进教师专业成长、推动课堂教学转型的重要助推器。区域以创建教研联合体为重点,探索在同一学段建立研修联盟体。通过创办符合各学段实际情况的"校际联合研修模式",致力于优质教育资源的共享、优质师资力量的分享以及创智课堂智慧的共生。

2. 学科高地的运作

学科高地是以市实验性示范性学校学科教研组为核心,邀请名师指导、学科教研员参与管理,并吸纳其他高中学校骨干教师参与建设的开放式学科团队。它架设起名校与教研室、普通高中学校教研合作的桥梁,丰富了教研形式,发挥了对区域教研和校本教研功能的进一步完善作用,成为提升教研内涵的有效途径。同时学科高地作为一个重要的研训平台引导并促进区域内学科骨干教师培养学术特长、建立学科品牌、形成名师群体,开启了杨浦创智课堂发展的新局面。

(1) 学科高地的建设定位

学科高地建设是"三区融合、联动发展"核心理念的落地成果。杨浦区是上海市最大的中心城区,有着百年工业文明、大学文明和市政文明的历史。区域内集聚了复旦大学、同济大学、上海财经大学、上海理工大学、上海体育学院等高校。进入21世纪以来,杨浦区按照市委、市政府确定的发展定位,努力发挥高校对区域发展的带动作用,确定了大学校区、科技园区、公共社区"三区融合、联动发展"的核心理念,推动"传统工业杨浦"向"知识创新杨浦"转型,围绕"三区融合、联动发展"核心理念落地,一批基础教育中小学校冠名为高校附属学校,实施区校共建,杨浦与高校合作办学的中小学校已达14所,形成了高等教育资源对基础教育的辐射和带动。在发挥高校溢出效应、带动区域发展的背景下,着眼整体提升区域基础教育水准,按照"三区融合、联动发展"的核心理念,围绕发挥高校对基础教育学科建设的提升和带动,杨浦区教育学院于2011年末决定建立杨浦区数学学科高地。自此,以"三区融合、联动发展"为核心理念的学科高地开始落地。

学科高地建设是推动创智课堂学科建设的智慧之举。面对社会对优质均衡教育的需求和区域推进创智课堂的期待,以及在《杨浦区教育发展第十二个五年规划》和《杨浦区建设上海市基础教育创新试验区三年行动计划(2013—2015)》背景下,如何在"十二五"期间建设、建成一批一流的优势学科和特色学科,引导并促进区域内学科骨干教师培养学术特长、建立学科品牌、形成名师群体,推动杨浦创智课堂建设,保持杨浦初高中教育在全市的高位稳定,对我区来说是一个迫切的课题。在具体实践中,以《杨浦区教育发展第十二个五年规划》为指导,以学科布局、结构调整为主线,以梯队建设和构建人才脱颖而出的机制为核心,以建设杨浦区高中学科高地、人才高地为目标,努力寻找和培育学科发展新的生长点。为打造一批一流的优势学科和特色学科,加快学科骨干教师培养,推动区域高中学科教学更加均衡发展和可持续发展,保持杨浦高中教育质量在全市高位稳定,区域依托复旦附中、交大附中、控江中学和杨浦高级中学等4所市实验性示范性学校开展学科高地建设。从2012年起,共组建了语文、数学、英语、物理、化学和生命科学等6个学科高地。

学科高地也是提升教师教学水平的重要平台。学校教育教学关键是教师,没有高素质的教师队伍,就培养不出真正的人才。以往区域内教师经常是"一枝独秀",现在通过学科高地平台,在区域名师指导下,采取"以点带面"辐射周边的方式,发挥区域内学科带头人、骨干教师或教师在自身学科领域的分析研究能力,把先进的指导思想分享给其他教师,提高他们的教学素养。同时,把一线教师教学实践中遇到和反馈回来的问题,通过联动平台反馈回去,形成了在研训中实践与认识的不断循环和跨越。在学科高地平台上,通过组建开放团队,不仅囊括了优秀的专家和教师,也有一支经验丰富的评估队伍。借鉴科研技术项目评估的方法,不再局限于校园纵向比较,而是从横向项目化分解角度考虑,对每年计划教学进行综合评估,依据评估分析教学指导效果、查找出问题症结、明确下一步完善方向,邀请专家高层次研判和确认计划实施,提出优化方案,始终着眼于问题和不断解决问题,因此有了实战效果和解决问题的手段。在学科高地平台上,操作上始终坚持学科引领,围绕计划展开活动。计划从提出到实施,始终坚持把个人教学和科研放到团队整体当中,专家教师直接给予教学和科研上的指导,同时,通过团队成员之间对复杂问题进行针对性的探讨和研究,展开头脑风暴,相互支持,共享成果,把彼此的作用连结起来,使学科教学工作向更复杂的共享性水平推进,将个人智慧逐渐转变为 $1+1>2$ 的团队智慧与力量,使创智课堂指导工作在研训一体中整体上产生效益最大化的成果,进而创造出可观的带动和普及价值,从真正意义上促进区域创智课堂的新发展。

(2) 学科高地的分布、人员构成与职责分工

杨浦的学科高地建设呈现区域内四大名校六大学科引领的基本态势。按照区委要求,积极支持和推进由复旦附中、交大附中、控江中学和杨浦高级中学 4 校牵头的学科高地建设,以此促进高中教育再发展、再提升。复旦附中、交大附中在教学管理、教学研究和师资建设等方面发挥了名校的示范引领作用,带动了联盟体内学校的共同进步。学科高地建设向广度与深度发展,在原有的数学、物理、化学、生命科学 4 个学科高地的基础上,新成立了英语和语文高地,分别由控江中学和杨浦高级中学担任承担学校,从而向建立完整的学科高地链又迈进了一步。

表 5-2 杨浦区学科高地的分布

承担学校	学科	承担学校	学科
复旦大学附属中学	数学	控江中学	化学、英语
上海交通大学附属中学	物理	杨浦高级中学	生物、语文

学科高地在具体运作上由组长、秘书长、专家、组员和特邀专家组成,不同职务人员又有不同的工作职责,诸如总体规划、具体实施、专业指导、资源协调、后勤保障等。

表 5-3 杨浦区学科高地人员构成表

职务	人员
组长	承担学校学科教研组长
秘书长	教研员
专家	特级教师或高校导师
组员	承担学校学科教师、区学科带头人和骨干教师、联盟校教师
特邀专家	高校教师或外区专家

表 5-4 杨浦区学科高地工作职责安排表

工作职责	负责人
学科建设项目的总体规划和专业引领	组长、专家、秘书长
学科高地工作的正常开展和经费的具体经办	组长
协助项目的开展并对高地学校开放名师基地或工作室资源	专家
指导高地工作的开展并为高地学校提供学习的机会	特邀专家
协调市和区学科资源,整合区域教研活动,督促项目实施	秘书长
负责项目计划的具体实施	学科高地教研组
配合高地各项任务的实施	组员
项目经费使用审核和后勤保障服务,监督执行项目计划	承担学校分管校长

在此基础上,区教育局根据不同学校的实际需求,为高地与学校牵线搭桥,促进高地与学校深度合作,加强对学校有针对性的帮扶和指导,努力帮助相对薄弱的学校提升教师专业水平和学科质量。目前学科高地与 12 所高中形成结对关系,这有利于学科高地结对学校之间取长补短、共同发展。

表 5-5 杨浦区学科高地结对学校

学科高地	结 对 学 校
数学高地	财大附中、少云中学、杨职校、同济中学
物理高地	上理工附中、中原中学、少云中学
化学高地	复旦实验中学、少云中学、上理工附中
生命科学高地	同济一附中、复旦实验中学、上理工附中
语文高地	同济一附中、财大附中、民星中学
英语高地	同济一附中、同济中学、市东中学

（3）学科高地的重点研究问题指向

各学科高地面向和围绕教师主体需求，以优质课堂教学的推广为基础，以听课观摩、评课、分析改进等方式和手段，通过组织定期的课堂教学展示和优化课堂教学的研究和讨论，来提高教师对教材教法和教学理念的深入理解，从而提高课堂教学的针对性和实效性，提高对学科作用和社会价值的认同。区域重视将各高地优质教学公开课等资料进行汇编，提供给各高中学校研究和学习，进一步扩大了优质课示范效应。

高地在组织调研和问题反馈的基础上，针对教材、学生和课堂实践中出现的共性问题，通过专家讲座和现场互动，就阶段性共性问题开展剖析和研究，更新教师的教育教学理念，拓宽教师的眼界和处理问题的方法，为教师在教学中提供指导和解惑途径。教师在专业引领中获得整体提升，实现了良性循环。

各学科高地吸纳了不同类型和层次的高中学校的教学骨干共同参与研究，关注不同学校、不同基础和水平的学生，开发出一套符合学科知识特点、教学要求以及学生认知规律的学科训练体系。这套训练体系将国家和上海市学科要求进一步细化和具体化，把学科建设要求逐年段、逐学期、逐单元，甚至是逐课时量化和具体化，使教学目的、教学内容、教学方法、教学手段、教学训练方式，都具体细化和统一起来，从而实现学科训练的有效性，为学生运用知识研究和解决问题提供实质性帮助。各学科高地编写的高三学科训练体系具有明显的针对性和实效性，成为各校教师教学和学生学习的好帮手。

各高地重视质量分析指导环节，目的是跟踪问效，检验资源推广、应用效果。高地定期开展教学质量分析的研究，采取定性与定量的分析方法，及时发现教学中的问题并重点解决，探讨质量分析的有效途径和方法，为下一轮的案例教学和专题讲座提供方向和主题，形成一个完整的闭路和循环，做到面向实战环环相扣、稳步推进和深化。

（4）学科高地运作与推进的核心策略

第一，各学科高地致力于形成学科品牌教师团体，促进学科骨干教师学术特长的建立，继而在全市形成一定的影响力，注重项目引领促发展、谋变革。六门学科分别通过"2013年杨浦教育内涵发展项目书"申报，以项目申报为引领，继续完善学科高地体系，进一步深化学科辐射效应，以促进对学科教学规律的探研，最终增强区域内教师教学专业能力。以化学学科高地为例，从关注高考、聚焦课堂，探索课程与教学改革、促进课堂教学效率提升以及研究学科有效性的科学方法等方面进行研究。通过几年努力，化学学科高地发挥辐射效应，加强了各个学校之间的化学学科互动联系，使各个层面学校的化学教育教学水平有了共同进步和提高，在此基础上，引领区域内更多的教师共同提高，同时促进化学教师学术特长的建立，形成具有影响力的品牌教师群体与教学特色。

第二，重视与高校合作，协同创新，为杨浦的课堂变革奠定坚实助力，保障学科高地扎实有序高质量发展。一是，共享高校研修资源，提升学科高地教师专业理论水平。杨浦作为高校集聚区，拥有丰富的教师研修资源，因此，近年来，学科高地通过各种途径与高校合作，创建共享高校研修资源机制,与复旦大学等高校图书馆合作,为学科高地教师办理阅览证,以提升教师专业理论水平。另外,高地教师还利用高校物理空间和人力资源等资源促进教师专业发展。二是,与高校合作,建设创新实验室,促进学科高地建设。我区各校一直在尝试与区域内高校合作,着眼于师生创新意识培养,建设现代化的、凸显学校特色的创新实验室。目前,已经有了一些成果,如在第一、第二轮上海市中小学创新实验室申报中,复旦附中的"嵌入式系统实验室"、同济一附中的"低碳创新平台"、上理工附中的"机器人创新实验室"、杨浦高级中学的"生物多样性体验和研究中心"等6个实验室已成为市级创新实验室。物理、生物、化学等学科高地参与创新实验室建设与完善,使得教师创新意识得到培育。同时,创新实验室对学科高地建设也是一个良好的推动,整合了学校、社区和高校资源,提升了区域学科课程质量,辐射了教育教学成果,创设了有效的平台。三是,聆听高校教育教学专家讲座,提升学科高地教师专业水平。随着学科高地建设的推进,各学科高地教师愈发感到要使得自身专业水平得到可持续发展,必须要参加高端教育教学论坛,与专家交流,了解最新的专业发展状况。同时,针对教材、学生和课堂实践中出现的共性问题,通过开展教育教学和学科建设等各方面的针对性讲座,就阶段性共性问题加以剖析和研究,请专家实战指导,拓宽教师的眼界,通过专家讲座和现场互动,为更新教师的教育教学理念,使之与时俱进并且为教师在一线教学中发现的问题和遇到的困难提供指导和解惑途径。为此,邀请了多位高校专家、教授参加学科高地活动,开设了各类教育教学的讲座。

表5-6 学科高地高校专家讲座一览表

学科高地	内　　容	主讲人
语文	现代文阅读教学研究与实践	上海师范大学　郑桂华教授
	莫言和近三十年中国文学	复旦大学　张业松教授
	写作与学生文化积淀的关系	华东师范大学　周宏教授
	写作的逻辑与思维	华东师范大学　周宏教授
化学	实验的质疑和创新	华东师范大学　王程杰教授
	自主学习与学案设计	上海师范大学　吴俊明教授
	有效课堂教学策略	华东师范大学　王祖浩教授
	对近几年上海高考试题的命题思想、考点及热点及今年高考命题的展望	复旦大学　芮成国教授
生物	DNA的提取	上海交通大学院士团队
	生物工程与基因工程	华东理工大学　张惠展教授
物理	2012年上海物理论坛:读书,改变物理课堂	高校教授、市区专家、高地教师代表
	学科教育研究及方法	华东师范大学　胡炳元教授
	桥梁中的力学问题	韦林教授
	当前国内外教育领域"因材施教"的种种举措	宣桂鑫教授

续表

学科高地	内　　容	主讲人
英语	高中英语阅读和写作命题指导	华东师范大学　舒运祥教授
数学	高考数学阅卷的启示	同济大学　靳全勤教授
数学	高考数学评价与命题	华东师范大学　张远增博士、教授
数学	高考数学命题研究	复旦大学　邱维元教授

　　第三，在区域创智课堂理论框架的引领下，依托高校，结合学科特色与实际，找准各学科高地的研究抓手，探索学科创智课堂实践模式，引领学科高地建设。例如，作为一门以实验为基础的自然科学，化学学科高地将工作的切入点和抓手确定为对教材实验的深度解读、挖掘和拓展。通过梳理教材实验、实验讲座和实验教学公开课展示和研讨等活动提高实验教学有效性，使得高地教师更加深入钻研教材、思考教材实验背后所蕴藏的丰富内涵并优化实验教学的策略。生物学科高地，结合创智课堂展示活动，对全区生命科学优质资源进行进一步开发和整合，建设"杨浦区高中生命科学教学资源库"，使高地更具有指导和引领作用，为区内更多教师提供帮助，资源共享，从而达到共同进步。物理学科高地把研究抓手落在课堂教学研讨上，研讨如何提高课堂教学的有效性，重点为高三课堂教学、青年教师的培养以及骨干教师的示范课。近年来，学科高地开展创智课堂听评课活动，通过展示、研究、反思，大家相互学习、相互借鉴，听课者受益，开课者提高。英语学科高地首要任务是探索课程与教学改革、提高课堂教学效率。结合高校专家、特级教师开设的有关英语阅读和写作的讲座以及理论学习，高地教师就如何提高学生的阅读写作能力，如何在高中阶段进行有效的读写结合畅谈了自己的感悟，分享了有成效的做法，同时也提出了有待共同探讨的困惑。随即，进行了课堂教学尝试，多次开展主题为"以读促写"的创智课堂展示活动。语文学科高地的做法是研磨课堂教学，加强校际合作，发挥区域辐射。以提高高三后阶段的作文教学的有效性为主题开展各类活动，邀请华东师大中文系周宏教授给全区高三教师做作文标准的报告，给高地部分学校的高三学生做作文辅导的报告。以高地联盟学校高三作文教学公开课为抓手在同济一附中举行语文创智课堂展示活动，将之辐射到全区的高三语文教师，提高作文审题、立意、结构等方面的教学指导水平和能力。

　　第四，用创智课堂理念整合区域优质资源，在整合中集聚、在集聚中提升。目前我区与高校合作办学的中小学校数已达14所，创智课堂、"联动发展"的核心理念推动了中小学校依托高校资源发展，实施了一系列教育创新试验。一是，搭建平台。高地每年初确定计划、设计主题、安排调研、组织申报，通过定期活动、定期交流、成果推广、开放式公共邮箱等方式，搭建便捷通畅的公共服务平台。具体办法采取锁定市重点、区重点、普通中学等不同层面，分层组织加强学科互动联系，提高杨浦区内各个层面学校在学科实践以及科研方面的水平，由此形成了资源共享、群体开发、相互促进的学科建设氛围。二是，组建开放团队。高地以学科名师、高地联盟的核心师资,组建起一支开放式学科团队。团队成员不仅有来自基层一线的教师,还有高考命题方面的专家和教授,以及外区有经验的教师参与,三个层面有机结合,统一在高地平台上,实现成果共享、经验分享,还把近距离互动与网络远程联动结合,以及提供与上级业务部门专家、高校学者直接交流的机会,形成学科上下结合、基层教师与专家结合、区域内外结合,全方位多角度共同提升教学水平的格局。三是,形成长效机制。为确保高地方案顺利实施并取得优异成果,区教育学院联合学科团队,每年都针对教材和教学任务的变化,制定出共同但有区别的、针对性与共性相结合的年度计划,然后分解到具体活动安排中,探索形成了一套有主题、有内容、有抓手的长效对策与措施,做到内容具体化、活动经常化、方式灵活化、指导实效化。

第五,用创新引领学科建设发展,在引领中提升、在提升中发展。杨浦区是上海市基础教育创新试验区,高地作为创新教育的一种新模式,一改以传统教育应试为主的教学方法,实施以课程建设为核心、以资源整合为基础、以师资培养为重点的教育试验改革,用创新手段引领学科建设发展,通过学科高地建设的辐射效应,提高杨浦区内各个层面学校在教育教学,以及科研水平方面的不断进步和提高,解决了人的素质提升这个根本问题。一是,推广优质课。高地面向和围绕教师主体需求,以优质课堂教学的推广为基础,以听课观摩、评课、分析改进等为方式和手段,通过对优化课堂教学的研究和讨论,来提高教师对教材教法和教学理念的深入理解,用"解剖麻雀"手法,现身说法,从而提高课堂教学的针对性和实效性,提高数学教学的学科作用和社会价值的认同。优质课推广,实际上就是抓住了教材、学生和教师的三位一体结合,也抓住了教学活动的根本。二是,开展专题讲座。高地在组织调研和问题反馈的基础上,针对教材、学生和课堂实践中出现的共性问题,通过开展教育教学和学科建设等各方面的针对性讲座,就阶段性共性问题剖析和研究,请专家实战指导,拓宽教师的眼界和处理问题的方法,把知识传播与技术技能手段结合起来。专家讲座和现场互动有助于更新教师的教育教学理念,使之与时俱进,并且为教师在一线教学中发现的问题和遇到的困难提供指导和解惑途径,在引领中提升,实现了良性循环。三是,质量分析指导。推广和指导环节后,效果如何?高地安排了质量分析指导环节,目的是跟踪问效,检验实践指导效果。具体做法是在结合当前对于"教学评价"开展的热点讨论背景下,定期开展教学质量分析的研究,采取定性与定量的分析方法,及时发现教学中的问题并重点解决,探讨质量分析的有效途径和方法,为下一轮的案例教学和专题讲座提供方向和主题,形成一个完整的闭路和循环,做到面向实战环环相扣、稳步推进和深化。

3. 智慧教师工作坊的运作

为推动杨浦区基础教育扎实、稳健地迈向新高度,进一步确立教育教学的"学生立场",实现课堂教学的真实变革,促进教师生命成长和专业发展,杨浦区教育局联合区教育学院,以创智课堂理论框架为依据,在《杨浦区各学科创智课堂实践指南》的指导下,创建"杨浦区智慧教师工作坊",确立杨浦区中学"智慧教师工作坊"章程,阐述"智慧教师工作坊"基本理念、基本性质和基本功能,对"智慧教师工作坊"的人员构成、目标与任务、遴选、运行、周期、预期成果、保障等诸多方面进行了明确规定,是其组织活动、管理团队、展示成果的基本依据与原则。

(1) 基本理念

首先,"智慧教师工作坊"以"学生立场"为基本教育立场,具体表现为:①"学生立场"意味着学生的实际状态成为教育教学的起点和出发点,是教育教学目标制定的根本依据。②"学生立场"意味着教育者以把学生生长需要,发现、满足和提升学生的成长需要作为自身专业发展的根本依据。③"学生立场"并不意味着忽略教师,反而要更加关注教师的生命成长和专业发展,因为教育教学是在教师与学生双边互动中生成的,不是单边或单向的。

其次,"智慧教师工作坊"以"学习即创造、教学即研究"为实践理念,实现教学与研究的一体化。智慧教师在课堂实践中遵循开放性、动态性和反思性原则,聚焦教学创新,积极开拓创智课堂实践的多元路径,引导学生充分发挥自身的主体性,在自主探究、创造与问题解决中生成自己的理解和诞生精彩的观念。

最后,"智慧教师工作坊"以"唤醒教师成长动力"为设计理念,通过"同侪对话、主题探究、专家助力"等活动形式,唤起教师对生命成长和专业发展的持久期盼,激发教师变革课堂教学的持续动力,促进教师不断内化教育理念并转化为创智课堂的实践力量。

(2) 基本性质

"智慧教师工作坊"是在创智课堂理论框架指导下的教师生命成长与专业发展平台,是在杨浦区基础教育领域遴选出的"具有教学热情、充满变革勇气、乐于实践探索、勤于反思学习"的教师团队,是一个由教师或教研员与专家顾问组成的,致力于实现创智课堂理论真实落地的研究小组。

"智慧教师工作坊"是一个兼具平等自主和改革创新的智慧共同体。主持人与成员在个体发展上是平等的,成员加入工作坊不是烘托主持人,而是借助这一平台施展课堂转型的抱负,实现创造性的自主发展。创新与改革是教师自我超越的关键与灵魂,是工作坊持续发展的推动力。主持人要引领成员积极践行创智课堂理念,创新教学方法,锤炼教学风格,实现课堂成功转型。

(3) 基本功能

一是转化与实践,即"智慧教师工作坊"将创智课堂理念转化为一节节真实的学科教学,并展开可供"研究探讨"的持续实践行为。二是提炼与升华,即"智慧教师工作坊"将转化与实践成果进行经验层面的提炼,并能进一步升华至理性层面,形成有效的实践路径。三是示范与普及,即"智慧教师工作坊"将示范展示创智课堂实践成果,并向全区普及实践路径,以促进教育教学的真实变革。

(4) 人员构成与具体要求

第一,原则上每个学科建立一个"智慧教师工作坊",根据需要可适当增补。第二,每个工作坊的人数为 5—6 人。第三,每个工作坊的具体人员配比为:申请者所在单位 2—3 名教师,校外单位 3 名教师。第四,每个工作坊的申请人在遴选确定后即为"工作坊主持人"。主持人的职责为凝聚实践探究力量,联系区教育学院、中学教研室、高校专家、基地校领导等多方力量,及时争取政策、行政、专业、经费的有力支持,成为工作坊的坚实核心。第五,每一工作坊需邀请一名专业人员作为顾问。该专业人员的资质要求如下:认同创智课堂的理论框架、在基础教育界有较高的影响力、具有良好的教育教学理论素养、能够持久参与工作坊的实践指导工作。

(5) 运作目标与主要任务

智慧教师工作坊的主要目标有如下三条:一是探索创智课堂理念真实落地的有效路径;二是培养能实现创智课堂教学实践的"智慧教师";三是通过"智慧教师"将创智课堂真正普及,推动区域教学变革。

相应地,有以下五大主要任务:第一,理解并认同创智课堂的理念,熟练运用《创智课堂学科实践指南》,并做适当修订;第二,通过承担创智课堂相关委托课题(项目),研究创智课堂的实践路径问题,提出问题解决方法;第三,根据教师的专业发展需求,设计和实施内容切合、形式多样的工作坊研修活动;第四,以"项目引领、团队发展、同伴互助、整体提升"为指导思想,依托工作坊开展的各项活动,形成有价值的研究成果;第五,开展面向全区的工作坊研修活动,尤其是通过团队研究成果的展示交流引领并辐射区域各校创智课堂的开展。

表 5-7 智慧教师工作坊的学习内容一览

板块	对象	内容
第一板块:理论学习	高校专家	做好创智课堂理念转化的通识性讲座并开展针对性指导
	教研员	充分理解创智课堂理念及内涵,通过观察课堂实践以不断修订《创智课堂学科实践指南》
	智慧教师	充分理解创智课堂理念及内涵,认真学习《创智课堂学科实践指南》
第二板块:课堂实践	高校专家	积极参与工作坊活动,并适时给予指导
	教研员	1. 指导智慧教师制订专业发展计划,通过集体备课、听课、说课评课、案例分析、课例开发、专题研讨、问题解决、课题研究和名师讲坛等形式引导教师进行业务提升,同时负责考核。 2. 持久组织工作坊活动,并跟踪教师的日常教学。
	智慧教师	1. 制定学习计划,完成一定量的备课、说课、上课、听课、评课和案例开发等教学任务。 2. 以探究精神持久地实践创智课堂理念,为理念的真实落地尽力。
第三板块:反思总结	高校专家	对工作坊的实践成果进行学术指导
	教研员	统筹安排好一线教师与高校专家的分享、交流与对话,做好总结、归纳
	智慧教师	积极分享教学反思、展示具有创智课堂理念的学科教学的新认知

续 表

板块	对象	内容
第四版块：成果展示	高校专家、教研员、智慧教师	1. 呈现若干创智课堂典型样态。 2. 展示一套实现创智课堂学科实践的有效路径。 3. 展示一本工作坊智慧教师的成长文集。 4. 面向全区开展一次"理论如何落地"的教研活动。

（6）运作策略

第一，智慧教师工作坊在杨浦区中学教研室的指导下，开展工作和活动。

第二，杨浦区中学教研室根据区域推进创智课堂的需要，围绕课堂转型的关键问题，发布相关研究课题（项目）。各申请团队根据自身情况选择和申报，也可自行确立课题（项目）进行申报。

第三，智慧教师工作坊围绕工作坊的主要任务，协商制定本年度的工作计划，并报中学教研室备案。中学教研室针对各工作坊年度工作计划安排必要的指导和支持。

第四，智慧教师工作坊根据年度工作计划开展工作和活动，并做好相关材料积累和整理。中学教研室定期组织对各工作坊工作开展情况的考察评估。

第五，中学教研室通过举办常规化的工作坊之间的交流会、展示会、专题会等，实现工作坊之间的智慧交流和成果分享，保证智慧教师工作坊工作的有序和高效开展。

第六，智慧教师工作坊每2年一个周期。到期后，各工作坊可以根据条件进行重新申报，经杨浦区教育局和杨浦教育学院考察后确定进入下一周期的智慧教师工作坊。

（7）预期成果

第一，每个工作坊的一线教师都能成长为"智慧教师"，具有三方面能力：清晰阐述创智课堂基本理念的能力；能运用学科教学设计和课堂实践展示创智课堂的能力；真实转变自身的日常课堂教学，并引领其他教师践行创智课堂追求的能力。

第二，每个工作坊都能进行"四个一"的展示，分别是：展示一系列典型的创智课堂学科实践课例实录；展示一套实现创智课堂学科实践的有效路径；展示一部工作坊智慧教师的成长文集；面向全区开展一次"理论如何落地"的教研活动。

第三，每个工作坊的有效路径能通过学术专家的学术评定：符合创智课堂基本理念，实践路径具有日常课堂教学的普及价值，实践路径具有继续探究的学术空间。

表5-8　智慧教师工作坊成果一览

成果性质	具体内容
显性成果	1. 研修过程中由智慧教师提交的作业、研究过程资料，提供的案例、教学展示课例，发表的论文，撰写的相关著作等。 2. 指导过程中形成的报告资料、影音资料与教学案例等。 3. 整个项目结束后汇编而成的集体与个人行动研修成果等。

续 表

成果性质	具体内容
隐性成果	1. 智慧教师的思维品质与知识结构得到完善、创智意识与创智能力得到明显提升。 2. 具备独立从事教育科研、提炼科研成果、撰写科研论文的能力。 3. 形成个人独特的教育理念和鲜明的教学风格特色,获得同行的普遍认可。

(二) 示范机制

1. 表现样例的开发

表现样例开发是推动创智课堂理论框架得以落实到教师课堂教学实践的有力抓手。在教师意识到变革的紧迫性、基本认同理论与实践相互作用下生成的创智课堂理论框架后,需要进入实践过程才算真正的变革在发生,即创智课堂理论框架的真正落地过程。各试点校、实验校充分发挥带头示范作用,率先尝试开发不同学段不同学科的创智课堂表现样例,在过程中提炼创智课堂的可能实施策略,为后续全区范围内的整体推进奠定扎实基础,在过程中遇到的瓶颈问题也可以成为教师开展课堂教学研究的切入点。研究至今,项目组每年搜集整理项目学校的表现样例,聘请专家加以筛选,并将其集结成册,目前已有六辑表现样例集汇编,一并下发给区域各个学校供参考。

通过表现样例的系列化开发过程,让基层学校教师在具体实践操作中真切感受到创智课堂的现实魅力,从理论框架中跳脱出来,用亲身实践梳理形成的案例教案、PPT、说课稿、课例报告等系列化文本载体将自己开发实践的过程记录下来,从中结合自己学段特征、学生年龄特点、本班学生的具体特征、学校校情、学科特点等做灵活调整,也为其他学校教师提供"什么样的课堂是创智课堂"的可能蓝图,用实践为创智课堂正名,也会有更多的教师主动参与到践行创智课堂的实践中来。同时,将教师的优秀表现样例每年集结成册的做法也是对参与变革和实践研究的教师莫大的支持与鼓励。虽然物质激励是很重要的一部分,但是精神上的满足感和成就感会让教师投身变革走得更远。

2. 资源包的建设

创智课堂资源包建设是将创智课堂的优秀研究成果拓展到全区各校的实践载体。通过过去几年的研究与实践,区教育学院教研室将历年的区级以上公开课、优质课、示范课、展示课、比赛课等视频资源及相应的文本材料刻录成光盘并推送给各个学校,能够让基层教师对"什么样的课堂是创智课堂"有更直观的观感,而不是仅仅停留在文本层面对教案的分析上。

3. 学科创智课堂实践指南的编制

学科创智课堂实践指南编制为创智课堂建设在杨浦全区范围内整体推进和全面铺开奠定了操作基础。依靠专业研究团队,以创智课堂理论框架为依据,在总结提炼实践经验的基础上,制定杨浦区创智课堂学科实践指南,主要包括基本理念、实践框架、实施建议和实践案例四个部分。基于此,学科教研员以此为引领,组建本学科相应的研究团队,就本学科的实践指南开展总结提炼和文本撰写工作,目前一些学科的创智课堂实践指南已经比较成熟,另一些学科的实践指南尚在不断的调整完善过程中,由原先的课时活动设计走向单元学习活动设计。

第四节 评估完善机制

一、评估完善机制为何与何为

评估完善机制是指在课堂变革的过程中,对变革的实践成效进行过程性的检验与测评,进而引导教师、学校和区域修订原有教育教学行为和变革推进方向/策略,增强变革效果。如果没有对课堂变革与教学转型的实践成效的总结与反思,教师的变革行为就在极大程度上浮于浅表而不自知。区域课堂变革与教学转型的实现并非在教师有所实践行动之后就戛然而止,而是需要通过量化与质性等多元的评价方式,搜集证据,对其实践成果和成效进行反思和评估,进而优化和调适原有行为与变革策略。只有通过评估完善机制的运作,才能在先前提出的"变革启动—信念感召—实践推广"机制基础上形成完整的逻辑闭环。依托对变革成果成效的归纳总结与调研评估,从中发现新的问题,针对问题解决进一步优化教师的教育教学实践行为,也引导区域和学校进一步调适助力变革持续发生的理论框架与实践样例,也能够引发新一轮变革的纵深推进。

就杨浦推进创智课堂的实践研究而言,在区校实践的基础上,通过第三方调研、教师表现样例剖析与解读、教师上课视频分析等量化与质性相结合的方式,引导区域和学校在变革推进的过程中持续关注成果成效的总结和梳理,以评促建,在梳理成效与经验、反思问题与不足的基础上,及时应用评估结果,完善教师教育教学实践行为以更符合创智课堂理论框架的要求,也引导区域和学校反思目前的变革支持与保障是否到位,提供的理论框架是否贴合教师实际并被其认同、内化与吸收,研制的"实践指南—教学示范—表现样例"的实践路径是否能够与教师专业发展路径匹配吻合以助力教师教育教学行为的优化完善,以及教师开展课堂变革与教学转型是否有相匹配的激励与支持机制,等等。

二、评估完善机制的杨浦运作

评估完善机制是指在项目组通过第三方调研、教师表现样例剖析与解读、教师上课视频分析等量化与质性相结合的方式,引导区域和学校在变革推进的过程中加强成果意识,及时梳理总结成效与经验、反思问题与不足，反哺实践行为的优化完善。

（一）第三方调研

在第三轮创新试验区启动之际，在前一轮创智课堂实践与研究、成果与成效的基础上，项目组借助第三方调研机构，于2016年10月19日至26日，向全区51所初高中学校发放调研问卷，用以调查和了解杨浦区初高中教学实践及其相关因素的现状；引入国际先进调研理念，丰富现有区域课堂调研指标，分析学生、教师对课堂教学现状的认识与需求；通过调研进行研究性分析，为后续杨浦区提供实证数据以此提出区域创智课堂战略推进方向与建议。

1. 调研工具

学校发展的主要表现在于教师的发展、课程的发展，以及两者最终促发的学生的发展。而学生发展是学校办学、课堂改革的最终目的。因此，在此次调研的模型中，将教师课堂发展现状、学校管理现状作为调研的自变量，用以代表一所学校在课堂实施的整体现状和主动发展的特色做法，而将学生学习现状作为调研的因变量，用以代表一所学校在课堂实施的直接效果。通过调研自变量的发展水平就可以了解不同学校之间课堂的差异与优势领域；而通过挖掘自变量与因变量之间的相关性，则可以提炼出学校培养学生学习发展的有效策略与做法，帮助推广优秀经验。具体的指标设计如下所示：

表5-9 杨浦区创智课堂调研指标设计

模块	一级维度	二级维度	描述
学生学习现状	学习状态	兴趣动机	学生学习动力及动机倾向
		压力负担	学生学业负担指数
		自我效能	学生学习的主动性
	课堂学习	明确目标	学生明晰课堂的学习目标
		积极互动	学生在课堂环节的参与度和互动情况
		专注倾听	学生在课堂中的倾听习惯
		自主学习	学生在课堂中自主学习的时间和成效
课堂教学现状	课堂设计	合理设计	教师针对教学目标设计课堂环节的合理性
		及时反馈	教师检测学习目标的反馈方式及成效
		丰富资源	教师在课堂中提供的资源丰富性及有效性
	教学方式	生动讲解	教师在课堂中的生动讲解内容及方式
		有效对话	教师在课堂中的提问时机、方式等
		针对指导	教师指导学生自学、小组讨论的方式
		突发处理	教师应对课堂突发事件的方式及非语言行为

续 表

模块	一级维度	二级维度	描述
学校管理现状	课堂文化	激发思考	教师对学生独立思考的驱动与指导
		营造民主	教师在课堂中让学生民主参与的情况
		鼓励创新	教师在课堂各环节中所表现出的创新思想
		关爱学生	教师在课堂中关注不同学生的需求
	研究创新	创新思维	教师的创新意识及发散思维
		创新人格	教师的创新动力、挑战力、主张力
		创新实践	在教学过程中的规划设计、教学实施能力
	科学管理	制度落实	教师对制度制定和实施的满意度
		资源环境	教师对资源支持情况的满意度
		文化包容	师生对思想文化包容性及开放程度的感知
	理念认同	创智课堂	教师对创智课堂的理解
		评价改革	教师对学生核心素养评估方式的认同

2. 调研方法

本次调研采用定量研究的方式开展。针对以上三个调研模块，从学生和教师两个调研主体出发，分别设计问卷，其中一些维度相互对应，方便比较学生和教师的感知偏离。具体调研方式如下：

表 5-10　调研对象及方法

调研对象	一级维度	二级维度	方法	所属模块
学生	教学方式	生动讲解 有效对话 针对指导 突发处理	线上问卷	课堂教学现状
	课堂设计	合理设计 及时反馈 丰富资源	线上问卷	课堂教学现状
	课堂文化	激发思考 营造民主 鼓励创新 关爱学生	线上问卷	课堂教学现状
	学习状态	自我效能 兴趣动机 压力负担	线上问卷	学生状态现状

续 表

调研对象	一级维度	二级维度	方法	所属模块
教师	课堂学习	明确目标 积极互动 专注倾听 自主学习	线上问卷	学生状态现状
	学校管理	资源环境 文化包容	线上问卷	学校管理现状
	教学方式	生动讲解 有效对话 针对指导 突发处理	线上问卷	课堂教学现状
	课堂设计	合理设计 及时反馈 丰富资源	线上问卷	课堂教学现状
	课堂文化	激发思考 营造民主 鼓励创新 关爱学生	线上问卷	课堂教学现状
	研究创新	创新思维 创新人格 创新实践	线上问卷	教师课堂发展现状
	学校管理	资源环境 文化包容 制度落实	线上问卷	学校管理现状
	理念认同	创智课堂 评价改革	线上问卷	学校管理现状

3. 调研结果

(1) 课堂资源优势,对话创新较难

本次调研中,根据各个课堂行为表现的调研结果以及与学生学习状态的相关性进行匹配划分,将课堂行为表现划分为四个区:维持区、优势区、发展区及攻坚区。其中,发展区为创智课堂推进的关键维度,不同学校的差别主要体现在发展区维度上,应着重改善发展区"合理设计、针对指导、激发思考"的课堂表现。同时,杨浦区区域整体在"丰富资源、生动讲解"方面表现出优势,各校在优势区指标上均表现较好。而区域整体的弱势在于"有效对话、鼓励创新",各学校在攻坚区维度上表现普遍较差,教师之间、师生之间的感知存在较大差异,是创智课堂后续需要攻克的难点。

(2) 教师优势不同,共同引领课堂

根据不同教师在各课堂行为维度上的不同趋势,我们发现对于资源的提供和讲解与教师的教学经验没有显著关系,因此资源的调整是教师教学的基础,且最容易得到提升。而发展区的各个维度依赖于教师经验,可见创智课堂推进的关键在于经验丰富的教师(如学科带头人、高级职称教师等)进行引领。另一方面,有效对话及鼓励创新又需要一定的知识基础与专业智慧,对学历具有一定的要求。根据调研结果显示,同样需要博士研究生在课堂的创新、与学生互动对话上起到引领性带头的作用。针对不同的课堂需求,需要将不同类别的教师特点加以综合,利用教师的经验和知识基础共同推动课堂的改革。

(3) 学科差异较大,关注核心学科

不同学科在各课堂行为维度的表现具有较大差异,其中语文作为一门语言类学科,教师并没有表现较强的教学对话能力;外语学科在针对指导方面表现较好,但在生动讲解上表现不如其他学科;数学教师能够积极激发学生思考,但课堂设计上表现较不理想。另一方面,部分理科学科教师在研究创新、有效指导及激发思考方面并没有表现出良好现状,值得关注与思考。此外,学生对学科的兴趣动机相对较好,但初高中学生对政治/道德与法治的学习兴趣较低,而核心学科包括高考考试科目对学生的压力负担较重;在生物、物理、化学学习过程中表现出了较低的自我效能状态。其中高中语文学科作为高考考试科目,学生表现的压力负担一般,可进一步了解高中语文学科的课堂教学情况,并辐射至其他学科。

(4) 课堂有赖管理,支持教师创新

学生的课堂学习表现与学习状态和学校管理显著相关,因此课堂改革同样依赖管理的支持与包容。通过调研发现,教师对于创智课堂的理念仍存在一定的困惑和矛盾,尤其对于学生科学探究能力的培养,大部分教师认可了科学探究的重要性,但相较于其他核心素养,教师又并未将学生的科学精神与实践创新放在重要位置。同时,在本次调研中学生对学校科学管理的感知要优于教师,环境资源的变化和包容比起教师,学生更容易感知到,且直接影响到学生的学习状态。学校的管理支持一方面要重视学生的感受,另一方面要加强对教师研究创新的支持力度,改变他们的观念,让他们更积极地推动创智课堂。

(二) 表现样例剖析

项目组通过每年对教师表现样例的收集与剖析,从中挖掘教师教育教学实践中对创智课堂指标体系的理解、认同、内化及践行表征,试图弥合创智课堂理论框架与学校教师实践行为之间的落差,从而实现对区域课堂变革与教学转型的整体托举,以案例性的数据驱动实践过程的不断修正与调整,有效保证了研究的科学性与准确性。遵循设计本位的课例研究模式,本研究基于证据而采取"设计—实施—反思—更新—再设计—再实施—再反思—再更新"的迭代循证改进过程,注重发挥表现样例对创智课堂理论框架的反哺与更新作用。并通过每年对教师表现样例的征集、评选与汇编,形成丰富的实践样例在区域范围内供其他教师参考借鉴,从而将个别学校个别教师的成功经验转变为区域全体中小学教师可复制可推广的经验,充分发挥了示范辐射作用。

1. 样例描述

以上海理工大学附属中学原地理老师刘宇桦执教的高一地理学科"热力环流"一课为例:"热力环流"作为大气运动最基本的形式,是学生认知大气环流、重要天气系统的基础,在整个"大气与天气、气候"篇中起基础性作用。教师将本节课的重点设定为热力环流的形成过程,难点是学生能够运用热力环流原理解决实际问题。

【问题情境】高一的学生尚未接触立体几何,空间思维和抽象思维还未很好地形成,而大气运动是空间立体的动态过程,需要学生进行空间想象。加上热力环流作为一个抽象的地理原理,学生往往难以将其与日常生活中所见的现象联系起来。因此,教师如何提供支架让学生理解热力环流原理,又该如何创设问题情境,让学生将抽象的热力环流的原理与实际生活中出现的问题相联系,进而可以运用所学知识解决实际问题,这是教师在"热力环流"这一课重点解决的问题。

【问题解决】为了让学生亲身参与知识建构的过程,并能形成应用知识的能力,刘宇桦老师一共设计了"提出问题、探究与发现、迁移拓展、倾听与对话、展示与反思"五个学习活动,在每个学习活动中都能发现教师为学生提供了有效的学习支撑以促进学生的学习。

在本课的导入环节中,教师选择了提供热力环流的实验视频作为导入资源。学生需要通过观察热力环流实验,根据烟雾流向,判断容器中哪一碗是热水,哪一碗是冰水,并说出判断的原因。学生根据日常生活经验得出"空气受热膨胀上升,遇冷收缩下沉"的结论。

活动二"探究与发现"是这节课的重点,学生探究"热力环流"形成过程。教师首先引导学生由实验室的热力环流现象迁移到实际地表环境下的热力环流,这可以说是为学生提供了一个学习支架,在这个支架的帮助下,学生顺利画出实际地表的热力环流状况。继而引出"气压"的概念,假设A、B两地冷热均匀的,教师为学生提供吸铁石作为实验工具,让学生上台演示空气柱中的分子应该如何排布,得出了"海拔是影响气压高低的一个因素";接着将条件变为在地表受热不均的现实情况下,空气分子的运动情况,教师先利用吸铁石比作空气分子,进行热力环流过程中空气分子移动的模拟演示,学生观察后上台参与演示,得出了"大气的垂直运动导致了同一水平面的气压差异,空气是流通的,于是就产生了大气的水平运动,也就是日常感受到的风,这就形成了一个完整的热力环流"。学生在参与学习的过程中领悟用实物模拟抽象原理的方法,让抽象的原理变得直观化。

在了解了热力环流的原理后,接着就是针对热力环流原理的应用了,这是本节课的难点。教师先后创设了"小侦探"和"上海瞬时气温图"的问题情境,学生需要自主完成海陆风和城郊风的绘制,并将热力环流原理拓展到实际地表的海陆风和城郊风,利用所学原理解决实际问题。接着教师利用淀山湖区时政新闻作为情境,学生进行小组探讨,利用所给信息和所给原理解释淀山湖区PM2.5值居高不下的原因。在这个环节中教师还建立了学习共同体,使学生在交互学习中学会倾听、善于合作、勤于探究、敢于表达,在互动交流中创设和谐的学习环境。

最后的总结反思环节,教师结合本班学生爱唱歌的特点,提供了根据《十年》这首歌曲改编的"热力环流"版歌词,学生利用填歌词的方式完成知识小结,并尝试演唱。

2. 样例分析

创智课堂是智慧创生的过程,是一个师生合作生成智慧的集体行动,在这个过程中教师要为学习者的学习和创新提供资源、情境、工具、支架等多层面的支撑,实现由单纯地把学生当成客体灌输知识,走向启迪学生智慧,以帮助学生自我建构知识。

该表现样例导入环节中的实验视频作为一种学习资源,因其直观性与趣味性,能在一开始就引起学生的注意,激发学生的学习兴趣。同时也唤起了学生原有的经验,得出"空气受热膨胀上升,遇冷收缩下沉"的结论,为接下来学习大环境下的热力环流奠定了基础。

为了解决本节课的重难点,即理解热力环流的形成过程,运用热力环流原理解决实际问题,刘老师为学生提供了工具吸铁石模拟空气分子的移动,接着创设了"小侦探""上海瞬时气温图"和"淀山湖区空气污染"三个具体的问题情境,帮助学生将所学的抽象原理与实际问题联系起来,提高问题解决能力。通过问题情境的创设,引发学生的思考,学生的高级思维能力得到发展,在学以致用中建立学习与生活的联系。最后的总结与反思环节,与传统的单纯进行知识点的回顾不同,刘老师将学生喜欢的音乐引入课堂中,用这种新颖的方式进行课堂小结,活跃了课堂氛围,极大地提高了学生的参与热情与学习兴趣,取得良好的教学效果。

本节所选样例的成功之处就在于教师为学生提供了多样而有效的学习支撑,学生在教师搭建的支架下一步步建构起关于"热力环流"的知识,在一节课结束后能真正理解并能运用热力环流原理。课堂真正实现了以学生的学为中心,教师只作为指导者的角色转变。

(三) 教师上课视频分析

项目组以《杨浦区智慧教师工作坊章程(草案)》为指导,选择语文、历史和思想政治三科统编教材的教学为试点,已经成立了三门学科的智慧教师工作坊,并开展了初步实践,先期探索教师研修工作坊的运作模式,而后逐步拓展至各个学科。以工作坊建设为突破口,发展教师在素养时代的适应性专长,激发教师参与课堂变革的内生动力,探索创智课堂区域推进的又一实践路径。

2019年底,项目组依托语文、思政、历史、数学、英语等学科智慧教师工作坊运作,在构建以学生为主体、发展学生探究取向和创新旨趣的创智课堂的教育理念和概念框架的基础上,采用和借鉴经济与合作组织(OECD)在全球教学洞察项目所采用的视频分析技术和课堂教学观察及评价指标,多维度聚焦(视频—教师—学生)、取证和测量智慧教师工作坊对教师教学的实际效果,包括教师教育教学信念、课堂教学策略及教师自我效能感和自我概念的变化。更重要的是,通过学生调查进一步了解教师的教学行为变化是否转化到了学生层面,即学生是否也在工作坊前后感知到了教师教学行为及态度的变化。教师有效教学最终应转化到学生身上,才能实现学生学业成就的提高。

1. 建构视频分析评价框架,形成指标体系

横向上建构社会情感支持、课堂话语、学科内容质量、学生课堂认知参与、适应性教学和信息技术融合等六个课堂教学的观察和评价维度,纵向上从学生非认知技能的角度划分为学科自我概念水平、工具性学习动机、努力和坚持、学习兴趣、学习动机等五个维度。

表 5-11 视频分析评价框架

	社会情感支持	课堂话语	学科内容质量	学生课堂认知参与	适应性教学	信息技术融合
学科自我概念水平						
工具性学习动机						
努力和坚持						
学习兴趣						
学习动机						

2. 采用课堂教学视频分析技术,建构课堂观测指标,验证课堂教学效果

首先以创智课堂理论框架为蓝本,将其概念化为学习环境创新、教学创新和学习创新等三个核心特征。基于视频分析框架,根据指标性质和评分操作上的差异,所有评价指标分为两大类:主要基于特定教师或学生行为出现频次或密度的量化判断指标和主要基于特定教师或学生行为表现深度及强度的质性判断指标。从指标性质差异看,对量化判断指标的评分相对简单,偏重于计数或观察特定行为出现的疏密和集中程度;而对质性判断指标的评分则相对复杂,需要评分人员根据所出现的特定行为综合判断其行为背后的意义及本质。如表 5-12 所示,六个课堂观察和评价维度下有共计 19 个具体的教师和学生的行为评价指标,其中包括 9 个量化判断指标和 10 个质性判断指标,从评价内容上覆盖了创智课堂概念框架中学习环境创新、教学创新和学习创新等三大领域的主要描述。

表 5-12 课堂视频研究评价框架及指标的分布

创智课堂的概念框架	课堂观测维度	质性判断指标(16分钟/次)	量化判断指标(8分钟/次)
➢ 创建安全的心理环境	社会情感支持	● 鼓励和温暖 ● 承担风险	◆ 坚持
➢ 形成教学对话	课堂话语	● 话语的性质 ● 提问 ● 解释	◆ 活动结构与频率

创智课堂的概念框架	课堂观测维度	质性判断指标(16分钟/次)	量化判断指标(8分钟/次)
➢ 所学知识有逻辑的呈现 ➢ 生发、明确的学习目标 ➢ 创设基于真实问题的学习情境 ➢ 新知与旧知的逻辑联系	学科内容质量		◆ 学习目标明确 ◆ 与现实世界的联系 ◆ 与所教学科其他主题的关联
➢ 高阶思维能力的培养 ➢ 创造性思考 ➢ 对学习结果的自我检查、总结和评价	课堂认知参与	● 高认知水平要求的任务 ● 多元视角及多种问题解决策略	◆ 元认知
➢ 因材施教、开展个性化学习 ➢ 在学习中不断提升思维品质	适应性教学	● 引发学生思考 ● 教师反馈 ● 对教学进行及时调整	
➢ 充分利用现代信息技术支持的网络学习环境	信息技术在教学中的融合		◆ 利用技术促进学生的理解 ◆ 课堂上使用的技术 ◆ 课堂上学习软件的使用

其次,选取15名语文、历史和政治课教师(每个学科各5名)及所教班级共计519名学生参加本次视频研究项目。15名教师中,男教师有5名,教师职称集中在一级和二级教师。15名教师的平均年龄为34.5岁,年龄分布从小到大的范围在24—43岁。

关于录像课的采集有如下考量:录像课的采集考虑到不同学科中课形(例如,文言文)或教学内容的一致性和可比性,每名教师采集2节课。第1节课在创智课堂工作坊开展之前采集,第2节课在创智课堂工作坊开展之后采集,中间间隔1个学期。为了补充课堂视频研究视角的局限性和尽量多维度取证,在采集教师第1节课之前的一周内还对教师及所教班级学生进行了前问卷调查,以了解教师及学生对该学科课堂教学的总体主观感受。此外,一方面为了比较教师和学生主观感受和体验上的变化,另一方面为了了解教师及学生对工作坊开展之后实际课堂教学的感受,在采集第2节课之后即时对教师和所教班级学生进行了后测问卷调查,以了解对第二节课上课堂教学的主观感受和体验。问卷调查内容不仅涵盖了主要的课堂观测与评价维度,还了解了学生在学习兴趣、动机和态度上的自我概念水平以及教师与教学相关的自我效能感。

同时,为了尽可能保证课堂观察编码等测量工具在操作上的科学性和严谨性以及尽量避免评分人员主观偏见或思维定式对课堂评价带来的不利影响,项目组根据国际惯例和技术规范对12名评分候选人员进行了培训。评分候选人员完成培训并考核通过后才能正式成为评分人员。为了评分过程和结果的相对客观性,15名教师共计30节课,每节课均由2名评分人员打分,因此实际需要对60节课进行评分和评分结果的交叉检验。项目组会对2名评分人员的评分结果进行一致性检验,检验通过后取均值作为最终的评价结果。为了减轻

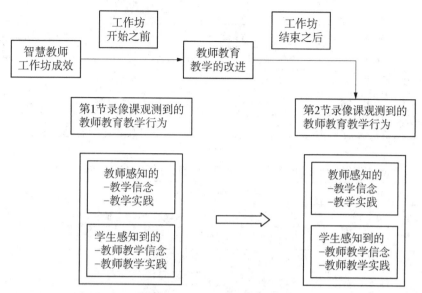

图 5-3 智慧教师工作坊开展教师上课视频分析流程

评分人员的认知负担及保证评分相对的准确性,12 名评分人员分为量化判断指标和质性判断指标等两组人员,分别对 30 节课进行评分。根据评分结果,项目组对两名评分人员在每节课上的评分进行了一致性检验。结果显示,在语文、历史和政治三门学科中,2 名评分人员在每节课上的 9 个量化判断指标上的评分完全一致率平均为 93.7%、90.0%和 94.4%,相邻一致性平均为 99.7%、99.8%和 99.3%;在质性判断指标上,两名评分人员在每节课上 10 项指标上的评分完全一致率平均为 54.7%、66.7%和 62.6%,相邻一致性平均为 91.4%、98.8%和 91.8%。可见,三门学科共计 30 节课在量化判断指标和质性判断指标的评价结果上的相邻一致性均达到 90% 及以上。这表明评分人员对课堂观察编码和评分标准的理解和掌握较为准确且一致性强,评分结果相对客观和可信度强。

表 5-13 语文 10 节课(前后测)2 名评分人员评分结果一致性分布

节数	学科	质性判断指标		量化判断指标	
	语文	完全一致率	相邻一致性	完全一致率	相邻一致性
1	YP-C0101-TA	24.2%	87.9%	88.3%	100.0%
2	YP-C0201-TA	68.2%	86.4%	98.3%	100.0%
3	YP-C0301-TA	40.9%	90.9%	91.7%	100.0%
4	YP-C0401-TA	86.4%	95.5%	98.3%	98.3%
5	YP-C0501-TA	69.7%	100.0%	98.3%	100.0%
6	YP-C0101-TB	57.6%	93.9%	90.3%	98.6%
7	YP-C0201-TB	21.2%	75.8%	95.0%	100.0%

续　表

节数	学科	质性判断指标		量化判断指标	
	语文	完全一致率	相邻一致性	完全一致率	相邻一致性
8	YP-C0301-TB	42.4%	87.9%	90.0%	100.0%
9	YP-C0401-TB	36.4%	95.5%	95.0%	100.0%
10	YP-C0501-TB	100.0%	100.0%	91.7%	100.0%

表5-14　历史10节课(前后测)2名评分人员评分结果一致性分布

节数	学科	质性判断指标		量化判断指标	
	历史	完全一致率	相邻一致性	完全一致率	相邻一致性
1	YP-H0101-TA	63.6%	100.0%	93.3%	100.0%
2	YP-H0201-TA	81.8%	97.0%	83.3%	100.0%
3	YP-H0301-TA	72.7%	100.0%	88.3%	100.0%
4	YP-H0401-TA	50.0%	95.5%	86.7%	100.0%
5	YP-H0501-TA	57.6%	100.0%	91.7%	100.0%
6	YP-H0101-TB	66.7%	100.0%	95.0%	100.0%
7	YP-H0201-TB	59.1%	100.0%	95.0%	100.0%
8	YP-H0301-TB	72.7%	95.5%	80.0%	98.3%
9	YP-H0401-TB	63.6%	100.0%	91.7%	100.0%
10	YP-H0501-TB	78.8%	100.0%	95.0%	100.0%

表5-15　政治10节课(前后测)2名评分人员评分结果一致性分布

节数	学科	质性判断指标		量化判断指标	
	政治	完全一致率	相邻一致性	完全一致率	相邻一致性
1	YP-P0101-TA	45.5%	84.8%	100.0%	100.0%
2	YP-P0201-TA	51.5%	97.0%	98.6%	100.0%
3	YP-P0301-TA	57.6%	84.8%	93.3%	100.0%
4	YP-P0401-TA	63.6%	93.9%	95.0%	100.0%
5	YP-P0501-TA	81.8%	97.0%	96.7%	100.0%
6	YP-P0101-TB	75.8%	97.0%	100.0%	100.0%
7	YP-P0201-TB	51.5%	87.9%	93.3%	100.0%
8	YP-P0301-TB	50.0%	90.9%	86.7%	96.7%
9	YP-P0401-TB	57.6%	87.9%	95.0%	100.0%
10	YP-P0501-TB	90.9%	97.0%	85.0%	96.7%

最后,借助高校学者等专业力量对相关案例进行文本剖析,依据视频分析结果,选取高表现相关视频片段,形成切片视频资源包,为其他教师提供参考。

3. 基于智慧教师工作坊开展前后课堂的变化,明确改进方向

以三科统编教师课堂教学视频前后测分析结果为例,在适应性教学等五个指标上均有不同程度的提升。**学科内容质量优势突出**,三科教师所教课堂在学科内容质量上的得分均值高于其他五个维度上的得分;**课堂话语质量处于中等水平**,学生在课堂上的主体性有所提升;**适应性教学是提升最快的指标**,说明教师越来越关注激发学生思维表达,通过激励策略引导中度水平的学生思考并"有时"会利用学生的输出调整教学策略。另外,在课堂认知参与和社会情感支持指标上,结果反映这是三科教师共同存在的短板和亟待提升的领域,课堂认知参与得分较低,说明三科教师在课堂上对学生形成的认知挑战和提供的培养高阶思维能力的机会较少。课堂的社会情感支持氛围不仅与学生成绩正相关,还会对学生的学习动机、敢于失误和坚持不断地探究以达成目标等重要的非认知技能产生积极的影响。值得注意的是,语文课有实质性的提升,从课堂后测结果来看,语文学科在该维度上的得分有较为

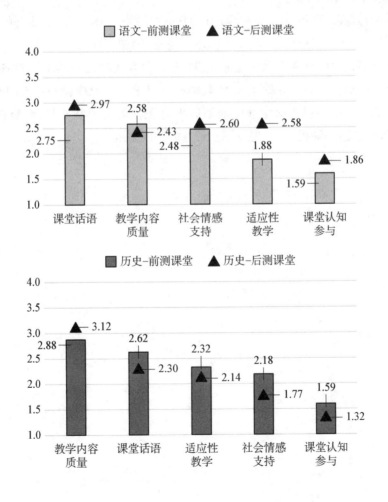

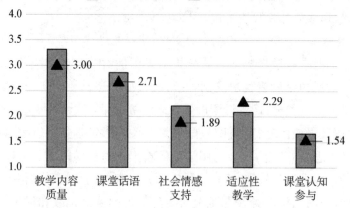

图 5-4 统编三科智慧教师工作坊开展前后课堂变化

明显提升。历史和政治学科在某些维度上出现了下降趋势,探讨如何改善这类下降的维度成为随后学科教学改革的重心。

值得注意的是,实践落地并非是对理论框架的严格执行,相反,它是动态的螺旋上升过程,通过"变革启动—信念感召—实践推广—评估完善"的逻辑闭环:一方面教师可以将自己在真实课堂教学实践中践行创智课堂理论框架过程中产生的问题或经验通过各种方式反馈至区域和专家层面;另一方面,区域、学校和教师都可以根据成效检验的结果即时反思调整,引发新的改进需求,并对创智课堂理论框架做出进一步的完善和修订,然后再实践、再反思……如此循环往复,不断提高,以促进课堂智慧的不断生成。

第六章 创智课堂的区域支持平台

创智课堂的区域支持平台是为促进创智课堂落实而建设的一系列研修和交流展示的平台,以此为契机,不断发展教师个人的实践智慧,也能将个人智慧转化为集体智慧。本章主要介绍四大平台:项目关联平台、创新实验室、教学展示平台和网络平台。

第一节 项目关联平台

以课程领导力项目为例,课程领导力项目与创智课堂项目是杨浦区第三轮基础教育创新试验区(2016—2020年)建设的七大创新行动中的两个,且处于核心位置。在2021年启动的第四轮基础教育创新实验区建设中,课程领导力、创智课堂和学习空间融通为三大核心变革项目,以教师研修、评价体系构建与平台建设为支持性项目,以创新实验区建设的机制支持与政策保障以及第三轮建设成果的提炼与转化为基础性项目,深入推进各项目之间的协同联动,以学生创新素养培育为目标,实现区域教育变革的要素融合与动态平衡,凸显区域教育创新型生态系统建设的整体发展态势。

课程领导力项目上承国家意志,落实国家课程政策、课程方案、课程标准,下接课堂地气,聚焦育人,调动课程变革的各种要素,包括课堂、教师、环境、资源、平台等各个要素,通过各个层级的层层转化,将国家意志、国家方案转化为学生学习现实、生活现实,融通了课程的目标内容、实施方式、评价支撑、条件保障等,富有融通性的特征。项目紧扣课程思想力、设计力、执行力、评价力的四力框架,以"课程文本"为实践载体,以"课堂文化转型"为变革愿景,以"课例研究"为主要方法,注重问题导向和实证取向,激发学校创造活力和创新实践。在实践推进中,形成了从文本设计出发,经过文本转化与实施、文本更新与改进,进而引发课堂文化转型的动态循环这一区域提升课程领导力的行动框架,为区域创智课堂的建设与推进提供了中观层面上"课堂变革主题"的考量。通过区教育局、教育学院相关职能科室的通力合作,使得项目能够更好地运作并实现预期成效。

一、建设背景

(一) 进一步落实国家基础教育课程与教学改革的政策要求

新时期我国基础教育改革进入深水区,迈入全面提高育人质量的新阶段。为落实立德树人的根本任务,保障基础教育的高质量发展,我国先后出台《关于全面深化新时代教师队伍建设改革的意见》《深化新时代教育评价改革总体方案》《关于学前教育深化改革规范发展的若干意见》《关于深化教育教学改革全面提高义务教育质量的意见》和《关于新时代推进普通高中育人方式改革的指导意见》等指导性文件。上述文件构成了我国基础教育改革和发展的完整顶层制度体系,明确指出当前课改应突出立德树人导向,坚持德智体美劳五育并举,凸显基础教育的育人旨归。育人目标的实现是一项系统工程,内在规约着学校育人哲学、学校课程结构、课堂教学实践、教研支撑体系以及学生管理评价等多方面的高度一致。

杨浦区亟需明确领会文件精神,积极回应政策要求,凝练汲取已有经验,深化基础教育领域综合改革,保障顶层制度设计落实到学校课程建设上,落实到课堂教学上,落实到学生发展上,从而助力上海市乃至全国基础教育质量的提升。

(二) 进一步回应杨浦"示范区"的政策定位与发展要求

2020年7月教育部印发《关于做好普通高中新课程新教材国家级示范区和示范校建设工作的通知》,杨浦区作为上海市唯一一个普通高中新课程新教材实施国家级示范区、唯一一个上海市基础教育创新试(实)验区、新入选的国家级信息化实验教学区,理应肩负在信息时代和素养时代中,进一步深化课程与教学改革、推进区域学校内涵发展的重责大任。

"先行者""示范区"的政策定位,内在要求杨浦以《上海市提升中小学(幼儿园)课程领导力行动研究(第三轮)项目方案》为指引,对接《杨浦区教育改革和发展"十四五"规划》,充分发挥学校在破解教育难题、探索育人模式、提高教育教学质量等方面的主动性和创造性,进一步下沉项目研究重心,开展更具问题指向、实践取向、学生旨归的积极探索与多元尝试,更好地发挥自身"研究、指导、服务"的基本职能,同时形成一批可借鉴、可推广的有效经验和成果,加强先进经验的辐射作用。

(三) 进一步深化杨浦区提升学校课程领导力项目的现实需求

前一轮杨浦区课程领导力项目研究(2016—2020年)已经取得了较为丰硕的研究成果,形成了区域提升课程领导力的实践模式,找到了课程文本作为提升课程领导力的实践载体,明晰了课堂文化转型作为提升课程领导力的变革愿景,确立了课例研究作为提升课程领导力的主要方法,构建了保障课程领导力提升的若干制度机制,培育了一批品牌学校,成就了一批优秀教师。

但是,课程领导力项目仍存在着一些现实问题有待进一步突破。例如,前一轮项目研究成果有待进一步有效地转化与实施,项目实验校规模有待进一步扩大,课程文本研究有待在双新背景下进一步升级,课堂文化的内涵及其转型评价指标有待进一步挖掘,在素养培育的当下亟待实现课时课例研究向单元课例研究的进阶,提升区校课程领导力的支持机制有待进一步梳理与明晰等。

(四) 学校课程领导力水平的提升内含创智课堂的建设要义和价值意蕴

课程领导力是指以校长为核心、教师为基础的课程领导共同体,以学校课程文化建设、课程的设计与开发、组织与实施、管理与评价等为载体,以提升学校的课程教学质量,促进学生、教师、校长、课程、学校文化的发展为目标,在学校的课程改革探索与实践行动中体现出来的教育思想、教育哲学以及课程理解、规划、执行、管理、评价以及创造等方面的能力。[1] 经过文献研究,本项目对课程领导力有了杨浦的区本理解:课程领导力,"领"即方向,"导"即方法,"力"即相互影响。课程领导力本质上是一种专业影响力,它包括课程思想力、课程设计力、课程执行力和课程评价力。项目组认为的"课程领导力"既遵循上海市的"四力"框架,也是学校校长及其团队以课程变革愿景为目标,解决课程问题,实现在有价值的课程文化中彼此合作、相互影响所形成的课程变革行动合力和专业影响力。学校课程领导力的价值体现是促进学生的发展、教师的发展、课程的发展、学校文化的发展,目的是实现学校的可持续发展。从中不难看出其中内含了创智课堂建设的价值旨趣和建设要义,课堂文化转型,即中观层面上课堂与教学的重构与更新,成为学校课程变革愿景、创智课堂的校本化实施。项目实验校均在对区域行动框架做校本解读的基础上不断设计、优化并完善各层级课程文本,并选取试点学科开展聚焦课堂文化转型的校本化实践,确定本校课堂文化转型的理念主题,并对其做校本解读和愿景传导。

二、呈现形式

(一) 区域提升课程领导力的实践模式

项目组明确以"课程文本"作为提升课程领导力的实践载体,从课程文本的设计到转化再到真实课程的实现和已有课程的更新这一系列课程领导力行动方向,基于各项目实验校

---

[1] 徐淀芳.以项目推进提升学校课程领导力[J].现代教学,2011(Z2):8-9.

的项目切入点,提炼了提升学校课程领导力的区域操作要点。

表6-1 提升学校课程领导力的区域操作要点

市级框架	行动方向	杨浦区域操作要点	
思想力 设计力	课程文本的设计	● 基于校本的个性化的思考 ● 课程文本设计的统整性	评价力 已有课程的更新:课程问题的诊断与评价
执行力	课程文本的转化	● 课程愿景的传导 ● 教师课程团队的建设 ● 课程资源的整合	
执行力	真实课程的实现	● 国家课程校本化过程中的创智 ● 校本课程实施途径与策略的多样化	

在提炼区域操作要点的基础上,围绕区域提升学校课程领导力的三大关键词——课程文本、课堂文化转型和课例研究,形成了杨浦区提升学校课程领导力的行动框架,即以课堂文化转型为课程变革愿景,以课程文本为实践载体,以课例研究为主要方法,通过课程团队的课程文本设计、转化、实施、更新的动态循环,强化彼此间的影响与合作,进而解决课程问题、实现课堂文化转型、提升课程领导力的课程实践。

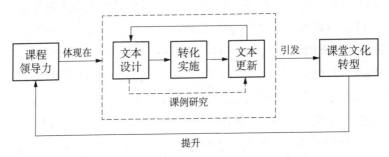

图6-1 杨浦区提升学校课程领导力的行动框架

(二) 课程文本:提升课程领导力的实践载体

课程文本首先是一套规范专业的文本,它包括学校课程计划、学科课程方案、学期课程纲要、单元教学设计、课时教学设计,涵盖学校、教研组、教师三个层级。课程文本还是学校各层级一致性地解决课程问题的最优化结构设计,承载着学校课程与课堂变革的愿景,可以实现课程团队之间影响力的传导。课程文本设计、转化、实施与更新的循环运作过程,即是课程领导力"四力"提升的过程。

项目组先后开展学校课程文本设计的两类案例征集评选活动和聚焦学校课堂文化转型的课程文本征集评选活动,帮助各校形成要素齐全、设计规范的三层级系列文本,既能注重

图 6-2 课程文本的不同层级

文本上下呼应和层级贯通,又能凸显校本思考和统整设计。在学校课程文本设计的两类案例征集评选活动中,经过案例初评、现场交流、案例复评、领导审核等多个环节,最终评选出一等奖 5 名、二等奖 6 名、三等奖 11 名。在聚焦学校课堂文化转型的课程文本征集评选活动中,经过前期领头羊学校先行先试、专家报告、论坛交流、文本初评、现场指导、文本复评等多个环节,最终评选出一等奖 5 名、二等奖 11 名、三等奖 13 名。目前,项目实验校均已形成一套要素齐全、设计规范的三层级课程文本。

(三)课堂文化转型:提升课程领导力的变革愿景

课堂文化转型即学校课程变革愿景、创智课堂的校本化实施,是以校为本的课堂改进行动,以建构校本课堂文化为目标,促进课堂文化由"以教为中心"到"以学为中心",是学校课堂变革的理念主题(价值观)、行动、制度、环境等要素的系统变革。通过要素的集成、能量的汇聚,促使课堂实现从原常态到新常态的变化。通过课堂文化转型,实现由一个人的变革到一群人的变革,由零碎行为到共同的行为习惯,由自发行为到自觉行为再到行为制度化的转变过程。在推进学校课堂文化转型的系统变革中,结合理论与实践双向互动的结果,项目组进一步明确了课堂文化转型的四大维度——课堂理念文化、课堂行动文化、课堂制度文化和课堂环境文化。

项目组引导学校在对区域行动框架做校本解读的基础上不断设计、优化并完善各层级课程文本,并选取试点学科开展聚焦课堂文化转型的校本化实践,确定

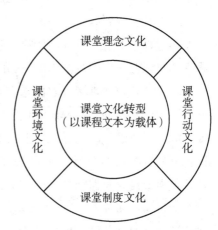

图 6-3 杨浦区推进学校课堂文化转型的架构图

本校课堂文化转型的理念主题,并对其做校本解读和愿景传导。

表6-2 项目实验校课堂文化转型的理念主题一览表

学校名称	学校课堂文化转型的理念主题	学校名称	学校课堂文化转型的理念主题
同济一附中	"慧学"课堂	二联小学	闲暇教育
上理工附中	活力课堂	中原路小学	"真实灵动"课堂
上财附中	智慧课堂	上理工附小	尊重差异,自主合作
民星中学	合作课堂	杨教院实小	"合和"课堂
三门中学	"L-O-V-E"课堂	杨浦小学分校	成长性课堂
育鹰学校	学创融合型课堂	六一小学	"问学"课堂
复旦二附校	智慧课堂	凤城新村小学	"邮"学课堂
上音实验	核心素养视野下学习方式多样化	内江路小学	快乐课堂
惠民中学	问题探究型课堂	开鲁二小	"亲·信"课堂
市光学校	五彩课堂	控二小学	小学数学实践性学习活动
铁岭中学	生态课堂	本溪路幼儿园	"自主活动"课堂
国和中学	和韵课堂	杨教院附幼	"乐智"课堂
复旦实验	前置式学习	向阳幼儿园	"灵动游戏"课堂
齐一小学	"趣动"课堂	五角场幼稚园	"玩美"课堂
打一小学	丰富学生的学习经历	黑山路幼儿园	"探究"课堂

(四) 课例研究:提升课程领导力的主要方法

课程领导力视域下的课例研究是体现课程文本价值引领、聚焦课堂文化转型主题、指向课堂教学真实问题,以一节课或一个单元的全程或片段为剖析对象,在课程文本设计、转化与实施过程中所进行的课堂研究。它有四大特征:一是强调课程文本引领,即注重各层级课程文本对课例研究的规范引领,突出教师对课程文本要求的理解;二是聚焦课堂转型,即课例应该聚焦学校课堂转型的理念主题,反映课堂转型的教学改进过程,能够呈现转型后的课堂样态;三是注重团队研修,课程领导力视域下的课例研究更加关注教师群体的习惯行为转变,而非一般意义仅仅关照个别教师的偶然行为变化;四是强调循证改进,课例研究的过程即是基于证据,进行设计、实施、更新,再设计、再实施、再更新的循证改进过程,同时注重发挥课例研究结果对课程文本反哺更新作用。

通过课例研究,一方面把课程领导力提升的隐性技术借助课例研究实现显性化,呈现项目实验校课堂文化转型后的课堂新样态;另一方面,卷入更多教师参与研究,逐步构建校本教研文化,带动更多教师专业成长,增强教师的获得感,从而往刚性、理性的研究行动中糅进了课程团队间人与人的思想、行为、情感的交流与碰撞,实现人与人之间彼此的专业影响和变革合力。

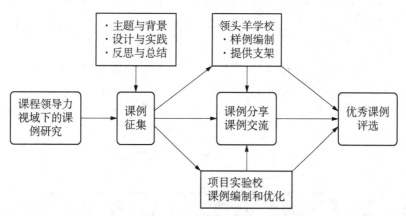

图 6-4　课程领导力视域下课例研究的区域研修路径

项目组通过开展课程领导力视域下的课例征集评选活动,以"课程领导力视域下的课例研究"为主题,进行三次工作坊研修、多次学段研修和一次总结会,将"课程领导力视域下的课例研究"扎实有序并且富有成效地予以推进,项目学校的课例从最初的 1.0 版,逐渐形成了一个个富有学校特色的 4.0 版的课例。经过前期领头羊学校先行先试、专家报告、论坛交流、文本初评、现场指导、文本复评等多个环节,最终评选出一等奖 8 名、二等奖 10 名、三等奖 18 名。以课例征集评选活动为契机,项目实验校尝试思考并厘清了课堂文化转型的目标与主题,依托试点学科开展了课堂文化转型的落地实践。现已征集的学校课例初步反映了学校三级课程文本的设计与转化,体现了课程文本实施更新的策略、方法与途径,呈现了课堂文化转型的课堂样态。上理工附小在主题为"基于学生认知基础差异的小学数学驱动性任务设计与实施"的课例研究中,以多元研修为专业支撑,借助教师的思考力、团队的合作力、学校课程文本本身的优化力三大"聚力"连接真实的课堂和学校所倡导的理念,通过校本研修实现"学校—教研组—教师"层级自上而下的理念传导和自下而上的实践反哺,提升了学校课程文本的转化力和实施力。

三、建设策略

(一) 立体化主题式推进

在项目推进上,通常的做法是简单地"做加法",课程领导力项目推进是探索着"做乘法",我们希望通过上上下下、左左右右、方方面面的共同努力,共塑课程愿景,共探变革路径,成就更多师生。项目架构了涵盖总项目组、学段项目组、学校项目组在内的立体化研究网络。在总项目组的统筹引领下,建构了高中、初中、小学和幼儿园四个学段项目组,涉及30所项目实验校。我们注重发挥高校、市区教科研机构的智力支持和专业引领作用,我们的专家团队则由两支队伍组成,分别是学校项目指导专家和学科指导专家,前者由高校学者、市教研室专家、市教科院专家、区专家等构成,后者则由试点学科教研员构成。

五年来,项目实验校不断拓展,由2016年的21所到2017年的28所,再到2018年的29所,2019年的30所项目校,项目校以滚雪球的态势,逐步发展壮大。其中,参与项目研究的教师近1 200人,影响的学生数高达15 000余人。

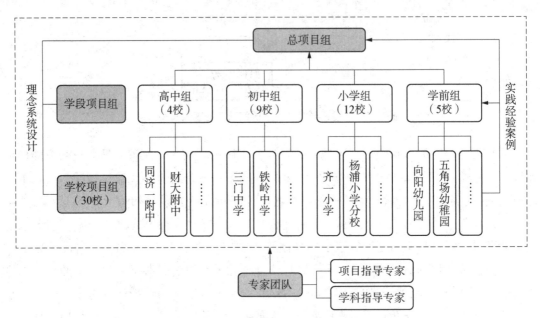

图6-5 杨浦区课程领导力项目的组织架构图

与此同时,项目组为每年的项目研究设计不同的关键词和主题:2016年为"思路与设计"年,2017年为"优化与实施"年,2018年为"调整与突破"年,2019年为"整合与提升"年,2020年为"总结与推广"年。"思路与设计—优化与实施—调整与突破—整合与提升—总结与推广"的分年度主题式推进路径,环环相扣、层层进阶,有机串联了整个项目研究,呈现了项目研究一步一个脚印的实践历程。每年,我们都会举办项目年会,以年会的形式总结项目的实践经验,推介项目的研究成果。年会的主题以"力"字贯穿始终,2016年的"蓄势·起航"、2017年的"勠力·前行"、2018年的"踔厉·前行"、2019年的"奋力·前行"、2020年的"合力·远帆",这种循序渐进、稳扎稳打、合作共赢的合力推进了项目实践走向纵深。

(二) 多元对话研修

为了使学校提升课程领导力的认识和行动更加有力量,更加富有智慧,我们尽所能地为项目推进提供有力的专业支撑。通过专题讲座、工作坊、学段研讨、年会交流等多元研修活动，项目组引领学校和教师解读课程领导力的内涵与要素、载体与路径等，帮助学校和教师加深理解和达成共识；同时，提供课程文本设计与实施的策略方法、课堂文化转型的实践路径、课例研究的操作要点等关键技术与工具支撑，切实赋能于学校和教师。目前，区域层面开设了 20 多次专题讲座、10 多场工作坊活动、30 多次学段研讨和 4 次年会交流，近 120 次学校层面的校级研修，近 240 次教研组层级的研修。

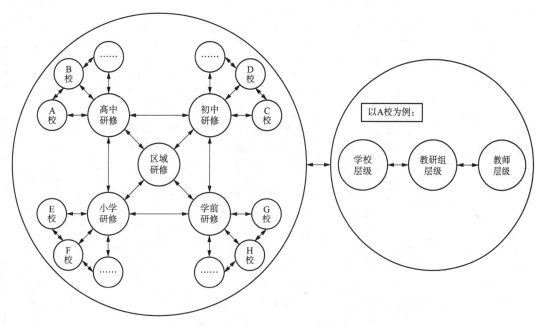

图 6-6 课程领导力项目的多元研修传导

(三) 动态调研评估

在项目推进中，项目组一直重视发挥调研评估的激励引领功能，有机地将调研评估融于整个项目的系统推进中。在项目启动、项目中期和项目结项三个关键节点，我们依托评估工具的开发、评估技术的运用，分别开展了项目的初态调研、中期评估和结项评估。这种过程性、序列化、成长性的评估反馈实际上是一种增值评价的探索。通过这种增值评价的探索，我们不断聚焦项目实践的着力点，探索项目研究的生长点，提炼项目研究的阶段性成果，深化项目研究的校本实践。

2016 年 4 月，以上海市课程领导力测评指标为依据，我们启动了项目初态调研。2018 年 9 月，启动了项目中期评估，进行了课程文本评审和现场走访，并形成了中期评估报告。2020 年 3 月，启动了项目结项评估，以结项评估为契机，回顾总结项目推进的实践历程，提炼了项目研究的基本经验和主要成果。

表6-3 杨浦区学校课程领导力基础性测评检核表(小学版)

一级指标	二级指标	检核条目	数据或者程序 [0:未见;1~5:程序由低到高]	举例/说明
K1 课程思想力	K11 思想的前瞻性	基于课程标准把课程目标转化为教学目标		
		基于课程标准和儿童认知发展,加强教材开发和教材研究		
		校本课程数量与班级数之比		
		学生自主选修课时与总课时之比		
	K12 愿景的一致性	学校课程目标与办学目标、培养目标的一致性		
	K13 文化的现代性	学校发展规划体现"为学生未来奠基"理念,从儿童人格成长角度寻求课程与教学改进,思考教学方式		
		学校文化体现学科教学的道德价值,有利于学生生活习惯、学习习惯、实践能力和创新意识的培养		
		学校课程决策制度完善,程序体现民主与集中的统一		
		学校和教师成为课程开发和实施的主体		
K2 课程设计力	K21 "方案"的合规性	学校按国家课程方案开齐、开足各类国家课程		
		校本课程开发与实施纳入学校课程与教学计划		
		学校总课时数符合市教委要求		
	K22 规划的科学性	学校课程计划(规划)要素齐全		
		学校课程计划(规划)符合校情,要素之间逻辑性强		
	K23 举措的操作性	课程与教学的各类计划(规划)的任务明确可检测		
		课程与教学的各类计划(规划)工作流程清晰		
K3 课程执行力	K31 实施的有效性	学校课程与教学计划的落实情况良好		
		学校有教学五环节教学管理制度且落实情况好		
		组织开展创智课堂实践,实现教与学方式的转型		
	K32 专业的支持性	学科教师年龄、数量、资历等结构满足课程实施需求		
		学校及教师个人有专业发展计划(规划)		
		校本研修制度落实情况好		
	K33 资源的保障性	学校实验设施设备、普通教室和专用教室满足教学需要		
		学校图书资源满足课程教学需要		
		学校信息化资源满足课程教学需要		
		学校开展创新实验室建设满足教学需要		
		学校充分利用校外资源满足课程教学需要		

续 表

一级指标	二级指标	检核条目	数据或者程序 [0:未见;1~5: 程序由低到高]	举例/说明
K4 课程 评价力	K41 目标的导向性	学校开展学生综合素质评价		
		学校建立基于课程标准命题的制度及开展相关工作		
		学校开展课程与教学评价的改革探索		
	K42 监控(过程)的 即时性	学校积累了课程与教学文件档案		
		学校积累了教研备课听课等过程性资料档案		
		学校积累了学生成长档案		
		学校建立了学生为本的学业辅导、心理辅导等工作机制		
	K43 改进的适切性	学校建立教学质量和综合素质评价反馈制度,分析指导改进机制健全		
		学校积累了评价结果反馈改进案例		

表6-4 杨浦区课程领导力项目中期评估表(中小学)

	观测点	观测途径	学校自评 [1~5:程度 由低到高]	专家评分 [1~5:程度 由低到高]
文本设计	遵循国家课程标准,课程文本设计规范、合理,能够体现文本设计的基本要素	文本		
	课程文本设计能聚焦学校课堂变革的主题与理念,呈现课堂理念文化、行动文化、制度文化和环境文化四个维度上校本化的理解与思考,各层级文本能够保持一致性	文本、汇报		
文本转化	有落实课堂文化转型理念的实施项目和项目团队	文本、汇报、访谈		
	能够将课堂文化转型理念传导到学校全体教师,并在课程团队之间产生相互影响	汇报、访谈		
	有配套的课程资源、课程制度和研修制度,保障课程文本的转化	文本、汇报		
文本实施	项目团队能够在课堂教学中落实学校课堂变革的主题与理念,能够体现课堂理念与行动的一致性、课堂制度与环境的统整性	文本、访谈		
	课堂教学能够落实国家课程标准,根据课程标准制订教学目标,根据教学目标设计相应的教学活动,并在活动实施中调整进程	文本、观课、访谈		
	课堂教学的路径与策略得当,体现对课堂问题的解决,方法具体多样,能够体现目标、教学、评价的一致性	文本、观课、访谈		

续 表

观测点		观测途径	学校自评 [1~5:程度 由低到高]	专家评分 [1~5:程度 由低到高]
文本更新	能够在课程文本的设计、转化、实施过程中发现课堂文化转型实践的优势与不足	文本、访谈、汇报		
	以解决课堂文化转型问题为导向,形成文本更新的策略与方法并能主动更新	文本访谈、汇报		

表6-5 杨浦区课程领导力项目结项评估表

评估内容	评估指标 (分值)	主要观察点	评估依据	学校自评	专家评估
项目实践推进 (60分)	研究过程 (30分)	学校重视,组织健全,形成良好的项目团队和学校课程文化(10分)	项目报告、过程资料、汇报答辩、实地考察等		
		研究扎实,过程清晰,方法合理,实践深入(10分)			
		档案齐全,资料详实(10分)			
	研究成效 (30分)	目标达成度高,有解决问题的方法和路径			
		成果经验丰富,可操作、可推广			
		课程建设及实施水平确实得到提升,对课程领导力形成校本认识和校本经验			
课程领导力提升 (40分)	思想力 (10分)	课堂文化转型的理念与主题,内涵清晰、符合校情、诠释生动、传递到位、形成共识、付诸实践、内化升华	项目报告、过程资料、汇报答辩、实地考察等		
	设计力 (10分)	课程文本设计规范、层级明确、要素齐全,体现"一致性"和"持续性"			
	执行力 (10分)	课程文本能够在课堂文化转型的实践中得到转化实施,校本路径清晰,体现文本的价值引领,形成典型案例、典型课例和典型经验			
	评价力 (10分)	能够基于目标、基于证据及时诊断课程问题,调适和改进行动路径与策略,能够沉淀相关经验和制度,体现学校课程建设持续改进的基本特征			
合计					

第二节 创新实验室

创新实验室是随着国家新一轮课程教材改革的推进,及国家经济发展加大教育投入后涌现出来的多种类型实验室的统称。有学者将创新实验室分为两大类,第一类指的是"以构造创新环境、培养创新人才为目标"的实验室。这一类别的实验室建设尝试在国内国际均呈现增长态势,其风格在向科技馆和科技活动室的方向靠拢。第二类指向"以创新的实验方法来完成实验教学目的"的实验室。此类实验室所承担的实验任务基于课程教材,其目的是"实现信息技术手段与实验教学的整合",进而"培养学生在信息技术环境下的自主学习和自主探究能力"。随着课程改革的纵深推进,对创新实验室的内涵理解已经由传统上更多作为完成实验教学目的的物理空间,走向更综合的教师教学平台与课程资源平台,成为支撑学生个性化学习的空间所在。

一、建设背景

(一) 实验教学是推动课堂教学创新的重要抓手

实验教学是素质教育和创新教育的重要场所和前沿阵地,是教学系统的重要组成部分,是培养学生掌握科学实验方法与技能、提高科学素质、动手能力与创新能力的重要途径,担负着推动教学创新和促进教育整体深化改革的重要任务。加强实验教学工作,是实施《基础教育课程改革纲要》(试行)的重要内容。杨浦各校从战略的高度,充分认识到加强实验教学工作的重要性,把这项工作作为培养学生创新精神和实践能力的突破口,真正把实验教学工作列入学校工作的重要议事日程,采取有力的措施,确保实验教学工作落实。

创新实验室是开展实验教学的重要基地,也是推进创智课堂的重要研训平台。《上海市中长期教育改革和发展规划纲要(2010—2020 年)》明确提出"建设若干个区域性中小学生创新实验室和 50 所高中专题创新实验室,为具有创新兴趣和创新潜质的学生搭建多样化的创新实践体验平台;建立网上虚拟实验室,吸引更多青少年参加快捷、灵活、信息量广、互动性强的创新实践活动"。可见通过创新实验室来培养学生的创新能力、推动课堂教学创新具有重要的理论意义和实践价值。

(二) 当前实验教学中存在诸多现实问题亟待改进

杨浦区高中实验教学工作不断得到推进和发展,各高中学校都取得了不同程度的进步,但由于高中学校校情和学生基础存在较大差异,实验教学的人员、设施配备和教学水平发展很不平衡,以下问题在部分高中学校中还比较明显。

第一,高中课堂教学转型力度不够。部分教师授课依然以"教师、教材为中心",课堂教学重知识、轻方法,重结果、轻过程,重书本、轻实践,学生的动手实践性、体验性学习内容少,培养学生的动手能力欠缺,引导学生自主探究,启迪学生创新思维的手段方法偏少,能力偏弱。部分学校实验开设没有达到课程标准和课程计划的基本要求,实验不能正常开设或开设流于形式,产生低效或无效的教学行为。

第二,教师的教学素养有待提升。部分教师采取在黑板上画实验、讲实验,学生听实验、背实验的方法,按课本照方抓药,缺少趣味性;由于缺乏充分准备,教师演示实验成功率不高;实验与生活脱节,缺乏学习的价值体验;有的完全用计算机演示代替实验,实验的真实性大大打了折扣,学生对实验本身的体验相当苍白;有的教师只管让学生放任自由地实验,忽视了方法的指导,这就使实验带有很大的随意性和盲目性。

第三,设备与人员配置需要完善。部分学校实验设施设备比较陈旧,与课改要求不相适应。由于生源规模缩小和人员编制有限,学校在实验员离职(如退休)后,一般会安排任课教师兼任实验员。这些教师因工作量比较大、精力有限,两方面工作往往不能兼顾。由于实验员的配置不到位,实验教学工作质量受到了一定影响。

第四,实验教学的区域管理制度有待完善。区域层面搭建了不少实验教学交流互动平台,但由于相关制度还不够完善,使资源共享还不够充分,各种教研联合体的功能还没有完全发挥,与新一轮创新试验区建设的要求还存在落差。此外,与创新实验室相配套的课程建设尚处于起步阶段,相关评价体系建设也需要加强。

总体来看,我区各校基本能够按课程标准和课程计划的要求,开展实验教学活动。但与其他领域的教学改革相比,实验教学,尤其是高中实验教学,在师资水平、教学理念、方式手段、设施设备等方面整体上比较滞后,实验教学质量还不能满足学生发展和创新人才培养的需求,在一定程度上影响了区域教育质量的提升。因此,实验教学改革的深入推进已迫在眉睫。

二、呈现形式

以第三轮基础教育创新试验区建设七大创新行动之一的"区域创新实验室联合运作体系建设"项目作为区域推进实验教学的重要载体,注重顶层设计,制定了项目行动计划,分五年推进,每年都有推进重点,合理布局、有序推进区域创新实验室建设。通过创新实验室建设和创新实验室联盟建设,提升学生自主探究精神和实践能力,推动学校特色形成与发展,形成区域创新的教育氛围。目前共建设市区级创新实验室 233 个,共计投入经费 7 933.5 万元(其中市级创新实验室 84 个,投入 4 868 万元;区级创新实验室 149 个,投入 3 065.5 万元),2018 年年底已提前完成每所学校至少有一个创新实验室的目标,完成了区域所有公办学校从 0 到 1 的突破。自 2016 年项目成立以来,项目组共形成区级创新实验室研究报告 5 份,其中 4 份荣获上海市中小学幼儿园运用调查研究方法优秀成果评选 3 项一等奖和 1 项二等奖。形成创新实验室相关优秀案例集 5 册,项目运行机制 4 套,联盟运行机制 5 套,市区媒体报道一百余次。

表6-6 2016年以来新增创新实验室数量的学段分布数据

学段	项目期新增创新实验室数量(个)	占比
高中	59	25.4%
初中	61	26.3%
小学	82	35.3%
完中	8	3.4%
九年一贯	14	6.0%
十二年一贯	8	3.4%
总计	232	—

表6-7 杨浦区创新实验室在用数量的学段分布情况

学段	在用创新实验室数量(个)	占比
高中	77	27.7%
初中	68	24.5%
小学	96	34.5%
完中	10	3.6%
九年一贯	16	5.8%
十二年一贯	11	4.0%
总计	278	—

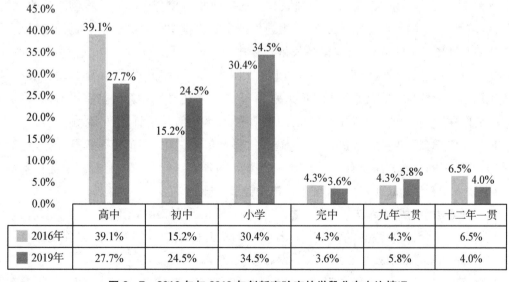

图6-7 2016年与2019年创新实验室的学段分布占比情况

(一) 联盟建设实现资源共享

项目组探索通过创新实验室联盟运作机制实现区域创新实验室的学段衔接、校际互动、资源共享。2016年成立了以控江中学、同济大学第一附属中学、上海理工大学附属中学、市东实验学校、上海财经大学附属中学五所高中为核心校的创新实验室联盟。由核心校牵头推进联盟校相关工作,各联盟建立了联盟章程,制定了联盟规范和各项制度,明确核心校及联盟校的权利和义务,建立组织管理网络,分级管理,责任明确。定期召开联盟校长会、联盟教师工作会等会议,沟通和推进联盟年度工作内容;建立了联盟信息平台,促进盟校信息分享及交流。

控江联盟依据项目发展目标,认真执行项目内容,完成了文创中心和环境科学创新实验室的基础建设,搭建了联盟的组织架构,完成了文创和科创两系列的校本课程开发,在联盟范围内定期组织参观、交流、讲座、游园节庆等丰富多彩的活动,联盟所属的公众号内容更新,拓宽各领域教育资源和合作模式。

同育联盟探索了跨学科教师团队的培育,核心校的跨学科组在联盟校中做了"因势而'跨'融合创生"的师资培训,从教研组的组建、工作重点、组内的教师培训方式、组内教研方式、工作模式等多方面与盟校教师分享了跨学科组在学校研究型课程建设、学生课题指导、教师跨学科培训等多方面的创新做法和理念,同时探索打造品牌课程群,通过盟校同主题同学段合作、同主题跨学段合作等方式进行课程开发,初步形成基于"复旦科技园小学—铁岭中学—同济大学第一附属中学"各盟校的生态试点课程,形成同主题跨学段的同育联盟生态创新实验室课程群,并在网上形成涵盖语数英艺体等11类学科近100门网络课程,联盟校的学生可以自主选择学习。

上海理工大学附属中学牵头与尚理联盟内的其他联盟校合作开展教育创新试验,成立了创新实验中心,主体是机器人实验室,由通用技术实验室、机器人实验室、机器人场地、创意工作室和社团活动室五部分组成,各校依托高校深厚的人文历史、品牌专业、特色学科、师资学生等资源,在课程建设上形成特色,如上理工附小为小学生开设了61项自主拓展科目,上理工附初等学校在机器人课程上形成系列,上理工附中还利用创新实验室平台,组建了创意志愿者的联盟——"心创溢"社团,开展面向学校、社区的创意互动、普及活动。

市东实验学校作为市东联盟核心校确立了"彰显市政文化,培育实践智慧"的特色创建主题,市东联盟的发展方向也有了明确的思路,就是与杨浦区"三个百年"的区位优势紧密结合,提升联盟创新活动品质,为未来城市的建设输出力量。

财智联盟由上财附中牵头,辽阳中学、平三小学等8所学校组成,形成"财智"创新实验室联盟交流互动平台,使联盟活动常规化,资源共享,提升区域内教师的财经素养及财经教育能力,对少年儿童开展形式多样的财经教育,提高财经素养。

这些联盟建设经验在区域内形成了良好的辐射效应。联盟队伍不断扩大,每年都有新的学校加入到联盟中来。

(二) 加强创新实验室过程管理

项目组建立和完善了区域创新实验室申报、建设、管理、评价机制,先后制定和下发了《关于进一步加强和改进杨浦区中小学校实验教学工作的试行意见》和《关于印发〈杨浦区中小学(幼)创新实验室评审办法(试行)〉的通知》等文件,统筹规划区域创新实验室建设工作,对于市、区、校三级创新实验室的申报要求、评审办法和资金配套等方面都做了明确规定,使创新实验室的管理有章可循。

杨浦区教育局
关于进一步加强和改进杨浦区中小学校
实验教学工作的试行意见

各中小学(含民办、杨职):

为认真贯彻落实《上海市教育委员会关于进一步加强和改进中小学实验教学工作的意见》(沪教委基〔2013〕81号)文件精神和要求,推动新一轮杨浦"基础教育创新试验区"建设,深化课改,提高教育教学质量,现就进一步加强和改进本区中小学实验教学工作提出如下意见:

一、工作目标

(一)提高认识,确立实验教学的育人功能和价值

中小学实验教学是学科教学的有机组成部分,是衡量教育发展水平的重要指标,是深入实施课程标准、加强实践性教学环节的重要途径。实验教学的过程是学生探索求知、体验创新的过程,是培养学生的动手实践能力、科学探究能力和科学精神的过程,对于提高学生的科学素养、开发学生的创新潜质具有重要意义,对于促进教学模式的根本改变,实现基础教育转型发展具有深远影响。

图6-8 杨浦区《关于进一步加强和改进杨浦区中小学校实验教学工作的试行意见》文本(节选)

项目组从源头规范区域创新实验室建设、经费管理、绩效考核等环节,配套《杨浦区教育局专项经费项目申报表》《杨浦区财政支出项目绩效目标申报模板》及《杨浦区教育局专项经费使用计划表》,促进区域创新实验室建设有序推进。对在建中的创新实验室,每月汇总实

验室建设进度和资金使用情况,加强过程管理,及时了解实验室的建设推进和使用情况。创新实验室每年的经费执行率都在90%以上。

区域每年召开三次创新实验室会议,分别是项目申报会、中期推进会、终期评估会,明确区域创新实验室工作节点。每年对上一年度创新实验室项目进行评估,研制了《杨浦区中小学创新实验室建设自评报告》《杨浦区市级、区级创新实验室建设情况实地调研评分表》,在学校总结创新实验室建设情况的基础上开展实地调研,组织区教育局、教育学院、高校或市级专家深入创新实验室,实施查看资料、教师访谈、听课观课等实地调研环节,进行现场指导,共同总结成功做法,反思创新实验室建设过程中存在的问题和不足,为学校创新实验室进一步建设提供意见和建议。对于建设进度滞后或课程建设薄弱的创新实验室,限期改正。

(三) 注重创新实验室内涵建设

课程是创新实验室建设的核心载体,项目组对于创新实验室配套的课程建设十分重视,将课程建设与实验室同步规划,甚至超前规划。区域明确要求每个创新实验室必须要建设至少一门与创新实验室配套的课程,每门课程必须包括课程方案、教材、评价标准等课程要素。

表6-8 区域编制的创新实验室课程评价指标框架(节选)

区域创新实验室课程评价指标(供参考)			
一级指标	二级指标	二级指标释义	评价主体
课程的开发与建设(20%)	课程定位 — 契合学生认知发展水平	设置的具体课程目标符合学生不同年龄段心智发展的认知水平	专家、学校、教师
	课程定位 — 融合跨学科核心素养/跨学科综合	课程目标有利于培养学生跨学科思维方式以及跨学科综合的理念	专家、学校、教师
	课程定位 — 培养批判质疑能力	课程目标注重培养学生具有问题意识;能独立思考、独立判断;思维缜密,能多角度、辨证地分析问题,做出选择和决定	专家、学校、教师
	课程定位 — 培育创新素养	课程目标聚焦培养学生创新、探究精神以及创新能力	专家、学校、教师
	课程内容 — 内容选择	课程内容应基于学科核心素养,对学科内容进行细分、拓展、深化,或进行跨学科设计; 重视与优秀传统文化、地域特色文化和学校育人理念以及现实生活相联系; 具有开放性、生成性和可持续发展性; 适合学生创新素养培育及学生自主学习理念的建立; 在与现实生活融合度高的基础上,选择的内容有前瞻性	专家、学校、教师

续　表

一级指标	二级指标	二级指标释义	评价主体
	内容组织	教学内容的组织契合学生年龄的具体认知水平,有利于教学的有效开展; 围绕"提出问题""开展活动""分析结果""交流共享"等设计探究实践活动,促进知识与技能、过程与方法、情感态度与价值观的高度融合	专家、学校、教师
	内容外延	课程具有示范性和可辐射性,对其他学校课程建设有借鉴示范作用,可以辐射其他学科或学校,具有可推广价值	专家、学校

在课程建设过程中,注重以下几个体现:

① 体现学校特色:如上理工附中对学校创新实验室群如何基于学校文化、办学特色进行了较完整的顶层设计,依托上海理工大学专业团队,建设了"环保素养与实践创新实验室""机器人创新实验室"等工程系列创新实验室,开发了"通过变废为宝 DIY 体验""学习废水治理技术""环保技术应用实践"等课程,体现了创建上海市工程类特色学校的学校特色;上海财经大学附属中学结合金融教育特色,编写《财商通识教育读本》(初级、中级、高级);

② 体现科技发展:课程有较强的适切性和前瞻性,如市光学校"智能数控模块化创新实验室"开发了"3D 创意设计""机器人设计与制作""智能传感"等课程;中原中学"基于迭代模型的创客教育实验室"项目已开发完成"基于 Arduino 的高中机器人""创客智能电子项目制作""3D 打印与创意设计"等课程,并配有完整教材;凤城新村小学基于云端的"小眼睛看大世界"创新实验室;政立路第二小学"STEM 体验"创新实验室;复旦二附校"数字艺术"创新实验室等引进了声光电传感器、GSM 模块、红外模块、温控模块等等,极大地丰富了教育内容,提升了学校科技教育的水平;

③ 体现人文素养:如市光一小"纸模型创意工坊"、许昌路第五小学"笑笑纸乐园"、打虎山路第一小学《爸爸课堂》、三门中学的《创意绳结》《创意纸艺》《创意布艺》等创新实验室课程,都关注在科技教育中融合传统文化、人文素养,使创新实验室成为"让学生感受科学与艺术氛围,丰富学生经历,帮助学生回到经验的本源"的载体。

三、建设策略

(一) 专家引领,理论指导

组成有市教委相关部门、高校、科研院所等专家参加的专家小组,开展相关文献研究、实地调研等工作,保证项目在上海市具有一定示范性。通过对创新实验室功能目标、课程定位、课程形式等内容不断打磨,逐渐形成了杨浦区的区域理解,即其既可以是一种拓展性的以动手实践为主的课程,也可以是跨学科的项目化课程,也可以是问题为线索而开发的由学科课程中发现的探究型课程。教师的教学方式转变、学生学习方式转变、共同促进创新生态的形成是关键。

(二) 机制保障,形成合力

建立由教育服务科牵头,高中科、义教科、计财科、人事科、资产中心、教研室、师训部等部门组成的项目小组,形成涵盖评审、管理等创新实验室建设、管理、评价全流程的制度。形成区域、联盟、学校及教师操作层面的四级评价连通体系。通过前评价、中评价、终评价等工作加强过程管理,推动区域创新实验室形成建成一批、在建一批、储备一批的格局。形成联盟式、盟主制,区级助力、学校主体、教师有效融入的区域推进制度,通过创新实验室联盟机制来实现区域创新实验室学段衔接、校际互动、资源共享。以控江中学、同济大学第一附属中学、上海理工大学附属中学、市东实验学校、上海财经大学附属中学五所高中为核心校的创新实验室联盟,以核心校牵头实现促进创新实验室体系建设及推进联盟校相关工作。各联盟建立了联盟章程,制定了联盟规范和各项制度,明确核心校及联盟校的权利和义务,建立组织管理网络,分级管理,责任明确。定期召开联盟校长会、联盟教师工作会等会议,沟通和推进联盟年度工作内容;建立了联盟信息平台,促进盟校信息分享及交流。项目组定期组织召开核心校工作会议,沟通年度联盟工作,明确重点难点和工作推进方案,推进联盟运行。

> **三、运行机制**
>
> **(二) 活动建设**
> 学校每年定期举办的校园艺术节、说话节;举行的上海市学生曲艺教育基地展示等活动,为广大学生提供一个展示自我,挑战自我的舞台,也成为进一步增强校园艺术氛围,推动学校沪语文化创新实验室建设的有效平台。学校沪语社团积极参与全国、市、区级展示、交流和比赛活动,如:全国少儿曲艺展演、上海市学生优秀传统文化主题月展演活动、非遗进大世界活动、上海教育博览会展示活动、上海市沪语传承系列活动、上海市民文化节"唯实杯"少儿曲艺大赛等等。这些活动在学生中树立了正确的历史观、民族观、国家观和文化观,增强文化自信和内在自信心,提升责任意识和合作意识。
>
> **(三) 联盟建设**
> 学校2019年加入控江中学创新实验室联盟,发挥各自优势,资源共享,联手合作,努力满足学生的文化创新需求,共建文化创新新天地。

图6-9 惠民中学创新实验室项目运行机制文本(节选)

(三) 科研跟进,资源整合

加强理论研究,推动与区域内科研院所等单位合作,使创新实验室建设适应科创中心重要承载区这一区域中心目标。同时,加强专家咨询,形成一批全市有影响力的创新实验室建设案例。区域层面,形成四册区域创新实验室案例集,分别是《2016区域学校创新实验室装备案例评选获奖案例选》《2017 杨浦区中小学创新实验室师资案例获奖案例选》《2018 杨浦区中小学创新实验室课程获奖案例选》《2019 杨浦区中小学创新实验室课程评价案例优秀案例选》,为区域学校创新实验室及课程建设提供分享交流。联盟层面,编撰联盟学校的案例集,如《2018 财经素养通识课程教师案例集》《2019 财智联盟教师微课集》《市政特色研究课题精选》等。

(四)课程引领,转变方式

通过师训、研讨、展示等活动,提升学校创新实验室课程领导力,促进学校创新实验室教与学的行为转变,提升创新实验室培养学生创新素养的核心功能。2020 年项目综合调研所涉及的学校中,共建设创新实验室课程 240 门,其中小学最多,建设课程 84 门,占 35%;其次是初中,占 32%,与创新实验室空间、教师建设一样,呈现迅速增长态势,高中占 22%。学校开设的创新实验室课程类型囊括了科创类、文史类、语言类、编程类、环境类、财经类、STEAM 类等各个类别。

第三节 教学展示平台

教学展示平台的搭建为处于不同职业发展阶段的教师提供展示自己课堂教学实践的机会和舞台,成为助推教师课堂教学行为改进的强大外驱力,对教师专业成长发挥着重要作用。

一、建设背景

(一)教学展示平台是激励教师贯彻落实创智课堂理念的动力

创智课堂的落脚点在课堂,而教师是课堂直接的组织者,创智课堂的建设需要每位教师的积极参与和推动。杨浦教师们对创智课堂理念经历了从不理解到逐渐理解再到认同达成共识并能自觉将其渗透到课堂教学实践中的系列过程,这不是一蹴而就的,而是需要不断探索的。杨浦区为了更好地在全区推广创智课堂,使创智课堂的理念真正落地,成为教师课堂教学的常态,努力搭建教师教学展示的平台,鼓励教师进行教学研究,深入理解创智课堂的内涵,进而将其意蕴贯彻到教学中。通过各种展示平台的建设,激发教师了解、理解和贯彻创智课堂理念的动力,推动创智课堂从理念到教学实践中落地生根。

(二)通过多样的教学展示平台提升教师专业素养,促进课堂教学转型

杨浦区通过"创智季""小荷杯""百花杯"中青年教师教学大奖赛、优秀表现样例评选等

教学展示平台的建设,给教师们提供了交流、研究和展示的平台,为教师们创设了广阔的成长空间。利用这些平台,教师不断研究创智课堂的理念,思考将其落实到学科教学中的方式方法。在这个过程中,教师的教学能力、研究能力、合作能力等都得到了提升,从而促进了课堂教学的转型,使课堂真正成为学生创生智慧的地方,实现了课堂从以教师为主体走向以学生为主体、从传统的灌输式教学走向以促进学生全面发展的转变,使课堂能够成为师生共成长的实践场域,让每个孩子都能以顺应其独特个性的方式长大成人。

二、呈现形式

(一)"创智季"展示活动

为推进新一轮上海市基础教育创新试验区建设,促进杨浦教育内涵发展,提升杨浦教育质量,区教育局以"杨浦教育创智季"平台构建为抓手,从课程与教学改革入手,不断建设完善平台项目,使之逐步成为杨浦教育成果汇聚、教育思想沉淀、教育经验提炼、教育实践展示的综合性平台。

杨浦区近年来每年都举行"创智季"专场展示活动,该活动已经成为区域交流、研究、展示的重要平台。在展示活动中,区域各类教育教学活动扎实开展,有效推进了杨浦教育内涵的发展。"创智季"由区教育局组织领导,区教育学院和区域教育基层单位全体参与。作为教育研讨、成果展示、教学评比等活动的综合性平台,特色活动有创智课堂优秀表现样例评选、优秀研究课、优秀自制教具、基于课程标准的教学与评价优秀学校实施案例评选等活动。通过各种展示活动,调动了学校、教师参与基础教育创新试验的积极性和主动性,形成区域教育研究和交流的良好氛围。同时通过研讨、展示、评比等活动,在区域层面上不断推出学校优秀教师,为他们创设更大的成长空间,进一步加大区域培养教学人才的力度;以基础教育创新试验为主线,集聚多方智慧,围绕教科研热点、难点问题进行深入研究,进一步提升区域教科研质量和学校教科研水平;通过"杨浦教育创智季"这一综合平台,充分展示创新试验背景下的区域及学校改革成果,不断扩大受益面,进一步推动杨浦教育内涵发展。

"创智季"展示平台的建设遵循全员参与、主动对接、形成合力的原则。①全员参与。区域推出相关评价激励措施,鼓励学校积极参与交流、展示、研讨等活动。②主动对接。各学校根据本校实际,积极参与"杨浦教育创智季"相关活动,视其为学校提升教育改革理念、提高教师教育改革热情、提炼学校教育改革经验的重要工作。③形成合力。区教育局、教育学院各科室、各部门统一思想、强化资源整合意识,认真选择活动内容,精心设计活动方案,大胆创新,力争把"杨浦教育创智季"建设成体现区域教育理念、展示区域工作进程、反映区域工作成效的综合性平台。

"创智季"主要内容包括:①活动组成:"杨浦教育创智季"共分"问题讨论""教学实践"

"总结反思"三部分。三年一个大主题,每年一个分主题。主题对接创智课堂、"我的创智天地"课程、学生创新素养发展性评价、培育学生创新素养的教师创新能力等区域重大研究项目。②活动形式:区教育局组织领导,区教育学院和区域教育基层单位全体参与。以"问题讨论""教学实践""总结反思"主题活动为统领,依托市、区、校三级教研联动平台,借助市教科研专家力量,集聚区域、学校教科研资源,发挥区名教师、学科带头人及骨干教师作用,形成市、区、校联动研究共同体,深化实践与探索,引领区域教育综合改革。③活动流程:区教育局于每年九月确定"杨浦教育创智季"年度主题,明晰责任部门,各责任部门确定各自活动方案并上报教育局,区教育局整合、形成整体方案;十月至十二月各责任部门动员、组织、协调各学校开展"问题研讨""教学实践"各类活动;十二月由区教育局组织开展"总结反思"工作。

(二)"小荷杯""百花杯"教师教学评选活动

"小荷杯"教师教学评选活动是杨浦的特色活动,以深化新课改加强教学工作,提高教学工作有效性,提高区学校教学质量为主要目标,引导和鼓励广大青年教师更好地加强教学研究,体现"以学生发展为本"的思想。通过评选,对努力钻研《课程标准》和教材,锐意进行课堂教学改革,在落实教学基本环节中有特色、有创新、有成效的青年教师进行奖励。对一、二、三等奖获得者颁发获奖证书,并记入业务档案。初赛依据参赛教师专业基本功的考核、教案书写、说课和上课等形式,结合学科特点进行评选。

"百花杯"教师教学评优活动作为教师教学展示的另一个重要平台,评选学科主要有中学语文、政治、历史、地理学科,以及研究型课程(初中探究、高中研究)。由各校组织"百花杯"教师教学比赛预赛,开展一次以"创智课堂,我们的理解与实践"为主题的研讨活动,并做好中学语文、政治、历史、地理学科参赛教师的选拔工作。研究型课程参赛教师的选拔以《上海市中小学研究型课程指南》的课程定位和实施要求为依据,进行课程计划建设和课题(或项目)设计和研究。

当然,尽管杨浦的"小荷杯""百花杯"教学比赛在形式上沿用过去教学比赛的一般模式,但是它仍然在一定程度上体现了创智课堂理念引领下的教师行为的良性转变,因为对于优秀作品的评价不再沿用以往的标准,而是将创智课堂理论框架的核心观念融合进比赛的评价标准中去,遴选出的优秀作品也能看出创智课堂的愿景主张。从学生的学习行为与教师的教学行为出发,以学生的"思维状态""参与状态""交往状态""达成状态"和教师的"教学目标""教学内容""教学指导与调控""教学方法与手段"和"教学基本技能"为评价指标。从具体的评价内容可以看到与以往的评价标准的区别,更关注学生在真实的问题情境中解决问题的能力,注重学生的主体性;在特色加分环节,特别提到了教师在教学中能够始终关注学生的创新精神和创新能力的培养。这些都是创智课堂的内在要求,通过教学大赛,教师对创智课堂的理论和实践有了更深刻的认识与体验,是教师专业发展的重要平台,是促进传统课堂向创智型课堂转型的强有力推手。

表6-9 杨浦区"百花杯"中青年教师教学大奖赛评价表

评价项目	评价指标	评价内容	权重(%)	得分	合计
学生学习行为50%	思维状态	1. 关注问题情境,习惯积极思考。 2. 思维敏捷流畅活跃,有深度和广度。 3. 大胆质疑、补充,思维具有批判性、发散性。	15		
	参与状态	4. 不同层次学生乐于主动参与。 5. 参与方式多样,参与有深度,能主动学习。	10		
	交往状态	6. 生生交流活动形式多样有效。 7. 在交互学习中会倾听,善合作,勤探究,有发现,敢表达。	10		
	达成状态	8. 学生学习动力持久,认知水平和学习能力得到发展。 9. 在参与学习中领悟学科知识,体验创新精神。 10. 学习轻松活泼,有成功感和喜悦感。	15		
教师教学行为50%	教学目标	11. 体现三维目标,教育与教学并重。 12. 目标明确、具体、合理,切合学生实际。	10		
	教学内容	13. 对教学资源和教材内容进行重组、整合,重点难点内容把握准确,层次分明、条理清晰。	10		
	教学指导与调控	14. 问题设计有针对性、启发性、层次性,倡导师生共振。 15. 课堂教学结构合理,过程有序,逻辑严密;教学环节合理完整。 16. 课堂平等、开放、互动,氛围和谐,呈现良好的生态课堂。 17. 智慧利用生成性问题,柔性评价多样、及时、有效。	15		
	教学方法与手段	18. 采用恰当的教学方法,面向全体学生,实施分类与分层教学。 19. 多媒体和媒体(演示实验、粉笔等)教学工具使用恰到好处,关注科学探究精神和人文素养的渗透。	10		
	教学基本技能	20. 语言表达清晰、准确,板书工整、规范、优美,教态亲切、大气,多媒体技术运用恰当,演示实验操作规范、熟练。	5		
特色加分		注重学科育人价值的渗透。师生互动持久,关系融洽。始终关注学生的创新精神和创新能力的培养	5		
综合描述					
评价等级	优秀 100—85	良好 84—75	合格 74—60	不合格 60分以下	等级	总分	

三、建设策略

(一) 完善组织保障,保证各项展示活动有序开展

教学展示平台的搭建和各项活动的有序开展有赖于区域强有力的组织保障。区域层面

组织的各项活动,都由区教育局主办、区教育学院和相关学校承办。学校层面组织的各项活动,则是在区域主体统领下,区教育局和区教育学院相关科室、部门参与,由学校主办。以此形成自上而下和自下而上相结合的组织形式,保证各项活动的有序开展和平台的合理使用。

(二) 提供经费保障,确保展示活动有效开展

杨浦区教学活动展示平台由各项特色活动构成,涉及区教育局、区教育学院和相关学校等不同主体,而活动的有序开展离不开充足的经费支持,因此区教育局每年按照经费预算提供专项经费支持区域层面的相关活动,学校也给予相应配套经费,以确保学校层面各项活动的有效开展。

(三) 建设教师激励机制,提高教师参与积极性

教师对创智课堂理念的认同及对创智课堂理念引导下的各项活动的支持在很大程度上决定了创智课堂区域推进的成效,因此建立起全方位、系统化、制度化的教师激励机制显得尤为重要。区教育局、教育学院、学校都对各项教学展示、比赛活动中成绩突出的学校和个人给予表彰,并将其与教师的绩效考评挂钩,以此提高教师参与教学展示活动的积极性,提高教师参与度。

第四节 网络平台

为了更好地促进杨浦区高中"双新"建设工作实施,助力信息技术与课堂教学的深度融合,在数字化领域构建面向教师专业能力发展和学生自主学习的"同创空间",集如下功能于一体:针对教研员,基于"新课程新教材"的"教研—培训—科研"提供丰富的活动资源与运作平台,以学分管理为驱动,为区域教师专业能力提升提供数字化协作服务,有效提升教研员工作效率;针对教师,形成个人专业能力发展的"同创空间",整合业务资源,方便教研训参与和优秀资源获取,并提供项目化学习和自主学习教学新模式平台,有效提升教师课堂教学水平;针对学生,形成个人学习成长的"同创空间",提供丰富的学习资源,多元的学习方式,激发学生学习兴趣和学习潜能,有效提升学生学习效果。

一、建设背景

(一) 以国家教育改革政策为根本指引

依照《国务院办公厅关于新时代推进普通高中育人方式改革的指导意见》《教育部关于

做好普通高中新课程新教材实施工作的指导意见》《上海市教育委员会关于做好普通高中新课程新教材实施工作的通知》等文件精神,结合杨浦区高中"双新"国家级示范区建设工作的总体要求,参照教育部《网络学习空间建设与应用指南》的通知,建设杨浦区高中新课程新教材实施"同创空间"数字化学习社区,关注资源的生产、选择和使用,关注教师专业能力和课堂教学能力的提升,凸显"双新"的理念和要求,推进普通高中育人方式改革,支撑区域内普通高中"双新"有效实施。

(二) 以区域"创智云平台"为实践基础

杨浦区教育学院于2012年启动了创智云课堂项目,利用信息技术全面支撑创智课堂的实践,由杨浦区教育局统筹,教育局信息中心支撑,杨浦区教研室指导,以信息技术与课程整合为目标,通过数字化手段改变现有课堂教学模式,用技术全面支撑创智课堂的核心。创智云课堂就是将传统的教室变成随时与互联网连通的新的学习空间,将传统的教材和教学资源通过数字化手段变成数字资源,将传统的教授式的课堂变成真正以学生学习为主的翻转课堂、互动课堂,借助区域云平台将为教师和学生的资源获取、学习方式的变革提供了可能,从而促进教与学方式的变革与再造。先后有68所学校78个班级参与试点应用,项目试点年级涵盖了小、初、高的各个年级,学科包含基础学科及拓展学科:语文、数学、英语、道法、科技、化学、历史、地理等共13个学科。

(三) 以信息技术与课堂教学的深度融合为价值追求

创智课堂的三大要素为学习环境创新、教学创新、学习创新。其中,学习环境创新的主要需求为空间再造,我区基于云课堂平台教师及学生的个人空间打通线上线下、课内课外;教学创新的主要需求为线上线下融合、家校联动、有效互动、多元评价、数据驱动。云课堂多种互动任务形式促进线上线下教学融合;支持生生、师生、个人、小组多元评价,数据采集和分析系统有效支持教学反思。学习创新的主要需求为提升学生学习的自主性、探究性,加强数据采集及其分析应用,丰富现有的资源内容和形式,创智云课堂支持项目式学习、问题式学习、抛锚教学法等多种教学模式,能有效吸引学生兴趣,提升学习的自主性和探究性;平台配套海量优质多媒体资源及互动资源;拥有及时的数据反馈和完善的数据分析以支撑个性化学习。

二、呈现形式

基于区数字基座构建"双新"同创数字化学习空间,将根据教研员、教师和学生等不同角色进行业务系统整合、社交互动、待办事项跟踪、消息智能推送和个人业务档案汇总。

在教师专业发展应用系统中,以学分为抓手鼓励教研员组织教师参与研修、培训和科研活动；以名师为抓手鼓励名师成立工作室吸引教师参与；以优质资源为抓手鼓励教师学习名师课堂和专家讲座，通过信息化平台进行支撑，针对已建应用系统和市级关联应用系统进行对接。

在学生学习成长应用系统中，以优质资源为抓手鼓励学生参与多元化学习，自主在课程超市中参与选课、参与在线学习，激发学习兴趣和学习潜能；以项目化学习为抓手鼓励师生进行混合式项目化学习探索，充分利用小组学习和多元评价提升学生解决问题的能力。

资源平台将整合教研资源、科研资源、培训资源、名师资源、课程资源，并鼓励教师进行个人资源管理，将优秀资源进行共享，形成良好的教学资源创生生态系统，将区"双新"优质资源进行统一管理和汇聚。

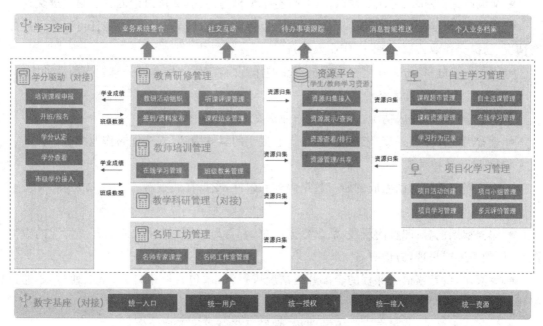

图 6-10　同创空间整体设计

（一）教师研修管理平台（业务部门：教研室）

教师研修管理是专业能力提升的核心业务，以新课程新教材研究为抓手，形成区本课程化研修体系和校本单次教研活动，基于区域不同学科不同主题开展的研修活动进行分析，为校本研修提供引领和指导，同时将研修过程中有价值的资源进行归集和推优作为资源输出给教育资源管理平台。主要功能及流程设计如下：

1. 教研活动创建
- 从教师教育管理平台同步相关课程、班级信息、参与对象；

- 设置研修主题、目标、内容、具体时间;
- 添加研修资源和相关作业,编辑公开课证明等,若教研活动形式为听评课/课例分析,还需添加评价量表,可针对课例进行分段点评;
- 编辑和导出公开课证明。

2. 教研活动参与
- 线上活动开展:学员可查看教研活动相关信息,根据活动要求线上完成内容学习,并提交作业;
- 线下活动开展:包含活动签到、活动开展情况记录上传以及与活动开展相关的其他材料上传;
- 混合式教研活动:包含线上及线下两种模式;
- 交流讨论:主持人可在活动内发起讨论,学员参与讨论,支持讨论内容及附件提交;
- 作业提交:学员根据活动要求提交作业,支持常用附件格式上传,班主任可查看作业提交情况(已提交作业人数、未提交作业人数);
- 优秀作业分享:班主任可查看学员提交的作业内容,优秀作业可分享到当前活动中。

3. 教研活动完成情况查看
- 查看学员研修完成情况:主要涉及作业提交和签到情况;
- 查看当前作业已提交/未提交人数,作业提交的具体内容,支持优秀作业的分享。

4. 教研活动档案袋
- 汇总当前教研活动生成的所有数据内容和附件,支持在线查看。

5. 结业管理
- 课程数据汇总:课程内班级、活动数据汇总,包含班级开设情况、活动开展情况的数据汇总,以列表形式呈现,方便查看。
- 专家评审:专家根据课程的全部开展情况进行评审,包含评审打分,审核通过、不通过操作,专家意见填写等;
- 学分认定赋予:通过专家评审的课程,学员可获得课程所赋学分。

部分页面设计参考见图 6-11。

(二) 教师培训管理平台(业务部门:师训部)

教师培训管理以学分为抓手,通过线上线下学习的模式面向基层教师开展通识培训和专业培训,支持交互练习、作业提交、在线学习行为记录,并针对教师参与培训学习的习惯、态度进行跟踪分析。

1. 课程创建管理
- 从市级教师教育管理平台同步课程、班级数据;

图 6-11 同创空间之"教师研修管理平台"整体设计(参考页面)

● 管理课程内容,包括课程目录管理、课程资源管理(包括视频、文档)、课程作业管理、课程测试管理、设置学习周期。

2. 班级管理

● 学习时间管理:设置学习时间段;

● 课程公告管理;

● 优秀作业推荐和展示管理。

3. 在线学习管理

● 在线视频学习;

● 在线文档阅读;

● 交互测试练习;

● 作业提交管理;

● 同伴互评管理;

● 互动讨论管理;

● 课程结业管理:结业确认,状态同步至教师教育管理平台,认定学分。

4. 学习行为统计分析

● 学员档案管理:总成绩管理、单元交互练习评测结果管理;

● 班级学习情况报表:实际学习天数、实际学习人数、典型学员数据模型、成绩等级分布情况等。

部分页面设计参考见图 6-12。

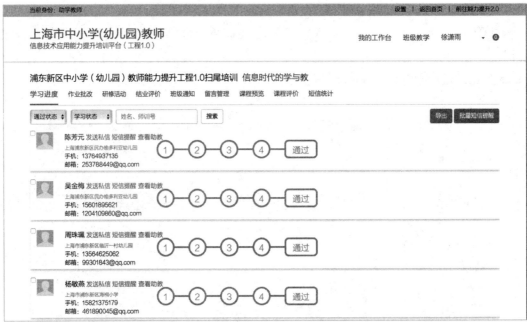

图6-12 同创空间之"教师培训管理平台"整体设计(参考页面)

(三) 名师工坊管理平台(业务部门:师训部)

名师工坊主要针对"双新"聘请名师和专家开展线上/线下交融的主题活动,组建名师工作室,发挥名师和专家的引领和带头作用。平台支持名师课堂、专家讲座等优秀资源分享,名师工作室组建和管理,帮助教师提升"双新"教学实施的能力水平。设计功能如下:

1. 名师课堂管理

● 针对名师课堂资源进行分类,按类别上传名师课堂资源,包括名师课堂视频、名师课堂微课、名师备课资源等。

2. 专家讲座管理

● 针对专家讲座资源进行分类,按类别上传专家讲座资源,包括专家讲座视频、专家讲座微课、专家讲座文档资源等。

3. 名师工作室管理

(1) 名师工作室创建

● 系统支持名师工作室的创建,包含主持人管理、学科、年度管理、研究性主题、参与对象要求等基本信息;

● 工作室创建完成之后,符合要求的参与对象可申请加入,系统根据用户名自动读取教师基本信息,主持人可以筛选确认最终的工作室成员;

● 主持人根据研究主题和研究目标,发布名师工作室的实施方案。

(2) 研讨活动组织开展

名师工作室可以开展多次研讨活动,研讨形式、参与对象不做单一限制,研讨活动的组织与参与设计如下所示:

● 活动通知:活动主题、活动目标、活动内容、活动开始时间及结束时间等信息设置,按模板和字段自动生成活动通知;

● 活动设置:活动类别(主题研修/讲座/基地考察)、活动主持人、助教管理员、参与及通知对象等信息设置;

● 资源上传:活动相关资料上传,支持常用附件格式上传;

● 作业设置:活动作业要求、提交截止时间设置;

● 活动开展:包含活动签到、活动开展情况记录上传,以及与活动开展相关的其他材料上传;

● 作业提交:学员根据活动要求提交作业,支持支持常用附件格式上传,班主任可查看作业提交情况(已提交作业人数、未提交作业人数);

● 评价管理:系统支持量表设计,主持人对学员的参与情况进行评价;

● 优秀作业分享:可查看学员提交的作业内容,优秀作业可分享到当前活动中。

(3) 名师工作室展示管理

● 与学科性、研究主题相关的政策文件、通知发布;各类研讨活动图片展示、活动小结记录等,以及学员在整个名师工作室参与过程中的优质资源共享等。

部分页面设计参考见图 6-13。

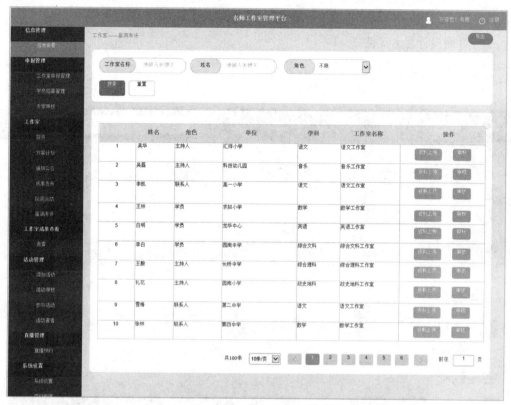

图6-13 同创空间之"名师工坊管理平台"整体设计(参考页面)

(四) 自主学习管理平台(业务部门:教研室、学校教师)

以"新课程新教材"推进为基础,建立课程超市,面向学生提供更丰富的学习资源,支持线上自主选课管理、课程资源管理、在线学习管理和学习行为记录分析等,一方面挖掘学生兴趣点,满足个性学习的诉求,另一方面可以通过数据分析了解课程内容的受欢迎程度。

1. 课程超市管理:可在区域层面或学校层面针对"双新"创建不同的课程,包括课程简介、课程对象说明、课程内容说明、课程学分说明和课程评价说明等。

2. 自主选课管理:让学生在学校统一安排下自主选择课程超市中的课程进行学习,也可让学生在教师的组织下按照约定的时间进入学习教师指定课程学习。

3. 课程资源管理:针对课程进行目录管理,针对每个章节上传学习视频、上传学习资料、添加测试题目、添加主观作业等。

4. 在线学习管理:让学生进行自主视频学习、资源阅读、自我测验和作业提交,也可参与互评和交流讨论。

5. 学生行为记录：主要记录学生学习视频时长、浏览资料时长、自我测验成绩、主观作业成绩和总体成绩，并从不同的维度分析班级、学校和区域学生的学习情况。

部分页面设计参考见图 6-14。

玩味上海

这是一门学习上海传统文化的拓展课,以"兜兜转转玩上海"的形式,带领你"追昔抚今品文化"。本课程先追溯上海的开埠历史,随后展示海派文化在政治、经济、文艺及市民生活等方面的表现,解说文化现象的同时,引领你去城市行走,徜徉在人文风景中,体验本土文化,理解上海城市精神。

| 课程信息 | 课程预览 | 课程学习 | 拓展资源 | 课程评价 | 讨论区 |

已经结课（第2次）

参加人数：
99人

最新报名
13人

收藏人数
5人

集中答疑时间（开课期间每周）
暂无

开放讨论时间
开课期间全天开放

课程信息
课程分类
语言文学

课程公告
开课时间：2017年1月21日-2017年4月22日 视频学习时间：寒假期间每天，平时双休日，8:00-20:00. 讨论时间：周日15:00-17:00

学习目的
学习本土文化，体验风土人情，感悟城市精神。

适用对象
初中,高中

学习内容
第一讲上海初开埠 第二讲认识大人物 第三讲玩转大马路 第四讲领略老建筑 第五讲遇见老字号 第六讲发现大品牌 第七讲品鉴好味道 第八讲摩登电影 第九讲海派舞台 第十讲上海方言

证书要求
1.完成视频学习。 2.思考课后练习题。 3.任选一讲"课后练习"回答，并将之上传到讨论区。

预备知识
对上海这座城市的文化感兴趣，心存好奇。

参考资料
《上海制造》马尚龙 上海书店出版社 2013年8月版 百度百科

图6-14 同创空间之"自主学习管理平台"整体设计(参考页面)

(五) 项目化学习管理平台(业务部门:教研室、学校教师)

为了更好地提升学生解决问题的能力,很多"双新"课程采用项目化学习进行实施。由于线下实施中较难沉淀学生成果,而且评价存在一定的局限性,均由教师进行,学生很难看到其他学生的作品,并参与评价。为此开发项目化学习管理平台,包括项目活动创建、项目小组管理、项目学习管理、多元评价管理。

1. 项目活动创建:在项目化课程中创建项目活动,每个活动可包括问卷调查、活动资料学习、活动自我测试、活动过程记录、活动作业发布和活动评价形式设置等。

2. 项目小组管理:项目化学习按小组形式进行实施,每个小组可设定组长,设置组内互评等。

3. 项目学习管理:主要进行视频学习、资源查看、上传过程资料、上传作业成果、参与问卷调查等。

4. 多元评价管理:主要进行量表管理,让学生参与自评、互评,教师参与评价等多元评价方式,力求保证评价的科学性和可实施性。

部分页面设计参考见图6-15。

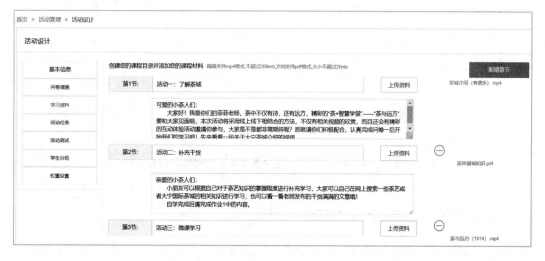

图6-15 同创空间之"项目化学习管理平台"整体设计(参考页面)

(六) 教育资源管理平台(业务部门:信息中心)

教育资源管理平台将不同业务平台中产生的优秀学习资源归集,从不同维度来看,有教师发展资源和学生学习资源,有业务场景中输出的内部资源,也包含外部较为成熟的采购资源,以及基于区域的共享资源和校本资源。主要包括资源管理/共享、资源归集接入、资源展示/查询、资源排行/统计等。

1. 资源管理/共享:将组建资源目录,上传优秀视频资源(包括自制资源和外部引进资源),共享资源供区域教师使用。

2. 资源归集接入:将不同业务平台中的资源按一定目录形式接入,供区域教师进行查看和查询。

3. 资源展示/查询:进行音视频资源、文档资源的展示(自动汇聚形成学校、学科、业务门户等展示),供教师查看、浏览,同时通过关键字和标签进行查询。

4. 资源排行/统计:将针对热门资源进行排序,支持根据资源浏览量、收藏量进行热门资源进行排行管理;资源统计分析可进行总体数量统计、总体容量统计和用户排行统计等。

(七) 市区平台对接管理(业务部门:信息中心)

为了更好地进行"双新"同创空间建设,需要与市区级相关平台对接,主要和三类平台对接。

1. 区级数字基座对接:为了更好地统一入口、统一用户、统一授权、统一接入和统一资源,需要和区级数字基座对接,保证区域各类平台整体部署,并保证后续各平台开放接口,灵活提取各平台数据资源,提升数据资产价值。

2. 教师教育管理平台对接:为了更好地促进"双新示范区"实施,教师业务平台数字化应用推进须与学分挂钩,无论是教育研修活动的参与还是教育培训体系中的在线学习,学分认定形成是业务持续有效推进的驱力,本空间建设应复用教师教育管理平台相关功能,并与业务模块形成整合对接,主要设计功能如下:

(1) 课程申报,可与学分挂钩的任何一种业务活动申报,包含参与线上/线下培训(师训)、参与学科教研活动、参与科研课题/项目研究等;

(2) 同步开班和报名信息至业务平台(教研、科研、在线学习平台等)可直接开展业务活动;同时将业务平台过程性数据反向传递给学分管理平台作为学分认定的佐证依据。

3. 科研管理平台对接:关注基层学校科研课题申报与开展,关注课题成果的转化与应用。本应用模块主要业务流程包含立项管理、过程性管理、成果评审管理等,应复用区级科研管理平台相关功能,并与业务模块形成整合对接。

通过各个平台的对接,保证数据的统一性,遵循"一数一源"原则,如有学分的课程创建均在教师教育管理平台中进行,而具体实施分别在教研、培训和科研管理平台等业务应用系统中进行。

(八) 数字化学习空间(业务部门:信息中心)

以"学习者为中心"建立社交协作的数字化学习空间,主要设计功能包含:

1. 为不同后台应用模块提供业务系统整合,支持重要消息的推送、待办事项跟踪;
2. 建立不同主题的学习社群关系,支持分享/转载/喜欢等互动行为;
3. 与学分、教育研修、教师培训以及学习自主学习模块整合,同步市、区、校学分,将相关业务数据归集生成教师/学生发展档案袋。

部分页面设计参考见图 6-16。

图 6-16 同创空间之"教育资源管理平台"整体设计(参考页面)

三、建设策略

（一）提供高质量的教师研修课程

改革开放以来，我国教师培训取得重大成就，教师培训课程改革也在逐步推进。《上海市"十二五"中小学、幼儿园教师培训工作实施意见（试行）》明确提出"构筑教学、教研、科研和培训融为一体的共享课程管理体系……为教师提供多层面、可选择、高质量的培训课程"。高质量的教师研修课程是运用网络平台开展教师研修活动的核心要素，是开展教师继续教育活动的载体。

（二）集聚区域教师智慧

平台建设不仅需要专家学者、教研员以及技术人员的力量，还需要吸纳区域教师参与。通过挖掘教师潜力，发挥区域教师自身的优势，集聚适合本区教师创智课堂实践的智慧成果。以网络研修课程建设为例，区域教师既是网络课程开发的必要成员，又是网络课程实施的助学导师，还是网络课程的实践应用者。

（三）以平台建设为契机实现教研训培一体化发展

长期以来，我国中小学教师的职后教育或继续教育客观上一直存在着两条互不相干的运行路线和工作模式：一条是由师训部门实施的培训课程，另一条是由教研部门开展的教研活动。二者各行其道，难以形成合力，严重制约了教师继续教育效果。在这样的背景下，就有了"研训一体"的理念生成和改革行动。[1]"同创空间"网络平台为教研员、教师、学生等不同对象提供适切的功能服务，是一个集教师研修、课程资源、专业发展、自主学习等为一体的功能性平台。建设"同创空间"网络平台的过程中，区教育局、教育学院在加强与高校横向合作的同时，采用纵向合作的联动机制，打破部门壁垒，使得教研室、师训部、科研室、信息中心等多个部门通力协作，在平台建设这一共同任务驱动下分工协作，并以此为契机实现教研训培的一体化发展，整合区域力量推进创智课堂，形成区域创智课堂新常态。

---

[1] 贾荣固. 师资培训要走研训一体之路[J]. 继续教育，2006(02):11-13.

第七章 区域推进创智课堂建设的成效与展望

杨浦在全区整体推进创智课堂建设中取得了一系列的成效,在区域学校学生学习方式与学习表现、教师教学观念与教学行为、区域辐射影响等方面均产生了一定的积极作用。但同时,我们也应当正视课堂变革与教学转型的复杂性与艰巨性,进一步深化、明晰创智课堂未来的发展方向:不断激发学校开展课堂变革的内生动力,不断强化教研员和教师参与变革的能力建设,不断加强区域教研、师训、督导与学校的协同联动。

第一节 区域推进创智课堂建设的实践成效

一、学生层面:转变学生学习方式,促进学生学习的良性发展

(一) 学业成绩持续高位稳定

近年来,杨浦区初高三学生学业成绩持续高位稳定。通过对比2014和2019两年的上海市绿色指标数据结果:学生学业标准、学习动机和师生关系等均处于较高水平,维持在9分;学生学习压力有了显著改善,由5分跃至8分;学习自信心和作业等维度也有了很大程度的正向变化,充分显示了创智课堂对于促进学生学习的正向作用。

表7-1 2014年和2019年上海市绿色指标测试结果(杨浦区)对比

	学业标准	学习自信心	学习动机	学生学习压力	对学校的认同	师生关系	品德行为
2014年	9	8	9	5	9	9	9
2019年	9	9	9	8	9	9	9

(二) 课堂上学生非认知技能得到明显提升

根据杨浦区创智课堂工作坊视频研究项目①的调研结果显示:对智慧教师工作坊的语文、历史等学科课堂视频分析,以及比对学生前后测问卷调查结果发现,创智课堂工作坊开展以后,学生不仅在课堂社会情感支持,包括师生关系和自主性发展上感受到更多的尊重和激励,还在学习动机、学科自我概念水平、努力与坚持和学习兴趣等非认知技能上均有提升(见图7-1)。尤其,历史课在工作坊开展之后所观测的课堂上,学生在上述各项上的自我概念水平均达到了3.5分以上的水平。上述各项的量纲均为1—4分,数值越高则表示学生在相应各项上的主观感受水平越强。

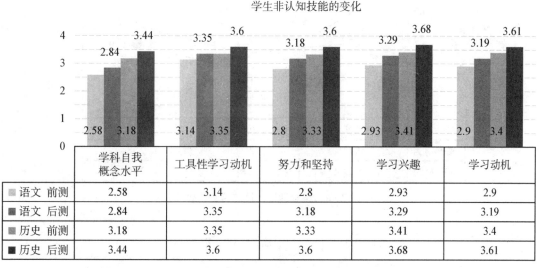

图7-1 语文、历史学科学生非认知技能的变化

(三) 学生的课堂参与度产生积极变化

如图7-2所示:从三科课堂在话语性质上的前测评分结果看,各学科得分由高到低分别为政治2.73、语文2.42和历史2.22分。这说明政治课的教学对话中学生有时会主导教学对话并且有具体的思维输出。而语文和历史课都处于教师经常主导教学对话,学生很少有详细和细节性的输出。但从后测第2节课的表现上看,历史和政治课在指标上的得分有下降,尤其历史课下降较大,均值已小于2分。这说明至少在历史课上出现了教师一言堂,学生很少有细节性的输出。相比之下,语文课在该指标上的得分有较大提升,均值从2.42分提升

---

① 项目组主要成员:徐瑾劼(博士、上海师范大学副教授)、朱雁(博士、华东师范大学副教授)、安桂清(博士、华东师范大学教授)、叶颖(博士)。

至3.0分。这表明创智工作坊开展这段时间以来，**语文课在提升学生在教学对话中的主体性、参与水平上卓有成效**。这也许与语文课教师较多采用了小组活动的课堂组织形式有关。政治课尽管在该项指标的得分均值上略有下降，但从教师在不同分数段上的分布看，创智工作坊开展后进行的后测第2节课上，出现教学对话中学生有时发起、主导对话并有细节性输出的课堂数量从前测的1名教师增加到了3名教师（见图7-3）。由于后测第2节课没有出现3.5—4分的高水平课堂，因此拉低了政治课教师在后测中的整体均值水平。但实际上，**政治课在改进教学对话中学生主导性和参与度上是有一定成效的**。

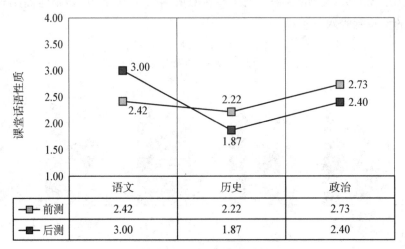

图7-2 课堂话语性质前后测比较

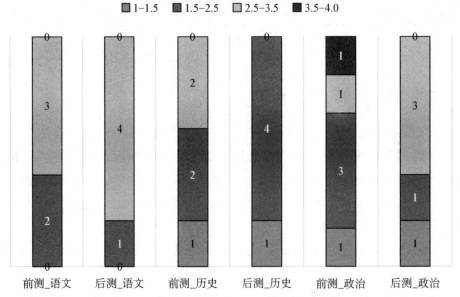

图7-3 三科教师在课堂话语指标得分段上分布的前后测比较

与此同时,为了加强从学生视角看课堂教学的实际变化,重视以学生为主体的课程体验,项目组在前测第 1 节课之前和后测第 2 节课之后,以问卷的方式分别了解学生和教师对课堂参与度的感受,询问学生语文/历史/政治教师在课上要求他们说明自己观点、鼓励他们质疑和批判其他学生观点以及要求他们相互之间进行讨论的频率。项目组根据学生或教师对上述问题的作答汇总合成了学生参与度指数,该指数的量纲为 1—4 分,指数的均值越高则表示学生感受到了更多、更深入的课堂参与或教师认为他们所教课堂上为学生提供了更多课堂参与的机会。

对比前后测学生的作答情况看:首先,无论是前测还是后测,学生对语文、历史和政治课堂参与度的主观感受均较强,均值都接近 3.5 分或超过 3.5 分(见图 7-4)。其中,政治课相对偏低;其次,从变化上看,语文和历史课上学生对课堂参与的主观感受得到了进一步加强,尤其语文课,学生前后测在该指数均值上的差异达到了显著性水平($p<0.05$),提升显著。而政治课则保持了相对稳定的水平。这说明,在创智课堂工作坊之后学生在语文课上感受到了更强的课堂参与度。此外,相关分析发现,在后测中,教师与学生对课堂参与度的感受一致性较强,尤其是语文(相关系数 0.57)和历史课(相关系数 0.76)。这说明,**语文和历史老师以及他们的学生都一致认同创智课堂工作坊开展之后课堂参与度的积极变化。**

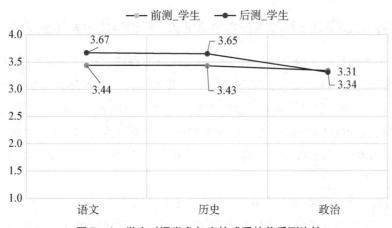

图 7-4 学生对课堂参与度的感受的前后测比较

二、教师层面:推动教师教学观念和行为的有效转变,助力教学成效的有力提升

总体来看,课堂视频前后测分析结果显示:不同学科教师在学科内容质量、课堂话语质量和适应性教学等指标上均有不同程度的提升,课堂认知参与和社会情感支持指标亟待提升。在运用视频数据和问卷数据来多维视角地呈现和揭示课堂对教师和学生产生实际影响

的变化上,高中语文学科多项指标均有较大提升(见图7-5),特别是社会情感支持指标有实质性提升。

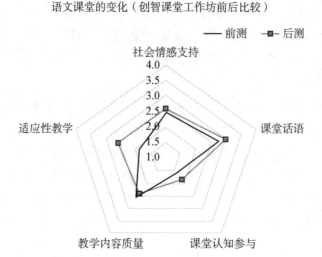

图7-5 智慧教师工作坊建设前后语文学科课堂教学的整体变化

(一) 学科内容质量是三科教师在六个课堂教学评价维度中表现最好的领域

教学的一个重要目标是提升学生对学科的兴趣以及理解。高质量学科学习的课堂的首要特征,即是所呈现的思想、概念和任务的清晰度和准确性。除学科内容的清晰度、学习目标的明确性,课堂活动与学习目标的一致性亦是影响学生认知的重要因素。基于此,项目组分别从内容清晰、学习目标和学科内容在两个层面上的关联性等多个视角,对语文、历史和政治课共计15名教师,每名教师2节课进行视频分析,以反映三门学科教师所教课堂在学科内容质量上的变化。

1. 从学科内容质量的整体水平看,历史课课堂有一定的提升

根据教师在相关观测指标上的行为表现汇总,得到了教师所教课堂在学科内容质量维度上的总体得分。得分可以分为四档,从低到高依次为"没有或几乎没有出现与学科内容质量有关的教学行为"的课堂(1.0—1.5分)、"偶尔有与学科内容质量有关的教学行为"的课堂(2—2.5分)、"经常出现与学科内容质量有关的教学行为"的课堂(2.5—3.5分)和"频繁出现与学科内容质量有关的教学行为"的课堂(3.5—4.0分)。

对三科教师前后两节课在学科内容质量维度上的整体得分进行比较(见图7-6),尽管从均值看,语文和政治课在学科内容质量水平上皆出现了下降,但并不显著。并且,从得分的四档水平看,两个科目的前后两节课在学科内容质量上的水平变化总体上也不大。不过,有意思的是,在第2节政治课中,有1个课堂"频繁"出现与学科内容质量有关的教学行为。

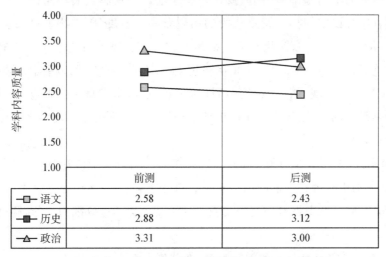

图7-6 课堂学科内容质量水平的前后变化

与其他两个学科比较后发现,历史课在学科内容质量平均得分从2.88上升到了3.12,尽管提升幅度并没有达到显著性水平,且维持在"经常"的频度上。从5名历史教师在各分数段上的分布看,在后测中,所有5名教师的与学科内容质量相关的教学行为的出现频度皆达到"经常"程度(见图7-7)。

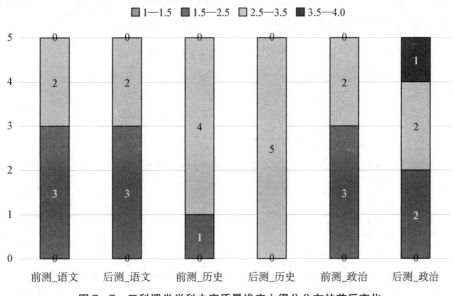

图7-7 三科课堂学科内容质量维度上得分分布的前后变化

2. 三个科目课堂上的内容清晰度呈现出较高水平

高质量的课堂的首要特征是教学内容的清晰度与准确性;换句话说,围绕课程学习目标

第七章 区域推进创智课堂建设的成效与展望

所指定的教学内容需要清晰准确,同时要确保学生能跟上课程内容。本研究通过观察教师和学生在不同教学片段中的相关特定行为的出现频率及密度,汇总出教师在整节课上的总体表现。"内容清晰度"这一观测指标的量纲为1—4分,"1"表示课堂上呈现的概念、任务、学生的反应或讨论通常是模糊的,且学生多次表现出不理解课程中某种相同的逻辑元素,在清晰度方面,学生的行为表现具有特定的类型;"4"则表示课堂上呈现的概念、任务、学生的反应模式或讨论是清晰的,且学生没有1次出现不理解课程中的逻辑元素,学生看来能够理解课程中逻辑元素。

从内容清晰度指标的均值变化看,三个学科在前后两节课上均达到或接近满分(4分)。事实上,除有2名历史教师在他们的第1节课上的得分未达到4分(分别为3.67及3.75),其余两个学科所有教师的两节课及所有历史教师的第2节课的得分都为4分,这显现出三科课堂教学极高的内容清晰程度。

3. 三科课堂的学习目标设定的明确程度,在总体上都略有提升

明确的学习目标的设定会对学生的认知产生积极的影响,也即教师在课程和活动中向学生提出明确的学习目的的行为。在本研究中,"学习目标明确"这一观测指标的量纲为1—3分,"1"表示教师没有明确地陈述或写出学习目标活动;"3"则表示教师明确地陈述或写出学习目标。

从学习目标这一指标的均值变化看,三个学科在第2节课上,学习目标的明确水平皆略微有所提高,尽管幅度不大。相对来说,在学习目标的明确程度上,历史课在前后2节课上始终最高,其次是政治课和语文课(见图7-8)。

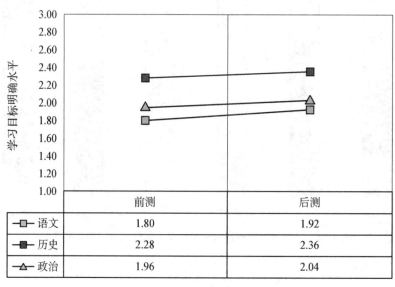

图7-8 学习目标明确水平的变化

从三科教师指标得分在各分数段的分布看,语文课和政治课皆显示出了一些积极变化。具体来说,在创智课堂工作坊开展前录制的第1节课,全体5名语文教师中有3名在"学习目标明确"上达到"2"水平,而在创智课堂工作坊开展一段时间后拍摄的第2节课上,达到该水平的教师数达到4名。而在政治的第2节课上,有1名教师在"学习目标明确"上的表现得到了最高水平段,尽管同时也发现有1名教师的得分略有下降(见图7-9)。

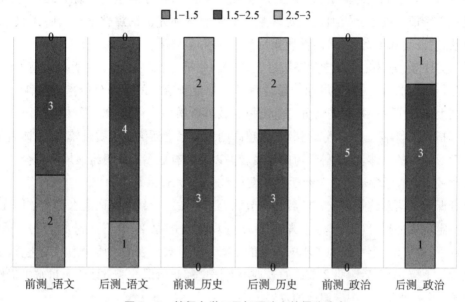

图7-9 教师在学习目标明确上的得分分布

4. 历史课与所教学科其他主题的关联性都明显提升,其他两科均略有下降

教学内容除了需要与现实世界建立起一定的联系,与学科内部其他知识间的关联也是创智课堂所鼓励的,且强调要提供给学生将已有知识运用到新情境中的学习机会。在课堂观测中,"与所教学科其他主题的关联"指标的量纲也设定为1—3分,"1"表示学习的主题与学科其他主题没有关联或弱相关;"3"则表示学习的主题与学科不止一处有中度或者有一处强相关。

从"与其他主题的关联性"这一指标的均值变化看,在三个学科中,历史课的平均水平有明显的上升,尽管提升的幅度尚未达到显著性水平;事实上,历史课的相关表现从第1节课的"有一些"关联提升到了"有大量证据证明"这种关联。而其他两科都略有下降,前后两节课的关联程度都保持在"有一些"的水平。

从三科教师指标得分在各分数段的分布看,历史课显示出较高一致性的提升;具体来说,在创智课堂工作坊开展前录制的第1节课,全体5名历史教师中有4名在这一关联性指标上的得分处于"有一些"的水平,而在工作坊后的第2节课上,仅有1名教师仍留于该水平,其余4名教师的课堂呈现出的关联程度达到多处中度或某处强相关。而这方面的改变,在语文课和政治课恰呈相反的走向,这使得这两科课堂在前后两节课上相应的指标平均得分有所下降。

(二) 课堂话语质量处于中度发展水平

"话语"是指在课堂中各类学习活动(包括集体的、合作的和个人的)中出现的教师或学生书面或口头表达形式的输出,它不仅是师生互动性质、特征的主要体现方式,还是高质量教学的核心特征。视频分析项目组对课堂话语的观察和评价聚焦教学对话中:①学生参与的主体性、广泛性和丰富性(话语性质指标);②学生参与话语的质量(提问指标),通过分析教师提问的质量,尤其是激发学生高阶思维(解释、分析、论证)的机会在所有问题中的占比;③学生参与话语的深度(解释指标),通过教师或学生所给出的解释分析指向学科本质的程度。根据上述三个分项指标的得分汇总出每名教师所教课堂话语领域总体指标得分。课堂话语总体指标的量纲为 1—4 分,得分均值越高则表示课堂话语整体质量较高,具体表现为学生在教学对话中的主体性、学科学习的深度较高以及拥有更多高阶思维锻炼的机会。

1. 整体上看,课堂话语质量处于中度发展水平,语文课成效突出

结合课堂话语总体指标比较前后测 2 节课上三科教师所教课堂话语水平的整体表现,语文课有一定程度的提升(从 2.75 上升到 2.97 分),而历史(从 2.62 下降到 2.30 分)和政治课(从 2.86 下降到 2.71 分)出现了不同程度的下降。从分数代表的性质水平的变化看,尽管政治课出现了下降,但在后测第 2 节课的表现上看语文和政治课的课堂话语质量水平仍然处于中度水平,语文课则处于中度偏上的发展水平。

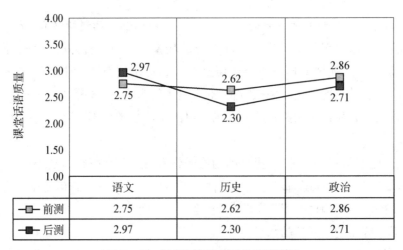

图 7 - 10　课堂话语质量的前后测比较

2. 课堂活动组织形式向多样化发展

课堂活动的组织形式会对学生参与话语产生影响。课堂活动的结构在一定程度上形塑

着师生互动的形式。但客观地看,不同课堂活动组织形式具有不同的功能,承载着教师或对学生不同的期望。每一种课堂活动的形式都有利弊,关键在于根据目标合理采用。一般而言,课堂上小组活动和协作式的活动越多,学生就会更有可能有机会广泛、深入地参与课堂,出现更多细节性的输出,与此同时教师也有更多的机会与学生个体有互动,提供个别化的指导和支持。本研究要求评分人员对每个教学片段(8分钟一个片段)进行"集体教学""小组活动""配对协作"和"个人作业"等四种课堂活动组织结构进行时间持续长度的统计,依次可分为四档:没有出现、短暂出现(小于4分钟)、较长时间(4—8分钟)出现和一直出现(完整的8分钟)。根据上述评分标准,评分人员会观察和记录每个教学片段中最主要(持续时间最多)采用的2种课堂活动组织形式。每节课同时有2名评分人员进行观察和记录,最后汇总得到不同活动组织形式在每名教师平均每节课片段中出现的百分比。

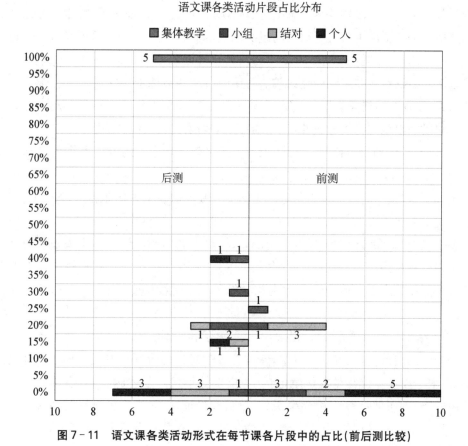

图7-11 语文课各类活动形式在每节课各片段中的占比(前后测比较)

集体教学。 对比前后测2节课的课堂活动组织形式发生的变化,集体教学仍然是最主要的课堂活动组织形式。几乎所有参加本研究的15名教师(语文、历史和政治课),平均每节课所有片段中均以集体教学,讲授式开展教学。这说明,集体教学几乎在每一名教师上的每节课的每一个片段中都会出现。

个人作业。个人作业是指在课堂教学过程中教师给予时间让学生独立完成作业(包括做题、思考、阅读等)。从后测第2节课的情况看,个人作业是历史和政治教师在课堂上最常用的活动组织形式,仅次于集体教学。5名历史教师均在每节课上采用过该种活动的组织方式。该种活动形式平均在每节课所有片段(5个片段)中出现过的比例从高到低依次为80%(1名)、50%(1名)、40%(1名)和20%(2名);政治课的上述比例分别为0%(1名)、20%(2名)、40%(1名)和60%(1名);语文的上述比例分别为0%(3名)、15%(1名)和40%(1名)。

学生协作。协作活动包括小组活动(3人及以上)和结对子(2人)两种形式。从各科教师在后测第2节课上的表现看,语文老师相对较多地采用了小组活动。小组活动平均在每节语文课所有片段(5个片段)中出现过的比例从低到高依次为0%(1名)、20%(2名)、30%(1名)和40%(1名)。而政治课教师相对较少采用小组活动。平均而言,5名政治教师中有4名教师每节课上所有片段中均未出现过小组活动。有趣的是,政治课教师相对比语文和历史教师更多地采用了学生结对子的活动组织形式。平均而言,在每节政治课5个片段中出现过结对子的比例从高到低依次为80%(1名)、60%(1名)、30%(1名)和0%(2名)。

课堂活动组织形式前后测变化比较。对比前后测两节课上各学科课堂教学中活动组织的主要形式,呈现出多样化发展的趋势。从小组、结对和个人作业等三类活动平均在每节课共计5个片段中出现的比例分布看,在5个片段中均未出现过的教师数量在减少。以语文为例,在前测,平均每一节课的5个片段中所有的5名教师均未采用过个人作业;3名教师未采用过小组活动,2名教师未采用过结对子。在后测,平均每一节课的5个片段中3名教师未采用过个人作业,仅1名教师未采用过小组活动。政治课在个人作业和结对子两种形式的采用上也出现了上述积极的变化。相对而言,历史课的变化较小。

需要强调的是,课堂活动组织形式上的多样化,尤其是小组活动和个人作业时间的增多会对学生积极参与课堂话语的建构和输出具体、细节性的思维产生积极影响。但关键课堂话语质量关键还取决于互动的学科深度和激发了学生多少的高阶思维含量,而不仅仅看学生参与的广泛性。

3. 语文课教师提问质量提升,激发学生更多高阶思维的输出

教师提问的质量,包括方式和要求,建构着教学对话的形态和发展方向。教师提问的质量越高,不限于仅仅停留在要求学生记忆(历史事件年代)、复述、表达态度(同意或不同意)和报简单的答案,而是要求学生解释、总结、分析和论证,那么学生就越有可能输出高阶思维含量的回答。本研究采用的提问指标的构成是基于对教师在课堂上提出问题在高阶思维含量上的分类形成的。该指标的量纲为1—4分。1分表示在课堂上教师向学生提出的问题一般都是要求学生记忆、回答是否或下定义等简单的问题;2分表示教师在课上除了要求学生记忆、回答是否或下定义等,还有部分问题要求学生总结、解释、分类、运用等;3分则表示课堂上教师所有的提问中除个别要求学生记忆、回答是否等简单问题外,大部分问题要求学生

总结、解释、运用和分类等,甚至还出现了很少部分要求学生分析、综合和论证推理的问题;4分表示教师在课堂上向学生提出的问题类型是丰富的,但大部分问题侧重于要求学生进行分析、综合、论证、推理等。可见,该指标反映的是教师提问质量的水平,在多大程度上激发学生高阶思维能力的运用和表达。

对比前后测两节课上三科教师在提问上的表现看,历史和政治课教师在提问该指标上的均值从前测第1节课2.5分以上下降到后测第2节课1.5—2.5分的区间(见图7-12)。这说明相对于前测第1节课,历史和政治课教师在后测第2节课上提问的高阶思维含量有所下降,总体看大部分问题要求学生记忆、简单报答案(是否),只有小部分问题要求学生进行分类、总结、归纳或运用。

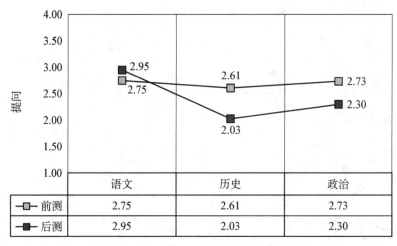

图7-12　教师提问质量水平的前后测比较

在前测阶段,语文课教师在提问该指标上的均值为2.75分,高于历史和政治课教师,但他们仍处于同一个水平发展阶段(均值都在2.5分以上)。然而到了后测,语文教师提问指标的均值上升至2.95分,接近3分,而历史和政治课教师在该项指标上的得分则出现了下降,下降至2.5分以下。这表明,语文课在教师提问环节上有改进,教师提问的水平在整体上有提升,具体表现为大部分问题要求学生总结、分类、归纳和分析等诸如此类高阶思维含量更多的任务。从各科教师在提问该项指标得分各分数段的数量分布看,在后测中,1名语文教师的得分已上升到3.5—4.0分,这说明语文课有高水平提问质量的课出现了,即大部分问题要求学生分析、联系和论证。

4. 语文、历史和政治课堂上教师或学生给出的解释达到一定水平的学科内容深度

在课堂上教师会提出各式各样的问题,包括是什么、如何做的内容,但有一类问题关注的是为什么会是这样,为什么要这么做,为什么有不同,等等。这类问题的提出以及学生或教师给出的解释对于牢固掌握学科知识、深度理解学科内容是至关重要的。本研究通过观

察和评价在课堂上教师或学生是否提供过口头或书面的解释,以及如果有,解释在多大程度上是具体的、细节性的以及体现学科特征的。高质量的解释是高质量课堂话语的重要特征。该指标的量纲为1—4分,得分均值水平越高则表示教师或学生给出解释的详细程度、学科内容深度的程度越高。

对比三个学科前后测课堂上教师或学生在解释该指标上的得分,尽管语文和历史课在后测第2节课的得分上略有下降,但三个学科教师在该指标上的得分均处于2.5—3.5分的区间。值得注意的是,在前测阶段,三个学科教师的该项指标得分也均处于该区间。这说明,语文、历史和政治课堂上教师或学生的解释水平相对稳定并且解释内容较为具体、详细且具有一定学科内容的深度,在一定程度上能体现出学科特征。对比前后测三门学科教师在该指标上的表现,相对而言政治课有较大提升(见图7-13)。

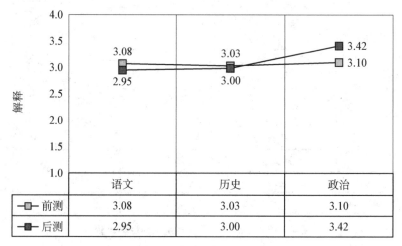

图7-13 教师或学生解释水平的前后测比较

(三) 适应性教学水平是三科教师在六个课堂教学评价维度中提升最大的领域

适应性教学水平反映的是课堂教学过程中教师给予学生形成性评价的程度,包括采用策略了解学生当下的认知水平并及时提供反馈,促进认知上更进一步的发展或把学生作为教学资源的一部分来促进学生分享知识和相互促进。各科教师在构成适应性教学评价维度上的三个分项的指标("激发学生思考""教师反馈"和"基于学生理解的教学调整")表现看,除历史课外,语文和政治课上教师通过激励策略引导出了中度水平的学生思考并"有时"会利用学生的输出对教学进行及时调整。但在三科课堂上,围绕学生的认知和理解,教师和学生之间反复的来回交流还较为有限,来回交流很简短,不够冗长,内容也不够丰富和完整。

1. 从适应性教学的整体水平看,除历史课,语文和政治课堂皆有提升

根据教师在三个观测指标上的行为表现汇总得到了教师所教课堂在适应性教学维度上

的总体得分。得分可以分为四档,从低到高依次为"没有或几乎没有出现适应性教学行为"的课堂(1.0—1.5分)、"偶尔有适应性教学行为"的课堂(2—2.5分)、"经常出现适应性教学行为"的课堂(2.5—3.5分)和"频繁出现适应性教学行为"的课堂(3.5—4.0分)。

对三科教师前后2节课在适应性教学维度上的整体得分进行比较,尽管从均值看,历史课在适应性教学水平上出现了下降,但并不显著。并且,从得分的四档水平看,历史课前后2节课在适应性教学上的水平变化也不明显(见图7-14)。

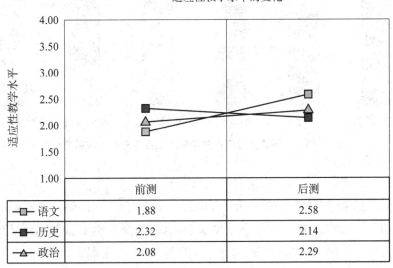

图7-14 课堂适应性教学水平的前后变化

与历史课比较后发现,语文和政治课在适应性教学上皆有提升。首先,从均值水平看,在前测(第1节课)三科的课堂的适应性教学维度上的得分均处于1.5—2.5之间,这表明三科的课堂在创智工作坊开展之前都处于"偶尔"出现适应性教学行为的课堂。从后测(第2节课)的表现上看,语文课在适应性教学水平上的整体得分均值为2.58,已提升了并且达到了另一个水平,"经常出现适应性教学行为的课堂"(2.5—3.5分),且这一提升达到了显著性水平($p=0.008$)。具体从5名语文教师在各分数段上的分布看,在前测中,所有5名教师的适应性教学行为的出现频度皆为"偶尔",而在后测中,有3名教师在相关行为的频度上达到了"经常"。在政治课的前后两次授课中也出现了类似的提升;在前测中,仅有1名教师处在"经常"水平,而在后测中已有3名教师达到该水平(见图7-15)。然而,从整体水平来说,政治教师在前后2节授课中的适应性教学行为始终保持在"偶尔"水平。事实上,历史教师在前后2节授课中的适应性教学行为水平也维持在"偶尔"水平,图7-14也显示历史教师在第2节课上的相应教学行为的出现频度上与第1节课相仿。

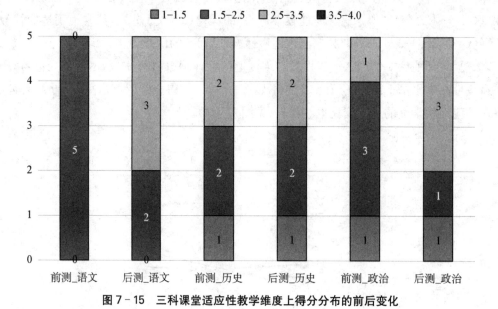

图 7-15 三科课堂适应性教学维度上得分分布的前后变化

2. 语文课激发学生思考的水平得到较大的提升

首先,从激发思考该指标的均值变化看,在三个学科中,语文课的平均水平有明显提升,其频度从"偶尔"提高到"经常"。尽管前后两节政治课在"激发学生思考"上保持着"经常"水平,但在总体得分上出现下降,由 2.83 降至 2.52;类似地,历史课在该指标上的得分也有所下降,且维持在"偶尔"水平(见图 7-16)。

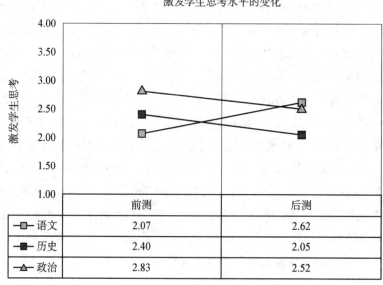

图 7-16 课堂上激发学生思考水平的前后变化

从三科教师在指标得分在各分数段的分布看,语文课显示出较大的积极性变化。具体来说,在创智课堂工作坊开展前录制的第 1 节课,全体 5 名语文教师在"激发学生思考"上的得分处于"1.5—2.5"。这表明所有的语文课偶尔才会出现激发学生思考的行为。在创智课堂工作坊开展一段时间后拍摄的第 2 节课上,5 名教师中有 3 名教师在"激发学生思考"上的得分在"2.5—3.5"的范围(见图 7 - 17)。这说明,在工作坊开展之后大部分的语文课上经常能看到教师激发学生思考的行为,且这一变化达到显著性水平($p=0.002$)。5 名政治教师在前后两节课上的表现,则呈现了一定的差异性:一方面,从前测中有 2 名教师处于至少"经常"水平,到后测中有 3 名教师达到类似水平;另一方面,前测中全体 5 名教师的水平皆至少在"偶尔"水平或以上,而在后测中有 1 名教师的课堂上未出现相关的行为。

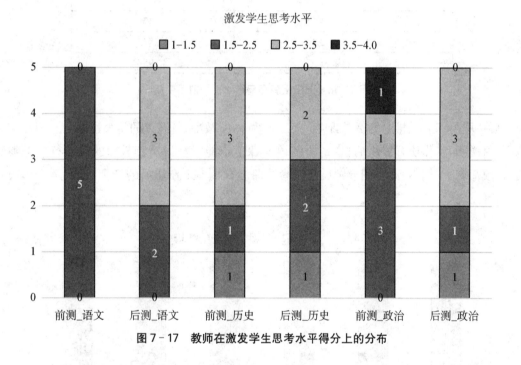

图 7 - 17 教师在激发学生思考水平得分上的分布

3. 三科教师反馈的总体水平偏低,语文和政治课的相应水平有一定的提升

从教师反馈这一观测指标的均值变化看,在三个学科中,语文和政治课的平均水平皆有明显的提升,特别是政治课的水平由"未发生"(1.37)上升至"偶尔"(1.95),语文课的水平则由"偶尔"(1.55)提高至接近"经常"(2.37);尽管两科教师在这一行为指标上的提升幅度尚未达到显著性水平(见图 7 - 18)。总体来看,三科教师在反馈行为上的总体得分都属偏低水平。

从三科教师指标得分在各分数段的分布看,语文和政治课皆显示出较大的积极性变化。具体来说,在创智课堂工作坊开展前录制的第 1 节课,5 名语文教师中的 3 名在"教师反馈"上的得分处于"1.0—1.5",这表明大部分的语文课未出现教师反馈行为。在创智课堂工作

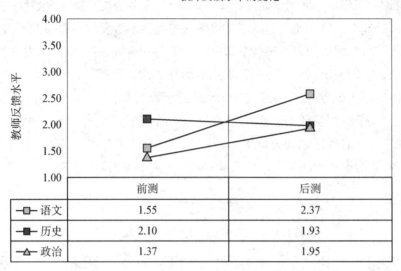

图 7-18 课堂上教师反馈水平的前后变化

坊开展一段时间后拍摄的第 2 节课上,有 2 名教师在"教师反馈"上的得分达到"2.5—3.5"的范围,这说明,工作坊开展之后,在部分的语文课上也能"经常"看到教师的反馈行为。类似的,在政治课上"偶尔"能看到教师反馈行为的课堂数量由工作坊前的 2 个,上升至工作坊后的 4 个(见图 7-19)。

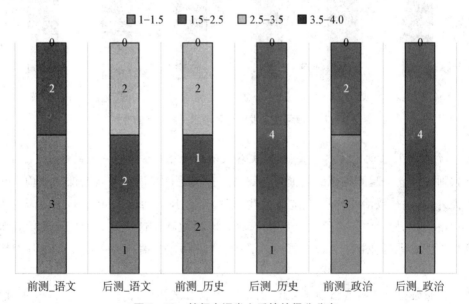

图 7-19 教师在课堂上反馈的得分分布

4. 语文和政治课的"教学调整"水平有明显提升

从教学调整这一观测指标的均值变化看,在三个学科中,语文和政治课的平均水平皆有明显的提升,特别是语文课的水平由"偶尔"(2.02)提高至"经常"(2.75),且这一提升达到显著性水平($p=0.038$)。尽管政治教师在这一行为指标上的提升幅度尚未达到显著性水平,但其改善也是显见的。历史课堂上的"教学调整"行为,在前后两节课中没有明显的改变,始终保持在一个接近"经常"的水平(见图7-20)。

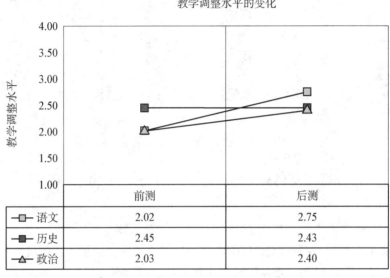

图7-20 教学调整水平前后变化

从三科教师指标得分在各分数段的分布看,语文课显示出较大的积极性变化。具体来说,在创智课堂工作坊开展前录制的第1节课,全体5名语文教师在"教学调整"上的得分处于"1.5—2.5",这表明所有的语文课"偶尔"出现教学调整行为。在创智课堂工作坊开展一段时间后拍摄的第2节课上,有4名教师在"教学调整"上的得分达到"2.5—3.5"的范围,这说明,在工作坊开展之后在大部分的语文课上都能"经常"看到教师的教学调整行为(见图7-21)。

(四) 社会情感支持维度有一定提升

项目组分别从**鼓励与温暖、学生敢于冒险(例如勇敢失误)和坚持**等三个方面对语文、历史和政治课共计15名教师,每名教师2节课进行视频分析及评分,以反映三门学科教师所教课堂在社会情感支持上的变化。根据教师在上述三个观测指标上的行为表现汇总,得到了教师所教课堂在社会情感支持维度上的总体得分。得分可以分为四档,从低到高依次为"没有或几乎没有出现社会情感支持行为"的课堂(1—1.5分)、"偶尔有社会情感支持行为"的课

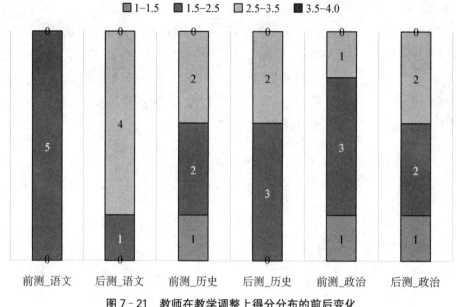

图 7-21 教师在教学调整上得分分布的前后变化

堂(2—2.5分)、"经常出现社会情感支持行为"的课堂(2.5—3.5分)和"频繁出现社会情感支持"的课堂(3.5—4分)。

1. 与历史和政治课比较后发现,语文课在社会情感支持上有提升

首先,从均值水平看,在前测(第1节课)三科的课堂的社会情感支持维度上的得分均处于1.5—2.5之间,这表示三科的课堂在创智工作坊开展之前都处于"偶尔"出现社会情感支持行为的课堂。从后测(第2节课)的表现上看,语文课在社会情感支持上的整体得分均值为2.60,已提升了并且达到了另一个水平,"经常出现社会情感支持的课堂"(2.5—3.5分)(见图7-22)。具体从5名语文教师在各分数段上的分布看,在后测的表现上,语文课已出现了高水平的社

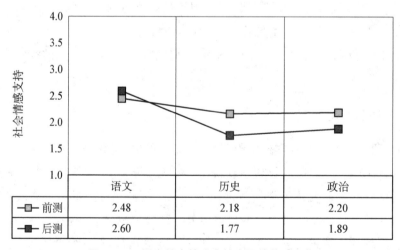

图 7-22 课堂社会情感支持水平的前后变化

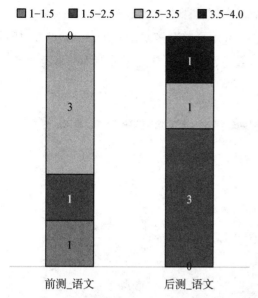

图 7-23 语文课教师在社会情感支持维度上得分分布的前后变化

会情感支持课堂并且5名教师中都没有出现低水平的社会情感支持课堂(均值在1—1.5分的课堂)(见图7-23)。

2. 语文和政治课"暖"起来了,尤其政治课"温暖型"课堂比例有较大提升

首先,从"温暖与鼓励"该指标的均值变化看,除历史课外,语文和政治课的平均水平都有提升;其次,从三科教师在该指标得分在各分数段的分布看,政治课教师的变化最大。在创智课堂工作坊开展前录制的第1节课,5名政治教师中有4名教师在"温暖与鼓励"上的得分处于"1.5—2.5"。这表明大部分的政治课堂偶尔才会出现教师或学生温暖与鼓励的行为。在创智课堂工作坊开展一段时间后拍摄的第2节课上,5名教师中有3名教师在"温暖与鼓励"上的得分在"2.5—3.5"的范围(见图7-24)。这说明,在工作坊开展之后大部分的政治课上经常能看到教师或学生鼓励和温暖的行为。

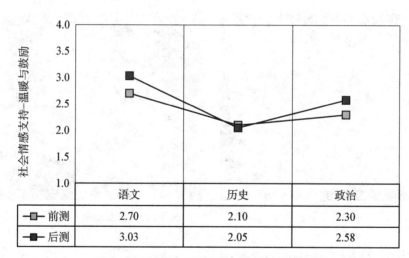

图 7-24 课堂上温暖与鼓励水平的前后变化

三、区域层面:充分发挥成果的辐射推广效应,成为上海课堂变革的典型样本

截至目前,15所学校举行了市、区级创智课堂专题展示活动,出版27本专著、实践指南,

发表48篇论文,在市级以上评比中获奖26次,形成6本创智课堂表现样例集、300余个资源包。本项目在2020年度区教研室主任论坛中荣获"常春藤金奖",多次在贵州、云南、新疆、西藏、山东等地做展示交流,对提升多地中小学课程与教学创新的品质发挥了重要的示范和辐射效应。

图7-25 2017年上海市基础教育教学成果一等奖

图7-26 上海市第六届学校教育科研成果一等奖

图7-27 2020年"常春藤金奖"

图7-28 项目出版专著、发表论文(部分)

2021年4月,教育部基础教育课程教材发展中心对杨浦"双新"实施国家级示范区建设进行调研,调研结果显示课堂教学"双新"特色鲜明。其间,国家级、外省市及市级公开教学展示4节,主题报告2次,讲座2场;高中思政学科举办市级大型教学展示活动6次,录制上海市"空中课堂"271节;高中语文学科教研员作为专家在教育部课程中心、中国教研网面向全国高中语文教师进行"单元整体教学下的单篇教学目标确立"的答疑;2021年11月,英语、数学等五门学科通过教师研修网进行"高中新课程新教材实施国家级示范区建设——杨浦示范区创智课堂展示活动",向全国辐射推广成果经验。

第二节 区域推进创智课堂建设的未来展望

一、不断激发学校开展课堂变革的内生动力

在一个动态、变化、充满挑战和机遇的社会里,变革已成为学校的一种生存常态。学校变革动力是由多元主体动力构成的复杂动力系统,包括校长、教师、学生和政府等多维主体动力。孙翠香等提出的"学校变革主体动力三维模型"[①]对我们研究这个话题有所启发:多元主体动力的核心是教师动力,因此,教师的变革意愿和变革能力直接决定着变革的成败;而校长作为领导者,是学校变革发生与否的关键,其变革意愿、个人愿景及变革领导能力是学校变革发生与否的关键性决定因素;学生作为学校变革中不可或缺的、最重要的合作者之一,其变革参与能力和合作能力是决定变革绩效的重要因素之一;政府及教育行政组织作为目前学校变革最经常的推动力之一,其职能边界的恰当定位同样也是影响学校变革绩效的重要因素之一。

区域推进创智课堂建设的实践研究项目作为杨浦区基础教育创新实验区建设的重点行动,先后历经三轮近十年的探索,它在产生之初就不可避免地带有颇为浓厚的行政推进色彩,更多考虑的始终是区域层面的系统规划与整体设计,对学校校长、教师等的动力分析关照不够,即便是创智课堂表现样例的开发也是一线教师基于创智课堂的理论框架中的某一二级指标或某一描述性指标开展的有针对性的实践研究,而非单纯意义上的自下而上地草根式生成,因此在变革过程中给予基层学校校长和教师更大的发展自主权和空间应成为课题组今后研究努力的方向。

二、不断强化教研员和教师参与变革的能力建设

传统上区域推进的项目研究大多通过行政层面的命令方式来执行,显示为较强的政策效力,却极易导致课堂变革的运动痕迹和仪式化倾向。麦克唐纳和埃尔莫尔(McDonnell & Elmore)对政府在改革中所采用的政策工具的划分给了我们极大灵感,分为四类:命令、诱导、能力建设和制度变革。命令是指通过法律、规则等来执行,具有强迫性的要求;诱导是为了即时或短时的结果而给予的一种金钱资助、荣誉奖励,促进政策的尽快实施;能力建设则

---

① 孙翠香,王振刚.学校变革动力:概念、形成基础及系统构建[J].教育科学研究,2012(01):33-37+42.

是把资金投入到基础设施建设、人力资源和能力培训等方面,以换取长期性的效果;制度变革则是通过改善已有的权力和利益分配格局来促进各方积极行动,提高政策执行的效果。①

能力建设由于能够兼顾投入的短期结果和长期期望,被认为是未来政策成功的条件。只有聚焦能力建设,区域的变革诉求才能落地,学校实践者的个体智慧才可能整合进已有的区域变革行动,形成变革行动的星火燎原之势。立德树人、课程育人、中高考改革、强校工程等,都是时代赋予我们的新使命,把握改革方向、提升专业能力、建设优秀团队是教研系统立足之本。特别是近几年来随着《关于全面深化新时代教师队伍建设改革的意见》《关于加强新时代中小学思想政治理论课教师队伍建设的意见》《中学教育专业师范生教师职业能力标准(试行)》《小学教育专业师范生教师职业能力标准(试行)》《学前教育专业师范生教师职业能力标准(试行)》《中等职业教育专业师范生教师职业能力标准(试行)》《特殊教育专业师范生教师职业能力标准(试行)》等文件的相继出台,需要加强能力建设以应对时代发展对教师专业能力提出的新挑战,教师作为教育变革的最终执行者,其拥有和引领教育变革的意愿和能力直接影响着变革的最终成败,我们将之称为"教师领导力"。教师领导力的培育不仅要依赖教师自治专业共同体的力量,而且应该充分发挥行政自上而下的引导与政策激励作用。② 具体而言,可从以下三方面着手:一是自下而上形塑通过教师发挥领导力以促进教育变革的共同愿景;二是在共同愿景的基础上创建有利于教师领导力发挥的条件,诸如健康的学校文化及教育系统内的文化、民主型分享式的教育治理结构等;三是通过多元活动培育个体教师的领导能力。

三、不断加强区域教研、师训、督导与学校的协同联动

变革时代的不确定性和棘手问题的复杂性,使共同事务治理超越了单独治理主体的能力范畴,故此协同治理应运而生,主张多元化的利益相关者以共识为导向共同参与决策制定和协同行动,以集体力量应对复杂的公共问题。③ 社会本质上是一个开放演化、具有耦合作用和适应性的复杂网络系统。正如复杂系统理论所秉持的观点,越是复杂的系统,系统协调的要求越高,协同效应也就越显著。推演到教育领域,为了进一步促进我国基础教育的优质均衡,多方力量协同进行教育变革目前已成为我国教育变革的主要趋势。

在区域推进创智课堂建设的实践研究中,区域层面虽以教育学院教研室作为牵头部门,但是如何集聚教育局、教育学院相关职能科室的力量与资源,打破部门壁垒,将教研与师训、科研、督导等多方力量协同联动起来共同为基层学校开展创智课堂的校本化研究提供支持,发挥区域不同主体的功能作用,使创智课堂的理念能够真正落到学校教师的课堂教学实践,助力学生的学科和跨学科素养培育,是有待进一步研究与思考的话题。

---

① 弗朗西斯·福勒. 教育政策学导论(第二版)[M]. 许庆豫,译. 南京:江苏教育出版社,2007.
② 叶菊艳,朱旭东. 论教育协同变革中教师领导力的价值、内涵及其培育[J]. 教师教育研究,2018,30(02):8-15.
③ 田玉麒. 协同治理的运作逻辑与实践路径研究[D]. 长春:吉林大学,2017.

参考文献

[1] Careless, D., Joughin, G., Liu, N. How Assessment Supports Learning：Learning-oriented Assessment in Action[M]. Hong Kong：Hong Kong University Press, 2007：9.

[2] Marzano, R. J., et al. Dimensions of Learning Teacher's Manual(2nd ed.)[M]. Alexandria, VA：ASCO, 1997.

[3] Marzano, R. J. Dimensions of Thinking：A Framework for Curriculum and Instruction[M]. Alexandria, VA：ASCO, 1984.

[4] 安桂清. 课例研究[M]. 上海：华东师范大学出版社, 2018.

[5] 崔允漷. 有效教学[M]. 上海：华东师范大学出版社, 2009.

[6] 杜威. 人的问题[M]. 傅统先, 等译. 上海：上海人民出版社, 1965.

[7] 冯契. 人的自由和真善美[M]. 上海：华东师范大学出版社, 1996.

[8] 弗朗西斯·福勒. 教育政策学导论(第二版)[M]. 许庆豫, 译. 南京：江苏教育出版社, 2007.

[9] 付伟. 教学反思简论[J]. 教学与管理, 2004(7)：45-46.

[10] 格兰特·威金斯, 杰伊·麦克泰格. 追求理解的教学设计(第二版)[M]. 闫寒冰, 等译. 上海：华东师范大学出版社, 2007.

[11] 胡惠闵, 王建军. 教师专业发展[M]. 上海：华东师范大学出版社, 2014.

[12] 怀特海. 教育的目的[M]. 徐汝舟, 译. 北京：生活·读书·新知三联书店出版社, 2002.

[13] 贾荣固. 师资培训要走研训一体之路[J]. 继续教育, 2006(02)：11-13.

[14] 蒋永贵. 指向核心素养的学习目标研制[J]. 课程·教材·教法, 2017, 37(09)：29-35.

[15] 李本友, 李红恩, 余宏亮. 学生学习方式转变的影响因素、途径与发展趋势[J]. 教育研究, 2012, 33(02)：122-128.

[16] 李红玲. 论教学反思[D]. 太原：山西大学, 2007.

[17] 李泽厚. 中国古代思想史论[M]. 北京：人民出版社, 1985.

[18] 刘徽. 精彩观念诞生于尊重与情境——读《精彩观念的诞生——达克沃斯教学论文集》[J]. 现代教学, 2006(12)：60-62.

[19] 刘庆昌. 反思性教学的两个问题链[J]. 课程教材教法, 2006(8)：13-17.

[20] 卢臻. 课堂评价与学生学习同构机制探秘：评价即学习——以中学语文为例[J]. 教育测量与

评价:理论版,2014(2):28.

[21] 迈克尔·富兰.教育变革新意义[M].北京:教育科学出版社,2007.

[22] 欧用生.新世纪的课程改革[M].台北:五南图书出版有限公司,1998.

[23] 庞维国.论学生的自主学习[J].华东师范大学学报(教育科学版),2001(02):78-83.

[24] 桑青松,江芳,王贤进.学习策略的原理与实践[M].合肥:安徽教育出版社,2006.

[25] 盛群力.旨在培养解决问题的高层次能力——马扎诺认知目标分类学详解[J].开放教育研究,2008(02):10-21.

[26] 孙翠香,王振刚.学校变革动力:概念、形成基础及系统构建[J].教育科学研究,2012(01):33-37+42.

[27] 田玉麒.协同治理的运作逻辑与实践路径研究[D].长春:吉林大学,2017.

[28] 徐淀芳.以项目推进提升学校课程领导力[J].现代教学,2011(Z2):8-9.

[29] 杨志和.教育资源云服务本体与技术规范研究[D].上海:华东师范大学,2012.

[30] 叶菊艳,朱旭东.论教育协同变革中教师领导力的价值、内涵及其培育[J].教师教育研究,2018,30(02):8-15.

[31] 余文森.校本教学研究新内涵[J].中小学教育,2003(7):38-39.

[32] 张建伟.知识的建构[J].教育理论与实践,1999(07):49-54.

[33] 张韵."互联网+"时代的新型学习方式[J].中国电化教育,2017(01):50-57.

[34] 钟启泉.课堂研究[M].上海:华东师范大学出版社,2016.

[35] 钟启泉.课堂转型[M].上海:华东师范大学出版社,2017.

[36] 钟志贤.学习环境设计的理论基础:心理学视角[J].中国电化教育,2011(6):30-38.